읽지 않고 죽을 수 없는
철학 베스트 50

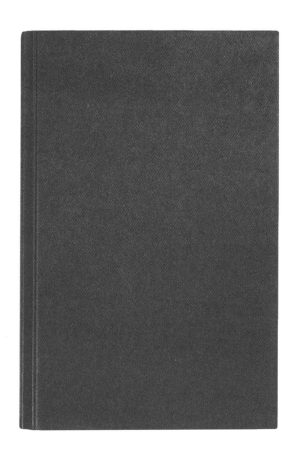

읽지 않고 죽을 수 없는
철학 베스트 50

히라하라 스구루 지음　이아랑 옮김

더 디퍼런스

'철학'이라는 말을 들으면 어떤 생각이 드는가? 진지한 표정으로 "철학을 공부하고 있습니다"라고 말하는 이를 보면 머리가 좋거나 현명해 보인다는 인상을 받을 것이다. 『철학자의 500가지 명언』이라는 제목의 책을 읽으면 왠지 조금 머리가 좋아질 듯한 기분도 들기 마련이다.

그러나 한편으로는 쓸모없다(돈이 되지 않는다)거나 조금 수상쩍다는 느낌도 들 것이다. 확실히 철학이라 불리는 것 중에는 소위 "내겐 나만의 철학이 있지"라고 할 때의 인생철학이나 "진리는 여기에 있다(그리고 그 진리를 아는 것은 나뿐이다!)"고 주장하는 사교집단 따위도 적지 않다. 대략 이런 느낌이다.

"저는 철학을 공부하고 있습니다."

"아, 그래요. 잘은 모르지만 왠지 대단해 보이네요!"

"돈벌이는 안 되지만요."

"……."

"그런데 혹시 우주의 진리를 알고 싶지 않나요?"

"……. (이 사람 위험한데)"

물론 근대사회에서는 타인의 자유를 침해하지 않는 한 어떤 말이든 자유롭게 할 수 있다. 그러나 역사에 이름을 남길 만한 철학자가 마치 예언자라도 된 양 "진리를 아는 것은 나쁘다"라고 말하는 경우는 드물다. 오히려 철학의 역사는 진리는 본래 존재하지 않는다는 사실을 드러내는 과정이라고 해도 좋을 정도다. 진리를 아는 것이 철학의 과제는 아니다. 하물며 그것을 깨닫는 것도 아니다. 진리라는 개념 자체가 하나의 '역설'이다. 오랜 시간을 거쳐 철학은 그런 통찰에 이르렀다(그 최고의 경지는 니체다).

그러나 그렇다고 해서 철학이 아무런 쓸모가 없다는 뜻은 아니다. 오히려 철학은 진리가 존재하지 않는다는 심오한 이해를 바탕으로 우리가 꼭 생각해봐야 할 문제를 우리 삶의 의미와 가치로 옮겨왔다.

철학은 지금까지 보편적인 인식은 가능한가, 좋은 사회란 무엇인가, 사랑의 의미는 무엇인가, 풍요로운 삶이란 무엇인가 등 현대를 사는 우리가 의문을 품어봤을 법한 문제를 제기하고 깊이 수긍할 수 있을 만한 해답을 제공해왔다. 이 책에서 소개할 50권의 책은 그런 노력으로 탄생한 철학의 결정체라 불러 마땅하다.

그렇다면 철학이란 무엇인가

다소 거칠게 표현하면 철학은 한마디로 '개념'을 통해 공통의 이해를 형성해가는 활동이다. 철학에서는 이를 '공통 이해의 언어게임'이라 부른다. 게임이라는 말에 고개를 갸웃할지도 모르지만 여기서 중요한 점은 서로 간에 처음부터 문제를 다시 생각해보고 공통의 이해를 새로이 창출하는 시도라는 사실이다. 따라서 성공할 수도, 실패할 수도 있다. 게임이라는 말을 쓴 까닭은 성공이 보장되어 있지는 않다는 뜻에서다.

그런 의미에서 철학은 곤경에 처했을 때야말로 진가를 시험받는 도구다. 곤란한 상황에 처했을 때야말로 깊이 수긍할 만한 해답을 제시할 수 있는가, 또 그런 과정을 통해 매일 사고를 단련하는가가 학설의 시금석이 된다.

아무리 박식하더라도 그 지식을 통해 납득할 수 있는 해답을 내놓지 못한다면 아무런 의미가 없다. 철학에 권위를 위한 자리는 없다. 날카로운 감수성과 단련된 통찰력으로 문제의 실마리를 파악하고 누구나 공유할 수 있는 문제의 형태로 완성시켜 수긍할 수 있는 해답을 제공한 사람만이 살아남아 읽혀지고 탐구되어 온 학문, 그것이 철학이다.

철학은 개념의 공예

철학의 재미있는 점은 사고를 위한 '재료'가 개개인의 삶 속에 있다는 사실이다. 마음의 움직임을 주시하고 그것을 개념으로 완성하는 것. 그런 의미에서 철학은 개념의 공예라고 생각할 수 있다. 완성도 높은 개념은 계승되고, 제대로 정립되지 않은 개념은 계승되지 않는다. 간단하지만 엄격한 원칙이다.

그 점에서 철학의 고전은 '개념의 전통 공예'라고 불릴 만하다. 고전은 오래되었기에 훌륭한 것이 아니다. 훌륭하기 때문에 수없이 읽히고 다루어지고 시험받아 온 것이다. 사람들이 오랫동안 꾸준히 읽을 수 있다는 점이 고전의 본질이다.

따라서 고전을 읽을 때는 우리가 사는 시대에 대한 문제의식부터 살펴보는 자세를 잊어서는 안 된다. 그렇지 않으면 고전은 단순한 영웅담에 그치고 만다. 영웅담도 그 자체로 재미있기는 하지만 철학으로서 활용하려 한다면 철학자를 위인으로 간주하는 태도는 과감히 버려야 한다. 그것이 고전을 '철학적'으로 읽는 첫걸음이라 해도 좋을지 모른다.

그러나 막상 철학서를 읽기 시작하면 일단 그 어려움에 당황하게 될 것이다. 플라톤Plato이나 데카르트René Descartes처럼 사전 지식이 없어도 비교적 쉽게 읽어나갈 수 있는 경우도 있고 칸트 Immanuel Kant나 헤겔Georg Wilhelm Friedrich Hegel, 후설Edmund

Husserl처럼 도대체 무슨 이야기를 하려는지조차 거의 파악할 수 없는 경우도 있기 마련이다.

철학도 하나의 학문인 이상 어느 정도 난이도는 감수해야 한다. 누구든 금세 이해할 수 있는 수준이라면 학문으로서 이어져 올 수 없었을 것이다. 다만, 철학이 필요 이상으로 어려워진 것 또한 사실이다.

철학은 일반인의 시민 감각으로 시험되면서 활용된다. 그렇기에 소크라테스Socrates는 거리의 청년들에게 논의를 던지고, 데카르트는 '세상이라는 책'을 배우기 위해 거리로 나섰다. 이런 태도를 망각하고 지식 계급의 지적 유희라는 색을 띠기 시작하는 순간 철학의 '정신'은 부패하기 시작할 것이다.

철학 없는 인생이라니?

이 책은 철학의 안내서다. 철학자들이 남긴 작품을 최대한 알기 쉽게 설명하여 철학이 어떻게 탐구되고 전해져 왔는지 설명하는 데 목적이 있다.

필자도 철학서를 처음 읽기 시작했을 무렵에는 무척 고생했다. 당연히 번역서로 읽었지만 마치 모국어와 흡사한 외국어로 쓰인 책을 읽고 있기라도 하듯 좀처럼 머릿속에 들어오지 않았다.

하지만 필자는 우연한 계기로 '필로소피 가이드Philosophy Guides'라는 웹사이트를 개설하고 철학서에서 배운 내용을 잊지 않기 위해 게시하게 되었는데, 그러다 보니 점차 '철학의 언어'를 번역하는 데도 익숙해졌다. 그리고 이 책을 집필하는 동안에는 '철학 번역가'가 된 마음으로 독자가 더욱 이해하기 쉽도록 쓰는 데 공을 들였다.

물론 철학서를 전혀 읽지 않고 살아가는 이도 있을 것이다. 이를 부정할 생각은 전혀 없다. 하지만 고대 그리스 시대부터 전해 내려온 훌륭한 인간의 지혜를 모른 채 살아간다는 것은 너무나 아까운 일이라는 생각 또한 든다.

사실 많은 이들이 흥미를 갖고 필로소피 가이드를 방문한다. 어떤 도움이 될지 알 수는 없지만 철학 없는 인생에 만족하지 못하고 인생을, 사회를, 사랑을 배우려 한다. 철학서를 읽지 않는 사람, 읽지 못하겠다는 사람을 포함하여 우리 모두에게는 분명 그런 욕구가 있다.

필자는 이 책에서 지식을 자랑하고 싶은 것은 아니다. 필자가 가진 지식 따위는 철학 거장들의 지식과 비교하면 티끌에 불과하다. 그러나 철학에서 중요한 것은 지식의 양이 아니라 얼마나 훌륭한 사고방식, 즉 원리를 함께 공유할 수 있는가이다. 이 책에서 다룰 철학자들은 (모두 그렇지는 않지만) 뛰어난 원리를 철학의 주제로 발전시켰다. 그것을 어떻게 받아들일지는 우리에게 맡겨진 문제이다.

　필자는 철학의 가능성을 믿는다. 이 세상을 부정하기 위해서가 아니라 더 좋은 세상, 더 나은 삶을 이뤄낼 조건을 찾고, 그것을 실현할 원리를 만들기 위해 철학을 활용할 수 있을 것이다. 이 책이 도움이 된다면 저자로서 그보다 더한 기쁨은 없을 것이다.

차례

3장 근대
― 보편성을 탐구하다

4장 현대 I
─ 니체부터 하이데거까지

5장 현대 II
— 메를로 퐁티부터 자크 데리다까지

철학
베스트
50

본문으로 들어가기 전에 우선 서양 철학사의 전체적 흐름을 살펴보자.

- 고대 : 철학의 시작. 신화로 세계를 설명하려는 시도에서 벗어나 개념으로 설명하려 한다.
- 중세 : 기독교의 시대. '철학은 신학의 시녀'.
- 근대 : 자유의 시대. 도덕, 사회의 원리적 구상.
- 현대 : 반反근대, 반反철학의 시대. 근대의 이념에 배신당하고 재건을 시도하다.

고대

유럽 철학은 기원전 7세기 고대 그리스에서 탄생했다. 철학의 아버지 탈레스Thales는 그리스의 밀레토스라는 도시에서 활약했다.

당시의 밀레토스는 이집트나 메소포타미아와 활발히 교류하던, 지금으로 말하자면 국제 도시 같은 지역이었다. 탈레스는 그리스 신화로는 세계를 보편적으로 설명할 수 없다는 사실을 깨닫고 대신에 세계를 설명하기 위한 원리로 '물'이라는 개념을 도입했다. 여기서 철학이 탄생했다.

　고대 그리스철학의 주요 인물은 플라톤이다. 스승 소크라테스의 영향 아래 세계를 물리적인 질서에서 의미와 가치의 질서로 재인식하여 철학의 흐름을 크게 진전시켰다. 선善이나 미美 같은 모든 가치의 '본질'을 탐구하는 태도는 플라톤이 수립했다.

중세

중세에 들어와 유럽 기독교의 발전으로 철학은 기독교의 영향 아래 놓여 '스콜라 철학'으로 전개된다. 이 시대의 철학을 단적으로 표현하는 말로 '철학은 신학의 시녀'라는 것이 있다. '철학은 신앙을 완성시킬 때만 가치가 있다'는 사고방식이 스콜라 철학의 특징이다.

　대표적인 철학자는 토마스 아퀴나스Thomas Aquinas다. 그는 신을 원리로 삼는 체계를 구축하여 신앙을 일원화하고 종파 간의 대립을 중재하려 했다.

근대

근대를 나타내는 가장 중요한 키워드는 '자유'다. 르네상스 시대를 지나 수학과 자연과학이 발전하면서 사람들은 기독교의 절대성에 의문을 품기 시작했다. 그 결과 인간이 신의 피조물이라는 관념은 거의 불가역적으로 무너지고, 그와 동시에 인간은 개별적 존재로서 평등하다는 이념이 성립되었다.

중세에 인간은 혼자 힘으로 진리를 탐구하거나 선을 추구할 수 없다고 여겨졌다. 인간의 지성만으로는 진리에도 선에도 도달할 수 없으며, 최종적으로는 오직 신의 '은총'으로만 도달할 수 있다는 것이 중세 스콜라 철학의 전제였다.

근대에 들어 신의 존재가 뒤로 물러나면서 그런 시각이 전환되기 시작했다. 인간이 자신의 이성으로 무엇이 진리이고, 무엇이 선인지를 알 수 있다는 통찰에 이르렀을 때 '도덕'이라는 관념이 탄생했다. 중세에 도덕은 성립할 여지가 없었다. 그도 그럴 것이, 인간은 오직 신의 가르침만을 따라야 한다고 여겨졌기 때문이다.

도덕의 이념과 함께 근대사회의 이념이 전개되어 갔다. 세계의 질서는 신이 정한 것이 아니다. 우리는 스스로 누구나 자유롭게 자신이 '좋다'고 여기는 것을 추구할 수 있는 사회를 구상할 수 있다. 홉스Thomas Hobbe나 루소Jean-Jacques Rousseau, 헤겔 같은 근대 철학자들은 저마다 처한 상황에서 이 문제에 몰두하고 해답을 찾으려 노력했다.

현대

현대는 서양 철학사에서 복잡한 시대이다. 산업혁명의 진전과 함께 근대 철학이 꿈꾸던 이상이 실현되기를 기대했지만 막상 뚜껑을 열어보니 근대사회는 심각한 격차를 유발하는 시스템이라는 사실이 밝혀졌다. 그런 '모순'을 설명한 마르크스주의나 포스트모더니즘은 근대의 반대편에서 근대 철학에 집중포화를 퍼부었다.

한편으로는 근대 철학이 낳은 이념을 받아들이고 그것을 철저히 파고드는 움직임도 보인다. 인식론에서는 니체Friedrich Wilhelm Nietzsch와 후설, 사회철학에서는 한나 아렌트Hannah Arendt 같은 철학자들이 이 문제에 매달렸다.

현대는 학설에 확실한 평가를 내리기 어려운 시대이다. 세대가 교체되기 전까지 옥석이 뒤섞인 상태가 이어질 것이다. 고작 몇 년 만에 고전보다 낡아버린 화석이 있는가 하면 빛나는 다이아몬드 원석도 있다. 이를 가려내는 것은 만만치 않은 작업이겠지만, 철학의 기초 지식과 처음부터 스스로 생각해보려는 '자율적' 의식이 그 열쇠가 되어줄 것이다.

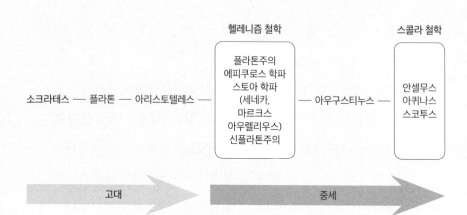

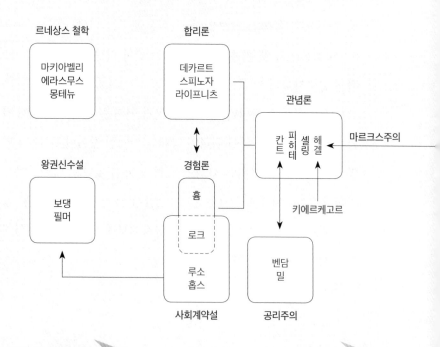

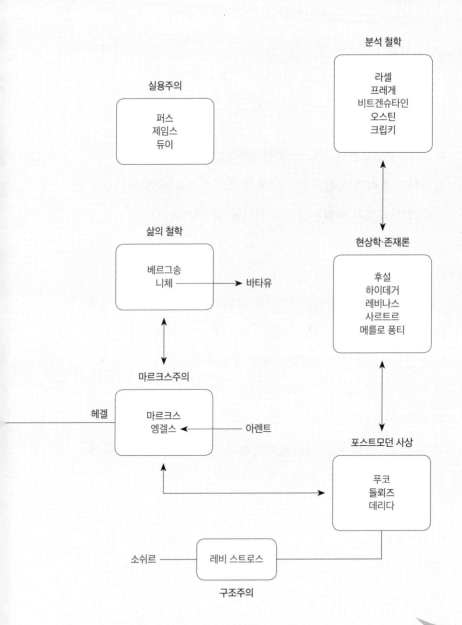

분석 철학

라셀
프레게
비트겐슈타인
오스틴
크립키

실용주의

퍼스
제임스
듀이

삶의 철학

베르그송
니체 ──→ 바타유

현상학·존재론

후설
하이데거
레비나스
사르트르
메를로 퐁티

마르크스주의

헤겔   마르크스
        엥겔스 ←── 아렌트

포스트모던 사상

푸코
들뢰즈
데리다

소쉬르 ── 레비 스트로스

구조주의

현대

철학서를 읽기 전에 알아두어야 할
다섯 가지 마음가짐

1. 포기하지 말고 끈기 있게 스스로 생각하며 읽는다.

철학자도 우리와 똑같은 인간이며 똑같은 이성을 지녔다. 착실히 읽다 보면 분명 이해되는 순간이 찾아올 것이다.

2. 동기를 찾아가며 읽는다.

'왜 이런 논의를 하고 있을까?'라는 질문의 해답을 찾으려는 자세로 읽는다. 사소한 부분에 구애받지 않는다. 일단 저자가 추구하는 방향성을 파악하면 가독성과 이해도가 높아진다.

3. 반복해서 읽는다.

한 번 읽고 이해하기는 거의 불가능하다. 중고책으로 내놓지도 못할 만큼 메모를 해가며 읽는다.

4. 함께 읽는다.

혼자 읽으면 문득 괴롭거나 외로워질 수도 있다. 되도록 동료를 찾아 함께 생각하고 대화하자. 때로는 독서 모임을 열고 끝난 뒤에는 뒤풀이를 하자. 꾸준히 하는 것은 노력에 달렸다.

5. 역사에 이름을 남긴 철학자라고 해서 필요 이상으로 외경의 마음을 품지 않는다.

철학자라고 해서 꼭 문장가는 아니다. 독자가 자신의 이해력을 의심하고 자신감을 잃을 만큼 이해하기 어려운 문장(악문, 惡文)도 있다. 독자를 배려하지 않고 독선과 독단으로 어지럽게 글을 쓴 철학자도 적지 않다. 주장이 원리적인지 확인하면서 읽는 것도 중요하다.

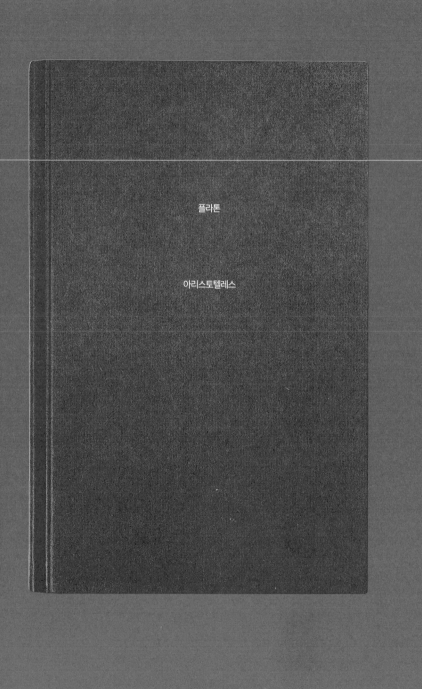

플라톤

아리스토텔레스

1

고대 그리스

종교에서 벗어나
개념으로
세계를 설명하다

소크라테스의 변론

The Apology of Socrates[1]

: 잘 살기 위한 철학

진리란 무엇인가? 선善이란 무엇인가? 어떻게 살아야 '잘' 사는 것일까? 우리는 평소 생활하면서 이런 질문에 사로잡힐 때가 있다. 고대 그리스의 철학자 플라톤도 그런 사람 가운데 하나였다. 플라톤은 스승 소크라테스[2]에게서 정말 '좋은' 삶이란 무엇인가를 묻고 자신 있게 대답하는 철학자의 모습을 보았다.

'좋은' 삶이란 무엇일까?

소크라테스와 플라톤은 철학 역사상 최초로 이 주제를 파고든 철학자이다. 여기서 소개할 작품은 플라톤의 초기 대화편이다.

---

1   한글판 『소크라테스의 변론』, 서해문집(2008), 현대지성(2019)
2   기원전 470~399. 고대 그리스의 철학자. 아테네에서 활약했다. 저서를 남기지 않았으며 그의 사상은 플라톤과 제자들에 의해 전해졌다.

플라톤
Plato, 기원전 427~347

영혼이 최대한 훌륭해지도록 무던히 노력해야 한다.

 아테나이[3]를 중심으로 하는 델로스 동맹과 스파르타를 중심으로 하는 펠로폰네소스 동맹 사이에서 일어난 펠로폰네소스 전쟁이 아테나이의 패배로 끝났다. 그로부터 5년 후인 기원전 399년의 일이다. 당시 정치계에서 영향력을 행사하던 아니토스의 부하 멜레토스가 전쟁에서 패한 원인을 철학자에게 덮어씌우기 위해 "국가에서 섬기는 신을 인정하지 않고 젊은이들을 타락시켰다"는 명목으로 소크라테스를 아테나이의 법정에 고소했다. 이 책은 재판을 지켜보던 플라톤이 소크라테스가 한 변론의 자초지종을 기록한 것이다.

---

3 Athénai, 현재의 아테네

진실만을 이야기하자

당시 그리스에서는 변론의 기술을 가르치는 소피스트[4]라는 직업이 강한 힘을 가졌다. 정치가가 되어 세속적인 성공을 손에 넣기 위해서는 변론에 뛰어나야 했기 때문이다. 당시 변론에서 중요한 점은 청중의 마음을 움직이고 자신에게 유리한 방향으로 논의를 이끌어가는 능력이었다.

그런 상황에서 소피스트들에게 고발당한 소크라테스는 변론을 시작하며 빈정거림을 담아 이렇게 말한다.

"아테나이의 사람들이여, 나를 고발한 자들은 훌륭히 변론을 했다. 너무나 훌륭해서 나는 나 자신을 잊을 지경이었다. 반면 나는 변론에 소질이 없고 재판소에 와본 적조차 없다. 그러니 제군들은 부디 내 말투가 아니라 내가 하는 말의 내용이 진실인지 그 여부에만 주의를 기울여주기 바란다."

요컨대 말투나 표정, 목소리로 인한 선입견에서 벗어나 자신이 하는 말에서 그저 '진실'만을 파악해주길 바란다는 것이다.

그렇다면 도대체 그 '진실'이란 무엇일까?

---

4 기원전 5세기~4세기 초에 걸쳐 아테네를 중심으로 활동하며 주로 부유한 이들에게 수업료를 받고 지식이나 변론술을 가르치던 그리스의 지식인. '궤변가'라고 번역되는 데서도 알 수 있듯 그들은 진리나 논리적인 문제보다 상대방을 설득하거나 이기는 데 중점을 둔 면도 있어 악평 또한 높았다.

무지의 지

소크라테스는 변론 도중에 자신은 소피스트와는 다른 지혜를 가졌다고 말한다. 그것이 바로 '무지無知의 지知'[5]다. 학창 시절 교과서에서 한 번쯤은 읽었던 기억이 있을 것이다. 하지만 이 말이 어떻게 탄생했는지 아는 사람은 의외로 적을 것이다.

소크라테스는 델포이 신전에서 '나보다 지혜로운 사람이 있는가?' 하고 질문한 적이 있다고 말한다. 그러자 '소크라테스보다 지혜로운 사람은 없다'는 신탁이 내려왔다고 한다. 신탁의 진위 여부는 제쳐두고, 소크라테스는 이 신탁을 듣고 놀랐다. 왜냐하면 소크라테스는 자신이 지혜롭지 못하다고 자각하고 있었기 때문이다.

왜 무지한 자신보다 지혜로운 사람이 없다는 것일까? 소크라테스는 처음에는 이해할 수 없었지만 한 정치가와의 논의를 떠올리고 신탁의 의미를 이해할 수 있었다.

"확실히 그에게 세상을 살아가는 지혜는 있다. 하지만 우리가 정말 알아야 하는 '선'이나 '미'에 대해서는 전혀 모른다…."

---

5 자신이 무지하다는 사실을 자각한 시점에서 상대방보다 뛰어나다는 뜻. 진리를 탐구할 때 취해야 할 태도이다.

이런 사소한 깨달음 덕분에 내가 더 지혜로워지는 모양이다. 즉, 나는 모르는 것을 모른다고 생각하는 것만으로도 더 뛰어난 것이다.

소크라테스는 이 정치가뿐만 아니라 현명하기로 이름난 인물을 찾아가 논의를 반복했지만 역시 그들도 세속적이고 하찮은 지혜만을 갖췄을 뿐 아무것도 알지 못한다고 말한다. 이 태도는 '나는 무지하다'라는 자각을 토대로 정말 생각해야 할 문제에 대한 탐구를 처음부터 시작하려고 하는 소크라테스와는 대조적이다.

영혼부터 가꿔라

정말 생각해야 할 문제는 어떻게 하면 세속적으로 성공할 수 있는가가 아니라 어떻게 해야 잘 살 수 있는가다. 그렇다면 잘 산다는 것은 무엇일까? 이 문제에 관해 소크라테스는 '영혼 배려'라는 말로 청중을 논의로 이끈다.

"만약 석방된다고 해도 나는 신의 뜻에 따라 사람들에게 이렇게 말하고 다닐 것이다. 당신들은 아테나이라는 위대한 폴리스⁶의 시

---

6   기원전 8세기 무렵부터 그리스 각지에서 발생한 소규모 도시국가.

민이면서 얼마나 많은 부를 자신의 것으로 만들 수 있는가, 얼마나 자신의 평판과 지위를 높일 수 있는가에만 신경을 쏟고 있다. 그러나 정말 해야 할 일은 '영혼'이 되도록 훌륭해지도록 노력하는 것이다."

소크라테스가 생각하는 '잘' 사는 것의 핵심은 다음과 같다.

영혼을 훌륭하게 만들기 위해서는 영혼을 가꾸는 데 힘써야 한다. 아무리 돈을 쏟아붓고 용모를 가꾼들 내면의 영혼은 훌륭해지지 않는다. 영혼은 자신의 내면을 돌아보고 '좋은' 방향으로 이끌어야만 훌륭해지는 법이다.

새로운 윤리관을 탐구한 철학자, 소크라테스

이 작품에 묘사된 소크라테스는 확실히 상당한 괴짜다.

"신에게 선택받은 내가 사람들을 비판하고 영혼을 가꾸도록 촉구하는 것은 누구도 막을 수 없다."

소크라테스의 주장은 이 한마디로 정리된다. 그러나 이 작품을 읽으면 플라톤에게 소크라테스는 그때까지의 문화나 관습의 가치관에 얽매이지 않고 무엇이 '좋은' 것인가에 대해 '무지의 지'라는 원점에서 다시 근본적인 질문을 던지고 탐구한 철학자였다는 사실을 잘 알 수 있다.

소크라테스는 비록 재판에 패하여 스스로 독배를 들고 죽음을 택했지만 "우리가 정말 해야 할 일은 선이란 무엇이고, 미란 무엇인가를 아는 것이다"라는 그의 확신은 『파이드로스』[7], 『국가』[8] 같은 플라톤의 대표적 대화편의 중심 주제로 계승되어 더욱 깊이 탐구되었다.

---

7 한글판 『파이드로스』, 문예출판사(2016), 아카넷(2020)
8 한글판 『국가』, 2023, 현대지성

철학
베스트
50

향연

Symposion[9]

: 사랑에 관한 훌륭한 통찰

사랑은 이해하기 어려운 경험이다. 의식의 저편에서 우리에게 찾아와 우리를 끌어들인다. 문득 정신을 차려보면 항상 그 사람을 생각하고 있다. 더 알고 싶다, 더 이야기를 나누고 싶다, 더 접촉하고 싶다. 이런 기분은 도대체 무엇일까? 플라톤은 철학사상 처음으로 이런 물음을 탐구한 철학자이다.

이 책은 플라톤의 중기 대화편이다. 등장인물은 파이드로스, 파우사니아스, 에릭시마코스, 아리스토파네스, 아가톤, 소크라테스 총 여섯 명이다. 그리스 신화에 등장하는 사랑의 신 에로스[10]에 대

---

9 한글판 『향연』, 현대지성(2019), 아카넷(2020)
10 그리스 신화에 등장하는 사랑의 신. 아프로디테의 자식이라고 여겨지며 로마 신화의 큐피트에 해당한다.

2

플라톤
Plato, 기원전 427~347

사랑이란 좋은 것을 영원히 자신의 것으로 삼고자 하는 것이다.

한 토론을 통해 사랑이란 무엇인가를 논하고 있다.

이 책에서 이야기하는 사랑이란 소년애[11]를 가리킨다는 사실을 미리 밝혀둔다. 오늘날 소년애는 때때로 '비정상적'인 것이라 여겨지지만 당시 그리스에서는 폴리스의 시민에게 암묵적으로 부여되던 의무였다.

고대 그리스의 사랑과 현대의 사랑은 그 형식 면에서 크게 차이가 난다. 그러므로 플라톤의 연애론은 현대의 사랑에 관해 생각하는 데 그다지 도움이 되지 않으리라고 생각하는 사람도 있을 것이

11　연장자가 젊은이에게 교육을 베푸는 것은 당시 그리스에서 사회적으로 바람직한 규범으로 여겨졌다.

다. 확실히 부분적으로는 옳은 말이다. 그러나 오히려 그런 차이가 이 책을 음미하는 데 가치를 부여한다. 플라톤의 주장 가운데 납득할 수 있는 부분이 있다면 이는 플라톤이 사랑의 본질을 제대로 짚어냈다는 뜻이기 때문이다.

.

에로스 신을 찬미하다

토론의 전반부에서는 소크라테스를 제외한 다섯 명이 에로스 신을 찬미한다. 이들이 나누는 토론은 당시 철학자나 소피스트 사이에서 일반적으로 통용되던 설을 각각 대표하는 내용이다. 우선 각 등장인물의 발언을 간단히 정리해보겠다.

우선 파이드로스는 에로스 신이 찬양받아 마땅한 이유는 그 탄생에 있다고 말한다. 파이드로스는 그리스 신화의 입장을 계승하여 에로스 신은 덕과 행복을 얻는 데 가장 강력한 힘으로 작용한다고 봤다.

다음으로 파우사니아스는 에로스 신은 둘로 나뉘는데 이를 구분하지 않고 이야기하는 파이드로스의 평가는 부족하다고 지적한다. 첫 번째 에로스는 지조 없는 사랑이며, 두 번째 에로스는 이성理性적 남성에게만 향하는 사랑이다. 파우사니아스는 후자야말로 칭송할 가치가 있다고 말한다.

세 번째로 연설을 하는 것은 에릭시마코스다. 에릭시마코스는 앞의 둘과는 반대로 덕을 동시에 지향하는 에로스야말로 진정 칭송할 가치가 있다고 논한다.

그 다음은 아리스토파네스다. 희극 작가인 아리스토파네스는 앞서 말한 셋의 견해와 달리 일종의 동화(미토스)를 통해 에로스 신을 찬미한다. "인간은 원래 남녀로 나뉘어 있지 않았다. 신에게 계속해서 불손한 태도를 취했기 때문에 제우스가 남녀로 갈라놓은 것이다. 따라서 인간이 본래의 모습을 되찾기 위해 자신의 반쪽을 찾아 헤매는 것은 당연하다." 에로스는 완전함을 추구하는 로맨틱한 '동경'이다. 이것이 아리스토파네스가 하는 말의 요점이다.

다섯 번째는 아가톤의 연설이다. 아가톤은 유명한 소피스트인 고르기아스의 동생으로 유려한 표현을 빌려 에로스를 찬미한다. "에로스는 신 가운데 가장 젊고 가녀리다. 게다가 정의의 덕을 가졌고 욕망에 휩쓸리지 않는 조신한 덕도 가졌다. 에로스는 가장 좋고 가장 아름다운 것이다. 모든 신과 인간의 마음을 매료하는 신, 그것이 에로스다." 아가톤이 그렇게 설명하자 토론에 참가하던 사람들은 아가톤에게 갈채를 보내고 그 훌륭한 연설을 칭송했다.

이 다섯 명의 연설을 보면 그들은 공통적으로 그리스 신화의 관점에서 에로스 신을 논하고 칭송하고 있다는 사실을 알 수 있다. 그러나 그들과 대조적으로 소크라테스는 그들의 칭송은 억견臆見,

doxa[12]에 기초하고 있으므로 '진리'라 할 수 없다고 생각한다.

"확실히 찬미의 방법은 훌륭하다. 하지만 그것은 에로스, 즉 사랑에 관한 '진리'와는 관계가 없다. 나는 그들처럼 표현의 아름다움에 신경 쓰지 않고 그저 진실만을 말하고자 한다."

사랑이란 좋은 것이고 행복으로 가는 욕망이다

소크라테스는 여기서 만티네이아라는 도시에 사는 여사제이자 예언자인 디오티마에게 들은 이야기를 토대로 사랑에 관한 '진실'을 설명해간다. 참고로 디오티마라는 여성이 실존했는지는 알 수 없다. 플라톤이 자신의 견해를 표현하기 위해 만들어낸 인물이라는 것이 정설이다. 어쨌든 중요한 사실은 그녀가 실존했는가가 아니라 플라톤이 전하는 디오티마의 말을 우리가 납득할 수 있느냐다. 여기서부터는 소크라테스와 디오티마의 대화를 살펴보자.

"에로스란 대체 무엇인가? 그리고 그것은 우리들에게 어떤 의미를 갖는가?"

그런 소크라테스의 질문에 디오티마는 이렇게 답한다.

---

12 억측이나 상상에 의한 생각. 플라톤과 아리스토텔레스처럼 이성에 입각한 것이 아니라 무지한 자가 감각적·일상적으로 느낀 터무니없는 생각이라고도 할 수 있다.

"지금까지의 이야기를 통틀어 말하자면 사랑이란 좋은 것을 영원히 자신의 것으로 삼고자 하는 것이다."

'좋은 것'이라는 말을 들으면 도덕적·종교적인 선을 떠올릴지도 모르겠지만 여기서 말하는 것은 로맨틱한 '좋음'이다. 예를 들어, 상대방의 사소한 행동에서 좋은 점을 보고 그것을 반복해서 떠올리면서 달콤한 기분을 맛본 적이 있을 것이다. 사랑에 있어 좋음은 세속적인 이익 혹은 도덕적·종교적인 선과는 본질적으로 다른 의미와 가치를 갖는다.

당연한 것이 아니냐고 잘라 말하기는 아직 이르다. 여기서 중요한 점은 이런 좋음은 우리의 연애 경험을 되돌아볼 때도 납득할 수 있다는 것이다. 문화도 세계관도 지금과는 다른 시대에 살았던 소크라테스(플라톤)의 깊이 있는 통찰은 경탄받아 마땅하다.

아름다운 육체로부터 사랑이 시작된다

이어서 디오티마는 소크라테스에게 올바른 '사랑의 길'에 관해 설명한다.

"사랑을 하는 사람은 우선 아름다운 육체를 지향하는 것부터 시작해야 한다. 그런 후에는 아름다운 영혼을 지향하고, 아름다운 것을 지향해야 한다. 그리고 최종적으로는 아름다운 것에 관한 지식에 도달해야 한다."

'플라토닉 러브platonic love'라는 말이 있다. 사랑의 육체석 측면을 부정하고 정신적 측면에 가치를 두는 사랑을 가리키는 말이다. 그러나 그것은 사실 플라톤이 설명한 사랑의 형태와는 다르다. 플라톤은 아름다운 육체에 사랑의 첫 번째 조건을 두고 있기 때문이다. 플라톤은 외모의 아름다움을 부정하지 않는다. 그것이 사랑의 계기이자 우리가 연심을 품을 때의 본질적 조건이라고 생각하는 것이다.

사랑의 본질론

물론 플라톤의 주장을 현대의 사랑에 그대로 적용시킬 수 없다. 문화는 물론 시대도 다르기 때문이다. 근대에 자유연애가 갖는 의미에 관해서는 또 다른 시각에서 생각할 필요가 있다. 그렇지만 우리는 플라톤의 연애론에서 우리의 인생을 더욱 풍요롭게 만들 힌트를 얻을 수 있다.

누군가를 좋아하기만 해도 우리의 인생은 밝아진다. 한 번 만났을 뿐인데 문득 그 사람이 떠오르고 더 알고 싶고 접촉하고 싶다는 생각이 든다. 세상이 그 사람을 중심으로 물들고 새로운 의미로 엮여간다. 그런 마음의 움직임을 눈여겨보고 그려낸 철학자는 플라톤이 처음이다.

파이드로스

Phaidros[13]

: 사랑과 공통 이해의 본질론

플라톤은 『향연』에서 사랑을 둘러싼 토론을 그려내어 우리에게 사랑의 의미는 무엇인가에 대해 논했다. 사랑이란 좋은 것을 영원히 자신의 것으로 삼고자 하는 욕망이라는 것이 플라톤의 핵심이었다.

이 작품에서 플라톤은 한 걸음 더 나아가 로맨티시즘(동경)[14]과 에로티시즘(성욕)[15]의 대립을 이야기 형식으로 그려내고 있다. 사랑에서는 단순히 로맨틱한 욕망만 발현되는 것은 아니다. 외적 아

---

13 한글판 『파이드로스』, 문예출판사(2016), 아카넷(2020)
14 꿈이나 공상의 세계를 동경하여 현실에서 도피하고 달콤한 정서나 감정에 잠기려는 경향이다.
15 '에로스'에서 유래한 말로 육체적인 애욕을 채우려는 경향이다.

3

플라톤
Plato, 기원전 427~347

이 광기는 모든 신들린 상태 가운데, 스스로 거기에 빠지거나 참여하는 자에게도 최고의 선(善)이며 가장 좋은 것에서 비롯된다.

름다움을 맛보려는 에로틱한 욕망 또한 본질적인 의미를 갖는다. 에로틱한 욕망과 로맨틱한 욕망이 동시에 고조되어 일상적인 생활을 초월하여 나오는 드문 경험이 이 작품에 그려진 사랑의 모습이다.

또한 이 작품은 사랑에 관한 대화가 절반 정도를 차지하고 있으며 나머지는 변론술에 관한 대화로 이루어져 있다. 이 점에 대해서도 살펴보겠다.

사랑의 본질을 밝히자

이 책의 제목이기도 한 파이드로스라는 이름의 학구열에 불타는 젊은이가 변론가 뤼시아스에게 들은 사랑에 관한 논의의 내용을 소크라테스에게 전하는 대화로 이 책은 시작된다. 아테나이를 찾은 뤼시아스가 머물던 한 저택에서 논의된 연애론은 파이드로스의 강한 흥미를 이끌어냈다. 뤼시아스의 설명은 이렇다.

"우리는 보통 자신을 사랑해주는 사람에게 의지하는 것이 좋다고 생각한다. 하지만 우리는 오히려 자신을 사랑하지 않는 사람에게 의지해야 한다. 사랑을 하고 있는 사람은 사랑의 힘에 휩쓸려 자신을 확실히 돌아보지 못하기 때문이다."

연심을 품고 있을 때 우리는 때때로 이성적인 판단을 내리지 못할 때가 있다. 따라서 우리는 자신에게 충고를 해주는 사람에게 의지해야 한다는 것이다. 이 점에 관해 이야기하자면 우리가 느끼기에도 설득력이 없다고 하기는 어렵다. 하지만 그것은 소크라테스가 말하는 하나의 독단(도그마)이며 '진정한' 지식은 아니다. 소크라테스는 뤼시아스의 논리 자체에 문제가 있다고 생각한다.

뤼시아스는 사랑에 빠진 사람은 욕망에 휩쓸려 행동하거나 친절을 베풀기 때문에 사랑이 식었을 때 후회할 수도 있으며, 사랑의 욕망은 일시적이므로 친밀한 관계는 지속할 수 없다고도 말한다.

그러나 소크라테스는 언뜻 확실해 보이는 뤼시아스의 주장에 대해 우선 사랑 그 자체의 의미는 무엇인가에 대해 생각할 필요가 있다고 반론한다. 그러지 않으면 논의가 분산되어 논점이 흐려지기 때문이다.

> 인간이 아무리 논의를 하더라도 거기서 좋은 성과를 올리려면 우선적으로 해야 할 일이 하나 있다. 그것은 논의에서 다루는 사항의 본질[16]이 무엇인지 알아야 한다는 점이다. 그러지 않으면 완전히 실패하게 될 것이 틀림없다.

공통 이해를 만들어내기 위해서는 질문해야 하는 사항이 무엇인지 명확히 할 필요가 있다. 이것은 이 대화편에만 국한된 것이 아니라 철학의 기본적인 규칙이다.

사랑의 본질은 좋은 광기다

논의의 방법에 대해서는 후반부에서 살펴보기로 하고 우선 사랑에 관한 대화를 살펴보자.

---

16 어떤 사항에서 '무엇'이라 불리는 것. 궁극적인 진리, 사물의 배후에 감춰진 것이라 풀이되는 경우도 있지만 여기서는 '공통 이해'를 가리킨다.

사랑이란 무엇인가? 이 질문에 소크라테스는 시인 스테시코로스에게 들은 이야기를 빌려 사랑의 본질은 좋은 '광기'라고 이야기한다. 광기라는 말을 들으면 왠지 불안한 마음이 들지도 모른다. 그러나 소크라테스는 광기는 결코 나쁜 것이 아니며, 오히려 좋은 것의 근원이라고 생각했다. 일상 세계를 초월한 감성의 모습을 광기라고 불렀던 것이다.

이데아란 무엇인가

사랑의 본질은 좋은 광기다. 플라톤은 이 사실을 '이데아'[17]로 설명한다. 이데아란 사물을 그것으로 존재하게 하는 '실체'다. 만약 여기에 컴퓨터와 책상, 의자가 있다고 하자. 그러나 세상에는 여러 가지 컴퓨터가 있다(데스크탑, 노트북 등). 그럼에도 불구하고 이것이 컴퓨터라고 인식될 수 있는 까닭은 무엇일까? 플라톤에 따르면 이 기계가 '컴퓨터'라는 이데아를 갖고 있기(나누어 가졌기) 때문이다. 이와 마찬가지로 이 책상은 '책상'이라는 이데아, 이 의자는 '의자'라는 이데아를 갖고 있다. 그래서 우리는 그것들을 컴퓨터나 책상 혹은 의자라고 인식할 수 있는 것이다.

---

17 플라톤의 중심적 개념. 어떤 대상을 그것이게 하는 근원적 존재.

그러나 여기서 의문이 생긴다. 우리 눈앞에 있는 것은 각각 컴퓨터, 책상, 의자이다. 그럼에도 불구하고 그것들이 이데아를 갖고 있다는 사실을 어떻게 알 수 있는 것일까? 그 사실을 언제, 어디서 알게 되었을까?

소크라테스(플라톤)의 대답은 우리의 영혼이 이 세상에 내려오기 전에 이데아를 보았기 때문이라는 것이다. 과거에 본 이데아를 떠올리는(상기하는) 것, 이것이 대상을 인식하는 것이다. 이데아에 관한 이야기는 다음과 같이 진행된다.

> 우리의 영혼을 한 쌍의 말과 그 고삐를 쥔 마부(말을 부리는 사람)로 이루어져 있다고 생각해보자. 말에는 날개가 달려 우주를 뛰논다. 그때 영혼은 신들의 영혼이 행진하는 뒤를 따른다. 신들의 영혼은 하늘에 올라가면 천구의 바깥으로 나가 하늘 밖의 세상으로 들어간다. 영혼도 함께 그 세상으로 들어가서 '정의正義 그 자체'나 '미美 그 자체' 같은 다양한 이데아를 구경하며 돌아다닌다.
>
> 그러나 영혼이 더 이상 신의 영혼을 따라가지 못하게 되면 지상에 떨어져 육체 안에 깃든다. 이렇게 인간은 이 세상의 생명을 얻는다. 그러므로 우리가 이 세상에서 무엇인가를 인식한다는 것은 과거에 영혼이 본 이데아를 떠올리는(상기하는) 것이다.

영혼의 불멸을 설명하는 이 이야기는 그 자체로만 보면 보편적 타당성이 있다고 말하기 어렵다. 그러나 그것은 사후적인 관점이다.

이 이야기에서 무엇보다 중요한 점은 '미'의 이데아(미 그 자체)에 관한 통찰이다. "미의 이데아는 다른 이데아와 달리 쉽게 잊을 수 없다. 그러므로 이 세상에서 아름다운 사람을 보면 하늘 밖에서 미의 이데아를 봤을 때의 감정이 되살아나 의식의 저편에서 우리를 덮쳐온다. 아름다운 사람은 미의 이데아 그 자체를 볼 수 없는 고뇌를 치유해주는 유일한 의사다."

미의 이데아를 향한 욕망, 그것은 의식의 저편에서 찾아온다. 미는 '음미하는' 것이다. 따라서 사랑의 본질은 일상을 초월하는 최고의 미를 다시 한번 맛보고 싶다는 '광기'라는 것이다.

로맨틱한 욕망과 에로틱한 욕망

나아가 플라톤은 사랑으로 향하는 영혼의 성격을 파악하기 위해 다음과 같이 말한다.

> 말 두 마리 가운데 한 마리는 '지조와 다정함'을 갖추고 말로 명령하면 마부를 따르는 좋은 말이다. 그러나 나머지

한 마리는 '방종과 오만'에 빠져 좀처럼 마부를 따르지 않는 나쁜 말이다.

영혼이 아름다운 사람을 봤을 때 사려 깊고 좋은 말은 그 사람에게 뛰어들지 않도록 자신을 제어하지만, 방종하고 나쁜 말은 '애욕을 함께 맛보자'라고 아름다운 사람에게 제안하도록 좋은 말과 마부를 강요한다.

그래서 영혼은 아름다운 사람을 향하고 그 모습을 본다. 마부는 우두커니 멈추어 그 사람 앞에서 물러나지만 나쁜 말은 억지로 그 사람에게 다가가려 한다. 하지만 마부는 나쁜 말을 힘껏 제압하고 결국 나쁜 말은 마부의 사려 깊음을 따르게 된다.

플라톤은 여기서 좋은 말이 나쁜 말을 따르게 하는 이야기를 그리고 있지만, 반대로 나쁜 말이 좋은 말을 꾈 가능성도 있으리라는 의견도 있을 것이다. 사랑이 '광기'인 이상 애욕이 사려를 압도할 수도 있기 때문이다.

그러나 그것 자체는 중요하지 않다. 오히려 여기서 주목해야 할 점은 로맨틱한 욕망(동경)과 에로틱한 욕망(성욕)이 함께 사랑의 본질을 이루고 있다는 통찰이다. 어느 한쪽만 결여되어도 사랑은 성립하지 않는다. 듣고 보니 확실히 수긍이 가지 않는가.

공통 이해에 도달할 수 있는가를 판단하자

소크라테스와 파이드로스는 앞서 다룬 뤼시아스의 의견을 되돌아보고 '변론술dialektik'[18]이란 무엇인가, 논의를 한다는 것은 무엇인가에 대해 논의를 전개한다.

소크라테스가 생각한 변론술의 요점은 논의를 잘 진행시키기 위해서는 우선 공통 이해가 성립하기 쉬운 주제와 성립하기 어려운 주제의 특징을 알고 논하려는 주제가 어느 쪽에 속하는가를 판단하는 것이다.

예를 들어, 컴퓨터나 책상이 무엇인가에 관한 공통 이해는 비교적 간단히 성립한다. 형태가 있고 무게가 있는, 작업을 위한 도구이다. 우리는 그것을 보거나 사용하는 사이에 그것이 무엇인가를 자연히 이해할 수 있다.

하지만 선善이나 정의, 미美 같은 의미나 가치에 대해서는 어떨까? 그 경우 반드시 엄밀한 공통 이해를 얻을 수 있는 것은 아니다. 의미나 가치에 대한 공통 이해는 사물과는 다른 방법으로 성립한다.

소크라테스는 이러한 전제를 기초로 진행되는 '올바른' 논의 방법을 변론술이라고 불렀다. 여기서 자세히 확인하지는 않겠지만

---

18 소크라테스가 이용한 변증법으로 상대방과의 문답을 통해 진리를 이끌어내려는 방법.

변론술의 핵심은 다양한 것을 하나로 모으는 것, 그리고 정리한 것을 다양한 것으로 나누는 것, 이 두 가지에 있다.

여기서 처음에 파이드로스가 소크라테스에게 전한 뤼시아스의 말로 돌아가 보자. 뤼시아스는 사랑에 관해 다양한 관점을 제시하고 있어 연애 경험이 있다면 와닿는 부분도 있기에 언뜻 보기에는 설득력이 있다고 느낄지 모른다. 그러나 뤼시아스의 논의법은 주장에 설득력을 부여하기 위해 다양한 정보를 집어넣어 그럴싸하게 만든 데 지나지 않는다.

그렇다면 우리는 사랑을 어떻게 논해야 할까?

소크라테스에 따르면 우리는 우선 다양한 연애 경험을 열거하고 그것을 정리하여 거기서 어떤 문제를 질문해야 할지 명확히 할 필요가 있다. 이렇게 출발 지점을 공유한 뒤, 사랑이 갖는 의미에 대해 논의해가면 된다. 논의를 분산시키지 않고 공통 이해의 핵심을 파고드는 것. 이것이 소크라테스와 플라톤이 생각하는 좋은 논의의 특징이다.

사랑과 공통 이해의 본질론

여기서 다루는 연애론이 타당한가에는 의문의 여지가 있을 것이다. 그러나 이 책뿐만 아니라 철학에서 중요한 점은 사물의 본질,

즉 의미를 이해하는 것이다. 그 관점에서 보면 우리가 사랑에 빠질 때 상대방의 아름다움을 자신의 것으로 삼으려는 에로틱한 욕망이 솟아오르는 한편, 그 아름다움에 대한 배려가 로맨틱한 욕망으로 탄생하는 구조에 대해 이해할 수 있을 것이다.

또 변론술에 관한 부분에서 플라톤은 우리에게 '좋은 논의'란 무엇인가를 잘 규정하고 있다. 공통 이해에 도달하기 위해서는 우선 문제점을 공유하고 논의할 주제의 핵심을 파악해야 한다. 그것이 건설적인 논의의 조건이다. 이 통찰은 단순히 대화가 중요하다는 논리에 비해 월등히 뛰어나다.

철학
베스트
50

국가

The Republic[19]

: 정의란 무엇인가를 둘러싼 대화

소크라테스와 플라톤은 서양 철학 역사상 처음으로 사물의 '본질'에 대한 질문을 제기한 철학자이다. 소피스트나 변론가가 사물에서 얻을 수 있는 이익과 불이익 등 다양한 귀결부터 논하는 데 반해 플라톤은 소크라테스의 태도를 이어받아 사물 그 자체의 의미를 명확히 밝히는 것을 최초의 주제로 삼았다. 이는 철학의 역사를 크게 진보시킨 중대한 한 걸음이라 할 수 있다.

이 책은 플라톤의 중기 대화편이자 플라톤의 주요 저서이다. 중심 논제는 옳음(정의)이란 무엇인가에 대한 것이다.

정의가 무엇이냐는 질문을 받는다면 우리는 어떻게 대답할 것

---

19 한글판 『국가』, 김영사(2019), 현대지성(2023)

4 부

플라톤
Plato, 기원전 427~347

선(善)의 이데아야말로 우리가 배워야 할 최고의 것이다.

인가? 어린이는 영웅이나 학교 선생님, 젊은이는 경찰관이나 재
판관, 혹은 법률을 정의라고 답할 것이다. 어른이라면 진정한 정의
따위는 존재하지 않고 저마다 자신의 이해에 맞춰 행동할 뿐이라
고 생각하는 사람도 많을 것이다.

　그러나 그것들은 모두 정의의 구체적인 사례, 철학적으로 말하
자면 표상(이미지)이며 정의 그 자체, 정의의 본질은 아니다. 도대
체 정의의 본질은 무엇일까? 정의에는 과연 근거가 있을까? 그리
고 우리의 삶에서 정의는 어떤 의미를 가질까? 이 책에서 플라톤
은 이런 질문을 파고들어 해답을 내리려 한다.

기게스의 반지

정의 그 자체란 무엇인가? 플라톤이 이 문제를 제기한 까닭은 도대체 왜 정의를 택해야 하느냐는 물음이 그에게 절실한 문제로 떠올랐기 때문이다. 대화편의 중반부에서 등장인물 가운데 하나인 그라우콘이 다음과 같은 일화를 이야기한다.

> 어느 날, 양치기 기게스는 양들에게 풀을 뜯게 하던 도중 대지에서 커다란 구멍을 발견하고 그 안에서 황금 반지를 발견한다. 기게스는 반지를 손에 끼고 무심코 반지의 구슬을 돌렸다가 자신의 모습이 투명해진다는 사실을 알게 된다. 그래서 기게스는 그 반지를 사용하여 왕비와 사통하고 국왕을 죽인 뒤 왕권을 손에 넣는다.

언뜻 대단치 않은 에피소드처럼 보일지 모르지만 여기에는 정의를 둘러싼 근본적 문제가 상징적으로 제기되어 있다. 이 이야기에서 중요한 점은 이것이 기게스 개인의 개별적인 에피소드로 정리될 수 없다는 점이다. 기게스는 부정을 저지르기 위해 반지를 찾아내지도, 그것을 만들어내지도 않았다. 기게스는 우연히 그 반지를 발견하여 자신이 투명해질 수 있다는 사실을 안 것뿐이다.

흔히 있는 일로 여겨질 정도이다. 만약 우연히 교무실 쓰레기통 안에서 다음 주에 볼 시험지를 발견했다고 가정해보자. 과연 그것을 못 본 척할 수 있을까? 시험 문제를 알고 있으면 높은 점수를 받기도 쉽고 부정을 의심받지도 않을 것이다. 그렇다. 때와 장소에 따라서는 우리 모두 기게스의 입장에 처할 수 있는 것이다.

> 자, 그렇다면 도대체 우리가 최대의 부정보다 정의를 선택하기 위해 어떤 근거가 더 남아 있는 것일까? 우리는 그저 그 최대의 부정을 다른 이를 속이는 교묘한 위선 아래 감추기만 하면 된다. 그러면 우리는 신 아래서도 인간 사이에서도, 살아 있을 때에도 죽은 뒤에도 마음대로 살아갈 수 있다. 이는 일반인도, 권위 있는 대가도 입을 모아 보증하는 사실이 아닌가.

만약 자신이 부정을 저지르고 있다는 사실을 아무에게도 들키지 않는다면 우리는 부정을 저지르고 행복해지려 하지 않을까? 부정을 저지르지 않는 것은 그저 단순히 공동체가 강제하기 때문이며, 그러한 강제가 없는 곳에서 정의는 아무런 가치도 없고 허울뿐인 말에 지나지 않는 것은 아닐까?

플라톤은 이 질문에 직접 답을 내리고 있지는 않지만, 이는 정의의 본질을 생각할 때 누구나 직면할 수밖에 없는 근본적 문제이다.

이데아의 이데아인 선의 이데아

그렇다면 플라톤이 정의의 본질에 어떤 방식으로 접근했는지 살펴보자.

플라톤은 '선善'의 이데아가 정의의 근거라고 논한다. 선의 이데아란 선 그 자체, 어떤 사물을 좋은 것이라 여기는 선의 '본질'이다.

여기서 중요한 점은 선의 이데아가 모든 이데아의 근거, 즉 이데아의 이데아라는 규정이다. 정의나 선의 이데아는 선의 이데아에 기초할 때 비로소 존재할 수 있다. 또 선의 이데아는 지식, 진리의 근거이다. 그러므로 선의 이데아 없이는 정의나 미를 충분히 알 수 없다.

흥미로운 점은 정의의 근거는 진리의 이데아가 아니라 선의 이데아라는 것, 또 진리의 이데아는 선의 이데아를 근거로 존재할 수 있다는 점이다. 즉, 진리는 선의 이데아에 의해 비로소 존재할 수 있다. 그 통찰을 기초로 플라톤은 우리가 어떻게 선의 이데아를 인식할 수 있는가 하는 문제를 파고든다.

동굴의 비유

정의의 근거인 선의 이데아를 인식할 수 있다면 정의가 무엇인지 알 수 있을 것이다. 이 점에 관해 플라톤은 유명한 '동굴의 비유'를 통해 논한다. 이야기는 다음과 같다.

지하 동굴에 살고 있는 사람들을 생각해보자. 그들은 어렸을 때부터 몸이 묶여 있어 자유롭게 움직이지 못하고 머리가 앞만 보도록 고정되어 있어 뒤를 볼 수 없다. 그들의 뒤에는 동굴 안을 비추는 불빛이 있고, 그들을 비추고 있다. 그 불빛과 그들 사이에는 벽이 있다고 하자. 그리고 이 벽 뒤에서 누군가가 인형극을 보여주기 위해 인간과 동물의 상을 두고 비춘다고 생각해보자.

즉, 동굴에 사는 사람들은 불빛의 존재를 모른 채 태어나 줄곧 그림자극만 보며 살아온 상태인 것이다. 당연히 그들은 그림자를 허상이 아니라 실체, 진실이라고 생각하게 된다. 뒤를 돌아본 적이 없기 때문에 진실을 전혀 인식할 수 없는 것이다.

여기서 만약 묶여 있는 사람 가운데 하나가 속박에서 풀려나 불빛이 있는 쪽을 보게 된다면 어떻게 될까? 그 사람은 비로소 자신이 지금까지 보던 것이 불빛에 비친 그림자였다는 말을 듣더라도 이해하지 못하고 그림자가 진실이라고 생각할 것이다.

그렇다면 그를 동굴 밖으로 데리고 나오면 어떻게 될까?

처음에는 눈이 부셔서 주변을 전혀 보지 못할 것이다. 주변을 보려면 눈이 빛에 익숙해져야 하기 때문이다. 그러나 일단 빛에 익숙해져 태양을 볼 수 있게 되면 더 이상 동굴로 돌아가려고 하지 않을 것이다.

이 비유를 통해 플라톤은 무엇을 논하고 있는 것일까? 한마디로 선의 이데아를 인식하려면 영혼을 그쪽으로 향하게 해야 한다. 동굴의 비유에서 보면 그림자가 아니라 빛, 그리고 그 빛에 비춘 본질을 보자는 것이다. '좋은' 생활을 영위하기 위해 노력하는 사람은 모두 영혼이 선의 이데아를 향하도록 해야 한다. 그리고 영혼의 방향을 바꾸는 데 사용된 기술이 다름 아닌 교육(파이데이아, paideia)[20]이다.

선의 이데아는 한정된 사람들만이 깨달음이나 신앙으로 얻을 수 있는 것이 아니다. 적절한 길잡이만 있다면 누구든 볼 수 있다는 확신이 이 책의 논의를 뒷받침하고 있다.

20　고대 그리스 교육의 기본이라고도 할 수 있는 사상, 시스템. '옳다'고 여기는 방향을 일깨우고 그 방향을 향하게 하려는 가르침 및 그 시스템.

선의 이데아에 대한 통찰

물론 이 책에서 제시하는 세계상이 보편적이라고 하기는 어렵다. 그러나 고대 그리스의 세계상을 현대 과학의 수준에서 비교하는 것은 적절하지 않다. 우선 이 책에서 제시한 세계상의 의미를 제대로 받아들일 필요가 있다.

소크라테스, 플라톤 이전의 철학자들은 '세계란 무엇인가?'라는 문제에 대해 물질적인 개념을 이용하여 논했다. 철학의 아버지라 불리는 탈레스[21]는 만물의 원리는 '물'이라고 말했다. 반면 탈레스의 제자 아낙시만드로스Anaximandros[22]는 '무한한 것'이라고 했고, 아낙시만드로스의 제자 아낙시메네스Anaximenes[23]는 '공기'라고 논했다.

확실히 그들도 세계를 설명하는 원리를 그리스 신화에서 개념으로 바꾸었다는 점에서 커다란 업적을 남겼다. 그러나 세계의 근거를 선이라는 가치에 두었던 플라톤의 통찰은 기존 철학의 수준을 현저히 발전시킨 획기적인 것이라고 할 수 있다.

---

21 기원전 625~547. 고대 그리스의 철학자. 기원전 6세기 전반 도시국가 밀레토스에서 활약했다. 서양 철학의 아버지로 불리며 세계는 '물'에서 태어나 물로 돌아간다고 생각했다.
22 기원전 610~546. '무한한 것(토 아페이론, to apei-ron)'이라는 추상적 개념을 사용하여 만물의 기원을 탐구했다.
23 기원전 585~525. 죽은 사람이 호흡을 하지 않는다는 점을 근거로 공기(프네우마, pneuma)가 생명, 그리고 세계까지 이루고 있다고 주장했다.

형이상학

Metaphysica[24]

: 세계의 원리를 개념적으로 명확히 하려는 시도

아리스토텔레스는 철학자 플라톤의 제자이다. 아테네에 리케이온Lykeion[25]이라는 학교를 세우고 철학뿐만 아니라 논리학, 자연학(현재의 자연과학)[26], 정치학에서부터 예술에 이르기까지 다양한 분야에서 연구 활동을 했다. 그는 수많은 저서를 남기고 오늘날 학문의 토대를 마련했다. 이 책은 여러 학문 분야 중 '자연학'의 기초를 이루는 대상을 주제로 삼는다. 아리스토텔레스가 세상을 떠난 뒤, 발표되기 전의 논문이나 원고를 편집하여 발표한 것이다.

---

24 한글판 『아리스토텔레스의 형이상학』, 문예출판사(2004), 서광사(2022)

25 아리스토텔레스가 후원인 알렉산드로스 3세의 원조를 받아 개설한 학원.

26 그리스철학의 한 분야. 논리학, 윤리학과 동등하게 논의되었다. 르네상스 시대 이후 주로 자연과학으로 전개되었다.

5

아리스토텔레스
Aristotle, 기원전 384~322

지혜를 사랑하는 자의 학문은 존재하는 것을 그저 존재하는 것으로만 간주하고 부분적이 아니라 보편적으로 고찰하는 것이다.

형이상학[27]이라는 개념은 철학사에서 다양하게 이용되지만, 아리스토텔레스가 이야기하는 형이상학은 '개념의 학문'이라고 생각하면 이해하기 쉽다.

이 책에서 아리스토텔레스는 당시까지 다양한 문맥으로 사용되던 개념을 포괄적으로 논하고 있다. 이런 시도를 한 것은 아리스토텔레스가 처음이다. 물론 현대의 관점에서 보면 타당하다고는 할 수 없는 개념도 있지만 오늘날 더욱 널리 사용되는 개념도 있다. 그 분야의 방대함에는 몇 번을 읽어도 놀랄 따름이다.

---

27 현상의 배후에 있는 진리, 세계의 근본원리(신, 실체 등)를 탐구하는 학문. 포스트모던 사상이나 분석철학에 의해 비판받는다.

다양한 개념의 해설

우선 아리스토텔레스가 다룬 개념에 대해 살펴보자. 확실히 현대의 우리에게는 마치 사전을 읽듯 지루하게 느껴지는 것은 어쩔 수 없다. 하지만 현대보다 '불가사의'한 것이 많던 당시, 그들이 어떻게 세상을 보고 어떤 사고방식으로 수수께끼를 해명하려고 했는지 상상하면 어느 정도 흥미롭게 읽을 수 있을 것이다. 여기서 모두 확인할 수는 없기 때문에 중요한 것만을 골라 살펴보겠다.

- 근원(아르케Arche)[28] : 사물이 존재하고 생성되고 인식되는 첫 지점으로 원리를 말한다.
- 인因 : 원인, 근거. 질료인, 형상인, 작용인, 목적인의 네 가지로 나뉘며 이를 통틀어 '사원인'이라고 불린다. 질료인은 사물, 형상인은 사물의 본질, 작용인은 물질의 운동 변화의 시작, 목적인[29]은 사물의 종착점을 의미한다. 아리스토텔레스는 목적도 인의 하나라고 생각했다.
- 필연 : 필요조건으로 '우연'에 선행한다. 우연은 필연으로 인

---

28 아리스토텔레스에 따르면 만물의 근원인 아르케를 처음으로 추구한 것은 그것을 물이라고 여겼던 탈레스이다.
29 최고의 목적인은 최고선(善)이며, 최고선은 최고의 공동체인 국가(폴리스)의 지향점이라고 설명했다.

해 존재한다.

- 일一 : 일원론에서 말하는 '일一'로 다원론에서 말하는 '다多'
  와 대치되는 개념이다.
- '있다' : 부대적(~이다), 본래적(~이 있다)의 두 가지가 있다.
- 실체 : 사물의 기본으로 '이것은 연필이다'라고 할 때의 '이
  것'을 말한다.

사원인 가운데 목적인은 조금 이해하기 어렵기 때문에 보충 설명을 하겠다. 아리스토텔레스는 존재하는 것에 일반적으로 그것이 지향하는 목적이 이미 포함되어 있다고 생각했다. 예를 들어, 『자연학』에서는 건강을 위해 산책을 할 때 산책은 건강을 목적인으로서 이루어지고 있다고 본다. 또 『정치학』에서는 폴리스의 목적인은 최고선이라고 논하고 있다.

지금까지 다룬 개념 외에도 아리스토텔레스는 같음, 다름, 선善, 후後, 양量, 질質, 완전, 결여, 전체 같은 개념을 간단히 정리하고 있다. 확실히 모두 오늘날 더욱 널리 사용되는 개념이다. 정의가 타당한가의 여부는 제쳐두더라도 그만큼 아리스토텔레스가 적절하게 핵심을 파악했다는 사실을 엿볼 수 있다.

신은 부동의 동자다

아리스토텔레스의 스승 플라톤은 이데아설에 기초하는 이야기의 형태로 세계상을 나타냈다. 한편, 아리스토텔레스는 플라톤과 같은 길을 따르지 않고 '원인'과 '결과'의 추론으로 세계의 전체상을 그려내려고 시도한다. 학자 성향의 아리스토텔레스는 작가 성향의 플라톤이 주장한 이데아설이 아무래도 마음에 들지 않았던 모양이다. 가까운 사제지간이지만 제자는 스승의 견해가 틀렸다고 생각하면 적극적으로 반박한다. 이것이 고대 그리스의 철학 활동이었다.

아리스토텔레스는 사물은 '원리'와 '원인'을 가지며 언젠가 반드시 소멸한다고 논한다. 그러나 사물의 원리인 '움직임' 자체는 사물의 존재와 관계없이 항상 존재한다. 알 듯 말 듯한 설명처럼 들릴지도 모르지만 이렇게 진행되는 아리스토텔레스의 추론을 정리하면 대략 다음과 같다.

이 '움직임'은 어떤 사물이 실제로 활동을 하지 않으면 존재할 수 없다. 그것은 사물의 원리이기는 하지만 사물 그 자체는 아니기 때문이다.

그러므로 실제 활동을 하는 것이 본질인 원리, 질량을 갖지 않고 영원히 존재하는 실체로서의 원리, 다시 말해 제

1원인이 존재해야 한다. 그것을 나는 '부동의 동자unmoved mover'라고 부르고자 한다. 이것은 '지성(누스Nous)', 즉 '신'이라고 불러야 할 존재이자 '하나 된' 우주 순환 운동의 근본원리다.

무엇인가가 움직이기 위해서는 동인이 존재해야 한다. 그리고 그 동인에도 동인이 있어야 한다. 이렇게 원인과 결과를 계속 거슬러 올라가면 결국 대상 자신은 움직이지 않고 인과관계의 사슬 전체를 뒷받침하고 있는 '부동의 동자'에 이른다. 이 제1원인을 아리스토텔레스는 세계의 근본원리라고 여긴 것이다.

시간이 흘러 중세 유럽의 스콜라 철학을 대표하는 신학자 아퀴나스는 주요 저서인 『신학대전』에서 아리스토텔레스의 논의를 기독교 철학과 연관 지어 세계는 창조주, 즉 신을 근본원리로 삼는 '존재의 네트워크'라고 논한다.

아리스토텔레스가 이야기하는 신에 종교적인 성격은 거의 없다. 그러나 추론 방법은 확실히 아퀴나스로 계승되고 있다. 즉, 아리스토텔레스와 아퀴나스 모두 인과의 사슬을 추론하여 사슬 그자체를 성립시키는 제1원인, 즉 제1원리를 명확히 하고 그것을 토대로 세계의 전체상을 그려내려고 시도했던 것이다.

아리스토텔레스의 통찰력

솔직히 고백하자면 이 책을 처음 읽었을 때 시시하다는 생각이 들었다. 플라톤의 『소크라테스의 변론』이나 『향연』 같은 대화편에는 세계란 무엇인가에 대한 견해를 단번에 바꿀 정도의 힘이 있지만, 이 책은 어떻게 보면 상식적인 내용을 장황하게 늘어놓고 있을 뿐이라고 여겨졌던 것이다.

그러나 잘 생각해보면 고대 그리스에서 쓰인 이 책이 오늘날 우리에게 상식적이라고 여겨지는 것 자체가 놀라운 일이 아닐까?

확실히 독일의 철학자 칸트의 논의에 따르면 '부동의 동자'에 관한 추론은 타당하다고 하기 어렵다. 그러나 아리스토텔레스가 개념을 다루는 방식이나 정리하는 방식은 탁월하다.

의미와 가치의 탐구에 뛰어났던 플라톤과 기능과 작용의 분석에 뛰어났던 아리스토텔레스. 이처럼 대립적인 성격의 철학자가 존재했다는 데서 고대 그리스철학의 특징을 찾을 수 있다.

철학
베스트
50

정치학

Politics[30]

: 인간 본성으로서의 정치를 조명하다

정치는 우리 인간 고유의 행동이다. 만약 우리가 단순한 동물이라면 정치는 존재하지 않고 모두 야생의 원숭이처럼 약육강식의 상태에 놓여 있었을 것이다. 그러나 인간은 마땅한 삶의 이상을 근거로 공동체를 구상하고, 정치를 통해 기존의 공동체를 더욱 '좋은' 것으로 발전시킬 수 있는 가능성을 가진다. 이는 다른 동물에게서는 찾아볼 수 없는 인간 고유의 가능성이다.

정치란 무엇인가? 국가(폴리스)란 무엇인가? 국가는 무엇을 위해 존재하고 정치는 무엇을 위해 행해져야 하는가? 이 책에서 아리스토텔레스는 이 일련의 문제에 몰두하여 국가를 어떻게 통치

---

30 한글판 『아리스토텔레스 정치학』, 쌤앤파커스(2018), 그린비(2023)

6

아리스토텔레스
Aristotle, 기원전 384~322

인간은 본성적으로 국가를 갖는(폴리스적) 동물이다.

해야 하는가, 어떤 국가 제도가 '옳은가'에 대해 실천적인 관점에서 대답을 찾으려 시도한다.

국가는 최고선을 목표로 하는 공동체

아리스토텔레스는 처음부터 '국가란 무엇인가'라는 질문을 던지고 이에 관해 논해간다. 국가의 존재 의미를 모른 채로 정치에 대해 논하는 것은 불가능하기 때문이다. 이 문제에 대해 아리스토텔레스는 『형이상학』에서도 다뤘던 '목적인'의 관점에서 논의를 전개해간다. 목적인이란 사물이나 현상에는 그것이 지향하는 목적이 이미 포함되어 있다는 생각이다.

그렇다면 우리의 목적인은 무엇인가? 아리스토텔레스는 '선'이라고 말한다. 아리스토텔레스의 아들 니코마코스Nikomachos가 엮은 『니코마코스 윤리학』[31]에는 다음과 같은 내용이 실려 있다.

"우리에게 목적인은 선이자 최고의 목적인은 최고선이다. 최고선은 존재해야 한다. 그렇지 않으면 목적의 사슬은 끝없이 이어져 우리의 욕구는 채워지지 않고 공허한 것이 되기 때문이다."

『정치학』에서 아리스토텔레스의 근본적 통찰은 국가(폴리스)가 단순한 생활공동체가 아니라 최고선을 목적인으로 삼는 공동체라는 것이다. 일상적인 의식주, 일반적 '필요'는 가족에 의해 충족된다. 필요가 충족됨에도 불구하고 가족을 초월하는 공동체가 성립하는 까닭은 사람들이 선을 추구하는 본성을 가졌기 때문이다.

인간은 선을 목적인으로 삼고 국가는 최고선을 목적인으로 삼는다. 우리의 목적인이 선인 이상, 최종적 공동체인 국가를 만드는 것은 인간에게 대단히 자연스러운 행동이다. 그 의미에서 아리스토텔레스는 인간을 '폴리스적 동물'[32]이라고 불렀다.

---

31 아리스토텔레스가 남긴 원고를 그의 아들 니코마코스가 엮은 연구서. 한글판 『니코마코스 윤리학』, 길(2011), 숲(2013), 현대지성(2022)

32 더 잘 살기 위해 폴리스적 공동체를 형성하고 그 완성을 목표로 하는, 인간 이외의 동물에게서는 나타나지 않는 인간의 자연스러운 본성을 가리킨다.

최선의 국가 제도는 공화제

국가는 사람이 선을 지향하기 위한 체제이자, 정치학은 그 목적에 입각해 가장 적합한 체제를 탐구하는 학문이다. 그 통찰을 토대로 아리스토텔레스는 어떤 국가 체제를 이상으로 삼았을까? 아리스토텔레스는 여기서 국가의 자세를 인간의 그것에 비유하여 논한다.

　"인간에게 최선의 삶은 '중용'을 얻는 것이다. 왜냐하면 최고선은 '행복'이며 그것을 위해서는 '중용'의 덕이 필요하기 때문이다. 마찬가지로 국가 체제에도 중용이 존재하는 것이 최선이다. 그러므로 중간층인 '시민'에 의한 지배, 그중에서도 대중이 참가하는 공화제가 최선의 국가 체제이다."

국가는 인간 본성이 지향하는 사회 형태

이 책에서 아리스토텔레스가 구상한 정치에는 스승 플라톤이 『국가』에서 논했던 정치 체제를 비판하는 의미가 있다. 플라톤이 설명하는 국가 체제는 철학자가 국가를 이끄는 것을 긍정하는 '철인 정치'[33]이다. 이에 비하면 아리스토텔레스의 공화제가 균형 잡혔다고 생각할지도 모른다. 실제로 지금은 줄어들었지만 플라톤의 정치철학은 전체주의의 근원이라는 비판도 적지 않았다.

그러나 여기서 놓쳐서는 안 될 점은 플라톤과 아리스토텔레스 사이에 역사적으로 결정저인 차이가 있었다는 사실이다. 그것은 페르시아의 위협이다. 플라톤이 『국가』를 썼을 무렵 페르시아의 위협은 여전히 심각했다. 그래서 정치는 무엇보다 폴리스의 유지를 지향해야 했다. 이에 반해 아리스토텔레스가 활약했던 때는 마케도니아 왕국이 스파르타를 제외한 모든 폴리스를 통솔하는 코린토스 동맹[34]의 맹주가 되었고 알렉산드로스 3세[35]가 페르시아 정복을 통해 영토를 확대하려고 했던 시대이다.

이 시대적 배경에서 읽어낼 수 있는 사실은 아리스토텔레스에게 국가는 생존을 첫째로, 그리고 주요한 목적으로 삼는 공동체는 아니었다는 것이다. 아리스토텔레스는 국가는 단순한 생존을 넘어 각자가 선, 즉 행복을 지향하기 위한 일반 조건이 되어야 하며, 국가 체제는 그 점을 토대로 구상되어야 한다고 본다. 우리가 플라톤보다 이 책의 구상에 대해 수긍할 수 있는 부분이 있는 것은 이

---

33 진(眞), 선(善), 미(美)의 이데아를 깊이 터득한 철학자가 통치하는 국가를 이상으로 삼는 플라톤의 학설.

34 기원전 337년 스파르타 이외의 모든 폴리스가 참가하고 마케도니아가 그리스 남부를 지배한 동맹.

35 기원전 356~323. 코린토스 동맹을 결성한 마케도니아의 왕 필리포스 2세의 아들. 코린토스 동맹의 맹주를 이어받아 페르시아 토벌을 위해 동방을 원정하고 영토를 확대했다. 아리스토텔레스의 후원인이기도 하다.

책이 근대사회의 이념과 부분적으로 닮아 있기 때문이다.

물론 아리스토텔레스의 구상을 현대 글로벌 사회에 그대로 적용할 수는 없다. 아리스토텔레스의 공화제는 노예의 존재를 전제로 하고 있으며, 애초에 국가가 최선이자 최후의 공동체일 리는 없기 때문이다. 아무리 공화제라고 하더라도 기본적 인권이라는 이념에 기초하는 근대의 공화정과는 원리적으로 다른 것이다.

그러나 이 책에서 중요한 점은 아리스토텔레스가 인간은 단순한 생존에 만족하지 못하고 더욱 '좋은' 것을 어떻게든 지향한다는 본성을 읽어내어 정치제도가 갖춰야 할 형태를 구상했다는 것이다.

우리에게 정치가 갖는 근본적인 의미는 우리가 어떤 존재인가 하는 지점에서 생각하지 않으면 명확히 밝힐 수 없다. 왜냐하면 정치는 자연히 존재하는 것이 아니라 우리 인간이 만들어낸 제도이자 행위이기 때문이다.

루키우스 세네카

아우구스티누스

토마스 아퀴나스

니콜로 마키아벨리

2

중세

기독교 신학에
지배당한 철학

인생의 짧음에 관하여

De Brevitate Vitae

: 충실한 인생을 위한 조건은 무엇인가

중국 남송의 사상가 주희(朱熹, 주자)[36]가 썼다고 여겨지는 한시 가운데 '소년은 늙기 쉬우나 학문을 이루기는 어렵다少年易老學難成'라는 구절이 있다. 세월은 쏜살같이 흐르지만 학문을 닦기는 어렵다. 시간을 조금도 낭비하지 말고 학문에 힘쓰라. 유학의 일파인 주자학을 창시한 주희가 학문을 대하는 자세가 잘 드러난 말이다.

시대는 다르지만 주희와 마찬가지로 철학과 문예 양쪽에서 활약한 사상가로 로마제국[37] 시대의 철학자 세네카가 있다. 제5대 로

---

36 1130~1200. 성리학을 확립시켜 유학사와 동아시아 사상사에 불후의 영향을 미친 학자.

37 이탈리아 반도의 도시국가였던 고대 로마가 지중해 연안으로 영토를 확장하여 제국으로 발전했다.

7

루키우스 세네카
Lucius Annaeus Seneca, 기원전 4?~기원후 65

우리는 짧은 인생을 부여받은 것이 아니라 스스로 그것을 단축시키고 있다.

마 황제 네로[38]의 가정교사로 알려진 그는 네로가 통치하던 초기에는 브레인으로 활약했지만 네로는 그에게 자살을 명한다.

이번 책은 세네카의 『루킬리우스에게 보내는 도덕 편지Epistulae Morales ad Lucilium』[39]에 실린 수필이다. 서기 50년을 전후로 한 당시 로마에서 양곡 조달관으로 일하던 세네카의 친척 파울리누스에게 보낸 글이라고 알려져 있다.

스토아학파[40]의 철학에는 우리가 철학을 생각할 때 받는 일반적

---

38 37~68. 로마제국의 제5대 황제. 두 부인과 어머니를 죽였고 64년 로마 대화재 때는 기독교를 박해하는 등(실제로는 그렇지 않았다는 설도 있다) 현대에도 폭군의 이미지가 따라붙는다.

39 한글판 『세네카 삶의 지혜를 위한 편지』, 2016, 동서문화사

인 인상이 뚜렷하게 드러나 있다. 동요하지 말고 침착하게, 욕망에 휩쓸리지 말고 금욕적으로, 실생활보다 관상(觀想, 진리 그 자체를 주의 깊게 바라보는 것)을 중시할 것…. 이는 로마제국처럼 사회질서가 비교적 안정되어 있고, 사람들의 욕망이 해방되어 그때까지의 관습적인 윤리가 무너지기 시작했을 때 반동으로 나타나는 전형적 사고방식이다.

이 작품에 드러난 세네카의 주장도 마찬가지다. 그런 의미에서 이 작품은 철학이라기보다 오히려 '설교'라고 불러 마땅하다.

사용 방법을 알면 인생은 길어진다

우선 이 책의 제목인 '인생의 짧음'에 관하여 세네카가 어떻게 생각했는가를 살펴보자.

철학의 세계에서는 시간에 관한 다양한 설이 존재한다. 균등하며 계측할 수 있는 양量이라는 의견이 있는가 하면, 순수한 질質이라는 의견도 있다. 1시간, 1분, 1초…. 이렇게 시간을 계속 잘게 쪼

---

40 그리스철학의 학파 가운데 하나. 기원전 4세기 말 무렵, 키프로스 섬 출신인 제논이 창시했다. 전기, 중기, 후기로 구분되며 주요 철학자로 세네카, 에피쿠테토스, 마르쿠스 아우렐리우스가 있다. 스토아(stoa)는 '금욕적'이라는 뜻의 '스토익(stoic)'의 원어로 여겨진다.

개다 보면 '현재'는 소멸하고 만다는 아리송한 사고방식도 있다. 이에 대해서는 평준화된 시간과 욕망에 따라 발현되는 시간 두 가지로 구별을 해두면 상당히 명확히 생각할 수 있다.

우리는 시간을 공유하며 살아간다. 1초는 누구에게나 1초, 1시간은 누구에게나 1시간, 1년은 누구에게나 1년이다. 이런 공통성이 있기에 우리는 약속 시간을 맞출 수 있고 컵라면을 알맞게 익혀서 맛있게 먹을 수 있다.

한편 시간에는 우리의 욕망에 따라 가치를 갖는다는 측면도 있다. 하기 싫은 일에 들이는 1시간과 연인과 데이트하는 1시간을 평준화하면 길이는 같지만, 어떻게 '살고 있는가'라는 관점에서 보면 하늘과 땅 차이다. 세네카의 논의도 기본적으로는 이런 시간의 혼동에 대한 것이다.

"인생 그 자체가 짧다는 생각은 틀렸다. 인생은 우리가 사용하는 방법에 따라 짧아지기도 하고 길어지기도 한다. 그러므로 인생을 낭비하지 않고 유용하게 쓰는 것이 중요하다. 우리는 짧은 인생을 부여받은 것이 아니라 스스로 그것을 단축시키고 있다."

세네카는 이 깨달음이 시간을 잘 활용하기 위한 첫걸음이라고 생각했다.

시간은 자신을 위해 써야 한다

그렇다면 도대체 어떻게 해야 시간을 잘 활용하고 삶의 길이를 실감할 수 있을까? 세네카는 일에 쫓기지 말고 자기 자신을 위해 시간을 써야 한다고 설명한다.

"바쁘게 산 사람이 나이가 들었다고 해서 오래 살았다고는 할 수 없다. 그는 그저 '존재했을 뿐'이다. 마치 폭풍우를 만나 같은 바다 위를 맴도는 배와 마찬가지로 오랫동안 농락당하고 있는 상태이다. 그리고 이런 사람에게 노화는 갑자기 찾아와 그를 당혹스럽게 만든다."

매일 노동에 쫓기는 한, 진정 해야 하는 일을 마주하기는 불가능하다. 이는 일반 직장인도 수긍할 수 있을 것이다. 중요한 일이 있어도 매일 반복되는 업무와 정기적인 회의, 잡무에 쫓겨 좀처럼 여유가 나지 않는 상황이다. 다만, 세네카가 이야기하는 일이란 이런 세속적 활동에서 멀리 떨어져 있다. 세네카는 파울리누스에게 양곡 조달관 일을 당장 그만두고 건강할 때 '더 위대한 일'을 해야 한다고 충고한다.

> 신은 어떤 본질, 어떤 쾌락, 어떤 상태, 어떤 형체를 가졌는가? 어떤 사건이 당신의 영혼을 기다리고 있는가? 육체에서 해방된 우리를 자연은 어디에 모아두는가? (중략) 그

밖에도 계속되는 무한의 신비로 찬 모든 문제다. 그대는 당장 세속을 떠나 앞서 이야기한 문제에 마음을 돌리고 싶지 않은가? 지금 몸에 따뜻한 피가 흐를 때 기운을 차리고 더 나은 방향으로 나아가야 한다.

바쁜 사람일수록 인생은 짧다. 왜냐하면 그는 주체적으로 산 것이 아니라 그저 존재했을 뿐이기 때문이다. 명예나 재산을 쫓으며 시간을 낭비할 것이 아니라 정말 집중해야 할 문제에 시간을 써야 한다고 세네카는 파울리누스에게 설교했다.

충실한 인생의 조건

근대사회에서는 타인의 권리를 침해하지 않는 한 시간을 어떻게 사용하든 자유이며, 누구든 '위대한 일'을 지향해야 한다고 여길 근거는 없다. 그러나 여기서는 그 점을 전제로 오히려 다음과 같이 생각해보겠다. 세네카는 여기서 우리가 충실한 인생을 보내기 위한 한 가지 조건을 제시했다고 말이다.

순간적인 쾌락만을 중시하는 삶이 충실하다고는 말하기 어렵다. 철학적 사색을 위대한 일이라고 하는 것은 지나친 말이지만, 타인과의 관계성 안에서 우리가 해야 할 일을 깨닫고 그것을 착실

히 하다 보면 인생이 짧다고 한탄하지 않고 충실한 인생을 보낼
수 있다는 주장에는 일리가 있다고 생각된다.

고백록

Confessiones[41]

: 자기를 드러내고 신앙의 희망을 전하다

　중세 유럽 철학은 크게 두 갈래로 나뉜다. 하나는 헬레니즘 철학[42]이고, 다른 하나는 스콜라 철학[43]이다.

　우선 헬레니즘 철학은 아리스토텔레스 이후에 발전한 다양한 학파로 이루어진다. 대표적으로 플라톤의 이데아설을 계승한 플라톤 학파, 에피쿠로스[44] 학파, 스토아 학파 등이 있다.

41　한글판 『고백록』, CH북스(2016), 동서문화사(2016)

42　헬레니즘 시대(알렉산드로스 대왕의 동방 원정 이후 약 300년 동안)에 발전한 철학. 세계의 근본원리를 밝히는 대신 공동체에서 벗어난 개인의 삶에 대해 밝히려 한 것이 특징이다.

43　중세 유럽의 교회, 성당, 수도원에 부속된 학원(스콜라)에서 연구된 학문인 스콜라학의 한 부문. 성서에 담긴 신의 가르침을 신앙을 통해 받아들이고 이성으로 '이해'하는 것을 목적으로 한다.

8

아우구스티누스
Aurelius Augustinus, 354~430

당신은 내 안에 계셨건만 나는 밖에 있었다. 허무하게 당신을 밖에서 찾았노라.

다음으로 스콜라 철학은 기독교 신학과 아리스토텔레스 철학을 융합하여 세계를 설명하는 체계를 수립했다. 대표적인 철학자로 아퀴나스나 둔스 스코투스Duns Scotus[45] 등이 있다. 여기서 살펴볼 아우구스티누스는 아퀴나스에게 강한 영향을 준 초기 기독교 세계에서 최고의 사상가이다.

아퀴나스에게 영향을 주었다는 말을 듣고 아우구스티누스는 분명 성실하고 뛰어난 학자였으리라고 생각할지도 모른다. 그러나

---

44 기원전 341~270. 에피쿠로스 학파의 시조이며 인생을 '쾌락'을 추구하는 데 쓰는 것을 주장하는 쾌락주의로 유명한 고대 그리스의 철학자. 에피쿠로스가 중시한 쾌락이란 육체적인 것이 아니라 정신적인 것이었다.
45 1266 추정~1308. 영국에서 태어난 중세 유럽 철학자로 토마스 아퀴나스가 세상을 떠난 후 스콜라 철학을 계승했다.

아우구스티누스가 자신의 욕망을 억누르는 데 깊이 고민하고 있었다는 말을 들으면 왠지 친근하게 느껴지기도 할 것이다.

이 책에는 이우구스티누스가 신앙을 통해 '진실' 탐구를 향하기까지의 내적 고뇌가 뚜렷이 그려져 있다. 이 책의 제목이 '고백록'인 까닭은 그것이 신을 향한 참회인 동시에 있는 그대로의 자신을 드러내어 사람들에게 신앙의 희망을 전하는 것이기도 하기 때문이다. 하지만 이 책에는 신앙의 유무에 관계없이 우리의 마음을 움직이는 강력한 힘이 있다.

중요한 부분은 자유의지, 회심, 기억과 시간에 관한 세 가지 논점이다. 이제부터 그 내용을 살펴보자.

죄를 범하는 이유는 나의 자유의지에 있다

우선 자유의지에 관한 논의에 대해 살펴보자. 여기서는 '죄'를 범하는 이유를 묻는다. 아우구스티누스는 이 책의 첫머리에서 지신이 과거 정욕에 지거나 도둑질한 기억을 돌아보고 우리가 죄를 범하는 까닭을 묻는다. 그 질문에 대한 아우구스티누스의 대답은 다음과 같다.

"죄를 범하는 이유는 나에게 있다. 정욕을 품는 것은 다른 누구도 아닌 나 자신이기 때문이다. 따라서 나 이외의 어딘가에서 자신이 저지른 죄의 원인을 찾는 것은 불합리하다. 따라서 죄의 원인은 나의 자유의지라고 보는 것이 가장 타당하다."

우리의 의지는 정말 자유로울까? 우선 이 질문에 답하자면, 그 물음에 대한 대답은 존재하지 않는다. 이것이 철학적인 대답이다. 우리는 뇌과학과 의학, 심리학 등을 통해 의지가 어떻게 작동하는 가에 대해 다양한 자료를 얻을 수 있다. 그러나 그것은 어디까지 나 '해석'에 지나지 않는다. '눈으로 눈을 직접 볼 수 없는 것'과 마 찬가지로 의지 그 자체를 직접 파악할 수는 없다. 그러므로 의지가 '사실은' 어떻게 존재하고 있는가에 대해 알기는 원리적으로 불가 능하다.

지금까지 살펴본 내용을 토대로 아우구스티누스의 주장을 음미 해보자. 애초에 아우구스티누스는 왜 자유의지를 죄의 원인으로 보고 선의 원인으로 여기지 않았을까?

아우구스티누스와 같은 시대에 활약하던 사상가인 펠라기우스 Pelagius[46]라는 인물이 있다. 인간은 스스로의 의지를 올바로 이용 하여 신에게 의지하지 않고 스스로 선을 추구할 수 있다는 것이 기본적인 입장이다. 반면 아우구스티누스는 철저히 신에 대해 겸 손한 태도를 취했다.

---

46 360?~418?. 영국의 수도사·철학자·신학자. 로마에서 수도 생활을 했다. 인간의 자 유의지를 강조하고 원죄, 그리스도의 구원, 세례 등을 부정하는 펠라기우스주의를 제창 하였다.

"인간은 무無에서 창조된 존재이므로 내버려두면 무를 의지로 삼는다. 이에 반해 선善은 신의 은혜를 통해 비로소 의지할 수 있다. 신의 은혜가 없다면 인간은 선을 의지하는 것조차 불가능하다."

펠라기우스와 아우구스티누스 어느 쪽이 옳을까? 원리적으로 생각하는 한 이 질문에 해답은 없다. 그러나 실제 역사상 펠라기우스주의는 이단으로 여겨지고 아우구스티누스는 기독교에서 중요한 위치를 점하게 되었다.

"들고 읽어라"

이 책에서 아우구스티누스는 기독교의 교리에 관해 논하는 동시에 신에게 '죄'지은 삶에서 구원받아 기독교로 회심하기까지의 과정에 관해 설명한다. 이 책에 '고백록'이라는 제목이 붙은 것은 그 때문이다.

아우구스티누스의 말을 액면 그대로 받아들이면 젊은 시절에는 나쁜 친구와 어울리고 정욕으로 얼룩진 생활을 보냈다. 그래도 학업은 소홀히 하지 않은 덕분에 이탈리아 밀라노에서 수사학 교사가 된다. 그러나 그곳에서도 역시 정욕을 이기지 못하고 좀처럼 회심하지 못한 채 고뇌에 몸부림치고 있었다. 그러던 어느 날, 그에게 전환기가 찾아온다. 아우구스티누스가 밀라노의 자택에서 회심하지 못하는 이유에 골몰하며 슬픔에 젖어 있을 때, 이웃집에서 어린아이가 "들고 읽어라, 들고 읽어라Tolle lege, Tolle lege"라고 노래하는 소리가 들려왔다.

> 소년인지 소녀인지는 알 수 없지만 이웃집에서 "들고 읽어라, 들고 읽어라" 하고 노래하는 어린아이의 목소리가 계속해서 들려왔다.

그 목소리를 신의 명령으로 받아들인 아우구스티누스는 서둘러 가까이 있던 성서를 펼치고 처음 시선이 향한 곳을 읽었다. 「로마서」 제13장 13, 14절이었다.

"연회와 만취, 호색과 음란, 싸움과 시기를 버려라. 주 예수 그리스도를 보라. 정욕을 채우는 데 마음을 쓰지 마라."

아우구스티누스는 이 부분을 읽었을 때 마음의 어둠이 걷히고 마침내 기독교에 회심할 수 있었다고 회고하고 있다.

물론 실제로 그런 일이 있었는지 확인할 방법은 없다. 사실일 수도 있고 창작일 수도 있다. 그러나 반대로 그런 기적이라고도 할 수 있는 우연이 있었기에 아우구스티누스는 강한 신앙을 가질 수 있었다고도 볼 수 있다. 어느 쪽이든 이야기로서 갖는 힘은 상당히 크다.

신은 어디에 존재하는가

아우구스티누스는 신을 인식하는 원리를 밝히기 위해 우리의 '기억'에 착안한다. 왜냐하면 아우구스티누스는 모든 지각과 경험, 개념은 기억 안에 있으며, 신도 기억 안에서만 찾을 수 있다고 생각했기 때문이다. 이것은 아우구스티누의 독창적인 기억론이다.

그것을 이야기할 때 착안해야 할 점은 '시간은 자기의 현재와 상관하여 존재한다'라는 아우구스티누스의 사고이다. 우리는 평소에 시간은 미래에서 현재를 거쳐 과거로 흘러가는 '흐름'으로 인식하고 있다. 그러나 아우구스티누스가 보기에 시간은 현재와 상관하여 자신의 영혼에 위치하는 것이다. 다시 말해 현재에서 본 과거는 '기억', 현재에 관한 현재는 '직관'[47], 미래에 관한 현재는 '기대'라고 말한다.

> 실제로 이 세 가지는 영혼 안에 존재하는 것이다. 영혼 밖에서는 찾을 수 없다. 과거에 관한 현재란 '기억'이며, 현재에 관한 현재란 '직관', 미래에 관한 현재란 '기대'이다.

이 통찰을 근거로 아우구스티누스는 우리는 시간 안에 '분산'되

---

[47] 눈앞의 대상을 직접 보고 인식하는 것. 위험을 느꼈을 때의 '직감'과는 다르다.

어 있으며, 따라서 신의 은혜 없이는 현재에 집중할 수 없고 신을 인식할 수 없다고 본다.

아무리 신에 도달하고 싶다고 간절히 바라더라도 결국에는 오직 신의 은혜만이 신에 도달할 수 있게 해주는 것이다. 자유의지의 문제와 마찬가지로 여기에도 아우구스티누스의 철저한 겸손이 드러나 있다.

이 책이 꾸준히 읽히는 이유

아우구스티누스는 그리스철학에 상당한 업적을 남겼다. 그러나 이 책이 꾸준히 읽히는 이유는 아마도 그것뿐만은 아닐 것이다. 아우구스티누스가 자신의 삶에 대해 고뇌하고 그 해답을 찾아내려고 필사적으로 몸부림치는 모습을 그리고 있는 것도 그 이유로 생각할 수 있다.

한결같이 신을 마음속으로 추구하고 신앙을 통해 자신의 삶을 좋은 것으로 만들고자 하는 진지함이 아우구스티누스의 사상의 '핵심'으로 우리의 마음에 와닿는 것이다.

신학대전

Summa Theologiae

: 신앙의 정당함은 논증할 수 있는가

스콜라 철학의 태도를 단적으로 표현하는 말로 "철학은 신학의 시녀다"라는 말이 있다. 이것은 철학은 신학에 예속되어야 하며, 철학은 신학을 이해하는 데 도움이 될 때만 가치가 있다는 사고방식을 가리킨다.

언뜻 보면 이 사고방식은 우리 인간의 이성이 갖는 의의를 부정하는 것처럼 여겨질지도 모른다. 그러나 이 말을 유명하게 만든 중세 스콜라 철학의 대표적 철학자 아퀴나스의 목적은 이성을 활용하여 신앙에 기초하는 통일적인 체계를 수립하여 기독교의 교리를 통합하는 데 있었다.

기독교라 하더라도 결코 단일한 것이 아니라 다양한 종파로 나뉘어 있다. 오늘날 종파 간의 대화와 협력을 도모하는 세계 교회주

9

토마스 아퀴나스
Thomas Aquinas, 1225 추정~1274

성스러운 종교는 하나의 학문이다.

의ecumenism[48] 운동이 있지만 아퀴나스가 살던 시대에 각 종파는 '진정한 신앙'을 둘러싸고 대립하며 논쟁을 벌이고 있었다. 이미 1054년 기독교회는 로마 가톨릭 교회와 동방 정교회로 분열했고 12세기부터 13세기에 걸쳐 카타리파Cathari와 발도파Valdesi 같은 종파가 유럽 각지에 퍼져 가톨릭 교회가 그들을 탄압하는 이단 심문(종교재판)이 이루어지고 있었다.

종파끼리 싸우는 가운데 단순히 "나는 신을 믿는다"라고 선언한다고 해도 아무런 설득력을 갖지 못한다. 신의 진실은 신앙을 공

---

[48] 20세기 초 프로테스탄티즘(protestantism) 아래 시작된 기독교 종파를 초월한 결속을 목표로 한 운동.

유하는 자라면 누구든 납득할 수 있도록 논증되어야 한다. 이 책에서 아퀴나스의 논술은 그런 흔들림 없는 확신으로 점철되어 있다.

신의 존재 증명

기독교의 대전제는 신이 존재한다는 것이다. 이 전제가 없으면 신앙 자체가 성립하지 않는다. 따라서 문제는 어떻게 논해야 신의 존재를 누구나 납득할 수 있는가 하는 점이다. 이를 근거로 아퀴나스는 신의 존재 증명을 시도한다.

이 증명을 이해하려면 아리스토텔레스의『형이상학』에서 '부동의 동자'에 대한 설명을 떠올리면 된다. 원인과 결과의 관계를 따라가다 보면(원인의 원인, 그 원인의 원인…) 마지막에는 그 이상 거슬러 올라갈 수 없는 근본 원인에 도달할 것이다. 아퀴나스의 증명은 이 아리스토텔레스의 추론을 기독교의 문맥에 응용한 것이다.

신은 인과의 연속 그 자체를 뒷받침하는 제1원인이다. 이것은 요컨대 그 연속 전체를 활성화시키고 있는 '동력원'이 신이라는 말이다. 여기에는 다음과 같은 추론이 있다. 만약 '부동의 동자'가 존재하지 않는다면 세계 그 자체가 존재하지 않는다는 말이 된다. 그러나 그 추론은 명확히 옳지 않다. 그러므로 신은 '부동의 동자'

로서 항상 존재하는 것이어야 한다.

언뜻 보기에 확실한 점은 인과관계라는 관점을 도입하자 신의 존재에 관한 추론이 무척 명료해졌다는 것이다. 개인의 신비 체험이나 공동체의 이야기에 의존하지 않고 순수한 추론을 근거로 신의 존재를 논함으로써 더욱 많은 사람들이 납득할 수 있는 신앙의 토대를 구축하는 것이 아퀴나스의 목적이었다.

존재의 아날로기아

그러면 원인과 결과의 사슬은 어떻게 신과 피조물의 관계로 이어질까? 아퀴나스는 이렇게 설명한다. 신은 제1원인이자 세계의 근본원리이다. 피조물은 신에서 유래하여 존재하는데, 이때 만물은 신의 형상, 즉 본질을 나누어 가짐으로써 신과 닮는다.

이런 신과 피조물의 유사 관계를 아퀴나스는 '존재의 아날로기아'라고 부른다. 아날로기아ănălŏgía란 영어 '아날로지(analogy, 유추, 유비)'의 어원이 된 라틴어이다.

> 존재하는 것이 만물의 공통점이듯 어떤 아날로기아에 의해 작용자의 형상의 유사성을 나누어 가진다. 신에 의해 존재하는 것은 그것이 존재하는 한, 이런 방법으로 모든 존재

의 가장 보편적 근원인 신과 닮는 것이다.

신과 닮는다는 말은 겉모습을 닮는 것이 아니라 그 본질을 닮는다는 말인데, 이는 대체 무슨 뜻일까? 아퀴나스에 의하면 그것은 '선善'을 닮는 것이다.

그렇다면 선이란 무엇인가? 아퀴나스는 선이란 욕구될 수 있는 것, 즉 완전한 것이라고 본다. 완전성은 제1원인인 신에게 부여받는다. 신은 최고선이며, 피조물은 신의 완전성을 나누어 가짐으로써 선의 성질을 부여받는다. 이것이 '존재의 아날로기아'가 뜻하는 바이다.

존재는 선의 네트워크다

물론 중세에 쓰인 이 책의 세계상을 그대로 받아들이는 데는 무리가 있다. 더구나 데카르트나 갈릴레이Galileo Galilei[49], 베이컨 Francis Bacon[50] 같은 근대 철학, 근대 과학의 창시자들의 업적을 근거로 하면 아퀴나스가 그린 세계상이 보편적 타당성을 갖는다

---

49 1564~1642. 이탈리아의 천문학자. 지동설을 주장하여 이단 심문을 받은 것으로 유명하다. 참고로 갈릴레이의 불행한 상황을 알게 된 데카르트는 『우주론』의 발표를 보류했다.

고 주장하는 것은 억지다.

그러나 여전히 우리는 아퀴나스의 논의가 갖는 의의를 무시할 수 없다. 아퀴나스에게 신은 모든 피조물에서 분리되어 구름 위에서 절대적인 명령을 내리는 냉혹한 존재가 아니다. 최고선인 신은 피조물에게 존재=선을 나누어 갖게 함으로써 존재=선의 네트워크를 만들어낸다. 이것이 신과 피조물의 유사관계이자 세계 그 자체의 모습이다.

'존재의 아날로기아'설을 통해 아퀴나스가 말하고자 한 것은 요컨대 존재 그 자체가 악惡인 피조물은 존재할 수 없다는 것이다. 인간은 신이 아니므로 완전히 선한 존재가 될 수는 없다. 하지만 신의 피조물로서 존재하는 이상 인간은 누구든 선한 존재이다. 때때로 인간은 악에 빠지지만 그것은 선을 잃었을 때일 뿐 존재 그 자체가 악은 아니다.

아퀴나스는 이런 주장으로 정통과 이단의 대립을 조정하고 기독교의 가르침을 일원화하여 진정으로 사람들에게 전해지고 공유되는 신앙의 체계를 세우려고 시도했다.

---

50 1561~1626. 셰익스피어와 거의 같은 시기를 산 영국의 철학자. 실험과 관찰을 통해 자연의 법칙을 해명, 지배할 필요성을 주장했으며 이러한 사상은 근대 과학에 크게 기여했다고 여겨진다. "아는 것이 힘이다"라는 말로 유명하다.

군주론

II Principe[51]

: 조국 통일을 꿈꾼 현실주의자의 책

13세기 말에서 15세기 말에 걸쳐 유럽에는 르네상스 문화가 꽃핀다. 레오나르도 다 빈치Leonardo da Vinci, 미켈란젤로Michelangelo Buonarroti, 라파엘로Raffaello Sanzio 같은 거장이 등장하여 문학과 건축, 예술 등 다양한 분야에서 위대한 업적을 이뤄냈다. 마키아벨리 또한 르네상스 시대의 이탈리아 피렌체에서 활약한 정치사상가이다.

마키아벨리의 정치사상을 한마디로 말하자면 현실주의(리얼리즘)[52]이다. 리얼리즘이라는 말에는 어쩐지 냉정한 울림이 있다. 그

---

51 한글판 『군주론』, 까치(2015), 현대지성(2021), 페이지2(2023)
52 국제 관계를 '무정부 상태'라고 객관적으로 정의하고 그 안에서 어떻게 각국(자국)이 살아남는가를 국익이라는 관점에서 분석하는 정치사상.

10

니콜로 마키아벨리

Niccolò Machiavelli, 1469~1527

애초에 이 세계의 일은 운명과 신의 지배에 달려 있다…. 하지만 우리 인간의 자유로운 의욕은 무슨 일이 있어도 잃어서는 안 된다.

러나 마키아벨리는 정치는 내 힘으로는 어찌할 수 없고 인간의 이상에는 아무런 의미도 없다는 의미에서 '현실'을 파악하고 있던 것은 아니다.

르네상스 문화의 의의는 신 중심의 중세 문화에서 인간 중심의 근대 문화로 넘어가는 징검다리 역할에 있다. 『군주론』의 의의도 이 문맥에서 파악하면 이해하기 쉽다.

국가는 확실히 '운명'의 지배 아래 있다. 그러나 국가는 결코 신에 의해 정해진 질서는 아니다. 인간의 활동에 의해 국가는 나아가야 할 방향을 바꿀 수 있다. 그러려면 종교나 도덕의 이상이 아니라 무력과 법률 같은 현실적 조건을 기초로 정치를 해야 한다. 이 책은 그런 생각을 갖고 있던 마키아벨리가 피렌체 공화국의 전쟁에 휘말려 지위를 잃고 은둔 생활을 하던 중에 썼다. 그가 살아 있을 때는 발표되지 않고 그가 세상을 떠난 뒤인 1532년에 출판되었다.

국가의 토대는 좋은 법률과 좋은 무력

당시 이탈리아는 피렌체 공화국과 밀라노 공국, 베네치아 공화국 같은 작은 국가로 분열되어 있었고, 합스부르크 왕가와 발루아 왕가로부터 압박을 받아 혼란한 상태였다. 마키아벨리는 이 책에서 피렌체를 통치하는 메디치 가문[53]에 이탈리아 통일의 기대를 걸고 국가를 통치하기 위한 방법을 제시하고 있다. 그 의미에서 이 책은 이탈리아에 새로운 국가를 세우고자 하는 실천론이라고 할 수 있다. 이 책에서 마키아벨리의 가장 중요한 원리는 '좋은 법률'과 '좋은 무력'이다.

> 군주에게 좋은 토대가 얼마나 중요한가는 이미 설명했다. 그렇지 않으면 필연적으로 우리는 파멸의 길을 걷게 될

---

53 피렌체의 문벌 귀족. 14세기부터 상업, 은행업으로 대두했으며, 15세기에 전성기를 맞아 피렌체의 실권을 장악했다. 르네상스 학문과 예술을 보호한 것으로도 유명하다. 1737년 막을 내렸다.

것이다. 그런데 과거의 군주 국가에도 복합 국가에도 새로운 군주 국가에도, 모든 국가에서 중요한 토대는 좋은 법률과 좋은 무력이다.

좋은 무력이라는 말은 생소할지도 모르지만 여기서는 자국 군대를 가리키는 말이다. 당시 피렌체 군대의 주역은 용병이었다. 당시의 용병은 사실 보수를 목적으로 모인 폭력 집단으로, 숙련되지 않았으며 통솔하기도 쉽지 않았다. 밀라노 공국 같은 주변국이 점차 상비군적 용병군으로 변화하는 가운데, 피렌체는 여전히 군의 대장마저 용병에게 맡기는 형편이었다고 한다.

마키아벨리는 강국이 되려면 정규군을 국가의 토대로 삼아야 하며, 군주는 용병군과 외국의 지원군에 의존하지 않고 자력으로 무력을 갖출 필요가 있다는 생각을 제시했다.

필요하다면 악덕도 행사하라

현실주의자라는 말을 들으면 아무래도 감정적인 부분은 뒷전으로 하고 최종적인 이익을 예측하여 결정을 내리는 사람이라는 인상이 떠오르지 않는가? 사실 마키아벨리의 주장 또한 날카로운 칼처럼 냉철함을 뿜어내고 있다.

이상을 실현하려면 현실적인 조건이 뒷받침되어야 한다. 아무리 고귀한 이상이라도 그것을 현실 세계에 아무렇게나 적용한다면 군주는 피멸을 피할 수 없다. 확실히 인간은 정치에 관여할 수 있지만 정치로 바꿀 수 있는 것은 현실의 절반뿐이며, 나머지 절반은 '운명'에 의해 지배받고 있다. 따라서 군주는 자국의 존망이 걸린 문제라면 악덕이라 하더라도 행사해야 한다.

> 한 악덕을 행사하지 않으면 자국의 존망이 위태로워지는 중대한 경우에는 오명 따위는 과감히 받아들여야 한다.

물론 마키아벨리는 군주는 악덕한 자여야 한다고 말하는 것은 아니다. 신이 세계의 질서를 결정하는 것이 아니라 인간이 거기에 개입해서 세계의 질서를 바꿀 수 있으므로 그 지도자인 군주는 상황에 맞춰 유연하게 태도를 바꾸는 힘을 갖춰야 한다고 주장하는 것이다.

> 나는 용의주도하기보다는 오히려 과감히 결정하는 쪽이 좋다고 생각한다. 왜냐하면 운명의 신은 여신이기 때문에 그녀를 정복하려면 거칠게 다뤄야 하기 때문이다.

철학의 역사를 살펴보아도 이처럼 호방한 표현은 좀처럼 찾아

보기 어렵다. 분열 상태에 있는 조국 이탈리아의 현재 상황을 염려하는 마키아벨리의 정열이 솟구치는 구절이다.

중앙집권화로 국가를 다스리다

각자가 서로의 권리를 침해하지 않고 공생하기 위한 첫 번째 조건은 기본적인 질서를 확립하는 것이다. 이 책에서 마키아벨리는 그 원리로서 법률과 무력을 확립하고 중앙집권화를 실행하여 폭력의 계기를 없애야 한다고 주장한다.

언뜻 보면 억압적이고 반민주주의적인 정치 체제처럼 여겨질지도 모른다. 그러나 마키아벨리는 개인의 자유는 국가가 독립되어야 실현할 수 있다고 생각했다. 군주가 악덕마저 범해야 하는 근본적 이유는 여기에 있다. 마키아벨리는 『정략론』[54]에서 다음과 같이 말한다.

> 오로지 조국의 생존을 걸고 결정을 내릴 경우 그것이 정당하든, 도덕에서 벗어나 있든, 배려심이 넘치든, 냉혹하고

---

54 1571년 마키아벨리가 발표한 정치학의 고전적 저서. 고대 로마의 공화정을 본받아야 한다고 주장했다.

무참하든, 또 칭찬을 받아 마땅하든, 파렴치한 것이든 그런 것은 전혀 고려할 필요가 없다. 그런 것보다 모든 평판을 버리고 조국의 운명을 구하여 그 자유를 유지할 수 있는 방법을 철저히 추구해야 한다.

가장 우선해야 할 것은 조국의 독립이다. 고대 로마가 그토록 세력을 떨칠 수 있었던 것은 다른 국가에 종속되지 않고 자유로운 공화정 체제를 유지할 수 있었기 때문이다. 피렌체도 위대한 국가가 되려면 로마를 본받아야 한다고 생각한 마키아벨리는 이 책을 자신의 유언으로 남겨 무력과 법률에 의한 중앙집권화의 계획을 제시했다.

마키아벨리가 설명하는 현실주의는 모든 것은 국가 간의 권력 균형으로 결정되므로 내 힘으로는 어찌할 수 없다는 의미는 결코 아니다. 현실 사회를 바꾸려면 현실적인 조건이 필요하다. 그 조건을 만족시킬 수 있다면 완전히 임의적인 것은 아니더라도 인간의 힘으로 사회의 질서를 만들어낼 수 있다. 이린 의미의 현실주의이다.

그런데 이런 마키아벨리의 통찰이 신이 세계를 창조했다고 설명하는 중세 스콜라 철학과 시민사회의 원리를 논하는 근대 철학 사이에 위치한다는 사실은 무척 흥미롭다. 마키아벨리 이후 정치 원리를 신의 뜻에서 구하는 것은 하나의 후퇴라고 볼 수밖에 없게 되었다. 마키아벨리는 근대 정치철학의 아버지라 불리지만 그 근 본원리는 아마도 이 점에 있을 것이다.

르네 데카르트

토마스 홉스

바뤼흐 스피노자

고트프리트 빌헬름 라이프니츠

존 로크

데이비드 흄

장 자크 루소

임마누엘 칸트

제러미 벤담

게오르그 빌헬름 프리드리히 헤겔

쇠렌 키에르케고르

존 스튜어트 밀

3

근대

보편성을
탐구하다

방법서설

Discours de la methode[55]

: 근대 철학 선언

고대 그리스철학, 중세철학에 이어 여기서부터는 근대 철학을 살펴보겠다. 철학에서는 일반적으로 니체 이후를 현대로 보기 때문에 근대 철학은 대략 3세기 동안 유럽에서 철학의 주역 자리를 점하고 있었던 셈이 된다. 이번에 살펴볼 책은 근대 철학의 아버지로 알려져 있는 데카르트의 대표작이다.

근대 철학은 크게 두 갈래로 나뉜다. 하나는 인식론[56]이고, 다른 하나는 사회철학[57]이다. 인식론은 데카르트, 사회철학은 홉스에

---

55 한글판 『방법서설』, 돋을새김(2019), 문예출판사(2022)
56 우리의 인식 구조를 탐구하는 철학의 한 분야. '주관은 어떻게 객관을 인식하고 있는가? 주관의 인식이 객관과 일치한다고 할 수 있는 근거는 무엇인가?'를 근본적 문제로 삼는다.

11

르네 데카르트
René Descartes, 1596~1650

"나는 생각한다, 고로 존재한다." 이 진리는 회의론자가 아무리 터무니없는 가정을 하더라도 뒤흔들 수 없을 만큼 견고한 사실이다.

의해 확립되었다. 데카르트와 홉스는 같은 세대의 철학자이며 학문적으로 교류하기도 했다. 그들이 근대 철학의 양대 산맥으로 자리매김하게 된 까닭은 무엇일까? 왜 인식론과 사회철학이 근대 철학의 주류를 이루게 되었을까? 이 점을 이해하려면 당시 유럽의 시대 상황을 살펴볼 필요가 있다.

당시 유럽에서는 루터Martin Luther[58]의 종교개혁[59]의 발단이 된

---

57 인간 사회에 대해 탐구하는 철학의 한 분야. 인간은 신의 의지에 의해서가 아니라 스스로 사회의 모습을 구성할 수 있다는 관념이 성립함과 동시에 등장했다. 홉스가 창시했다.
58 1483~1546. 세속화된 종교를 비판한 종교개혁가.
59 16세기 초반에 독일의 루터, 스위스의 칼뱅이 면죄부 비판을 계기로 일으킨 기독교 정치와 사회의 대변동. 가톨릭에서는 프로테스탄트로의 분리로 발전했다.

종교전쟁이 독일과 프랑스를 비롯한 각지에서 발발했고, 정치적인 이해관계까지 얽혀 온 유럽이 피로 얼룩진 전쟁에 휘말려 있었다. 종교전쟁은 기독교를 결정적으로 분단하는 사건이자 기독교가 유일한 절대 진리라는 중세적 세계관에 근본적인 의문을 제기하는 계기가 되었다.

이런 상황에서 근대 철학은 전통적인 세계관을 전제로 삼지 않고 우리 삶의 보편적인 원리[60]를 제시하기 위한 과제에 몰두했다.

공통 이해의 원리를 탐구

데카르트는 "나는 생각한다, 고로 존재한다Cogito, ergo sum"라는 말로 유명하다. 대학에서 철학을 공부한 적이 없더라도 아마 한 번쯤은 들어보았을 것이다. 철학사에서 결정적인 의의를 갖는 말이기도 하다.

데카르트는 이 책에서 "철학은 이성으로 사고하면 누구나 받아들일 수 있는 지점에서 출발해야 한다"는 주장을 철학사상 처음으로 명확히 내세웠다. 이는 문화나 종교의 차이를 넘어선 '공통

---

[60] 근본 법칙, 근본 요소를 말한다. 데카르트가 말하는 방법적 회의는 인식의 원리를 발견하기 위해 고안된 방법이다.

이해'[61]의 가능성을 연 결정적인 전환점이었다고 할 수 있다.

어떤 신앙을 가졌든, 어떤 공동체에 속해 살아가든 사고방식과 원리를 손에 넣으면 누구나 '진리'에 도달할 수 있다. 데카르트의 "나는 생각한다, 고로 존재한다"는 말에는 이러한 메시지가 담겨 있다.

모든 인간에게는 이성이 존재한다

방법이 올바르다면 누구나 반드시 진리(공통 이해)에 도달할 수 있다. 그것을 보증하는 조건으로 데카르트는 모든 개인이 '양식良識' 혹은 '이성'을 갖고 태어난다는 전제를 둔다.

> 올바른 판단으로 진실된 것을 거짓된 것과 구분하는 능력, 이것이 본래 양식 혹은 이성이라고 불리는 것인데, 이는 모든 인간에게 태어날 때부터 존재한다.

인간은 이성을 통해 세계를 합리적으로 추론하고 그 전체상을

---

61 종교나 문화의 차이를 초월하여 이성을 갖추고 있는 한 누구나 도달할 수 있는 보편적 인식의 상태. 자연 세계의 현상에 대해서는 공통 이해가 널리 성립하는 한편, 선이나 미 같은 의미나 가치에 대해서는 공통 이해가 한정적으로만 성립한다.

이해할 수 있다. 이성은 누구에게나 동등하게 존재하므로 이성을 올바르게 사용하는 한 세계에 대한 추론은 틀리지 않으며, 따라서 공통 이해를 달성할 수 있나. 이때 문제는 인식의 출발점, 즉 원리를 어디에 둘 것인가 하는 점이다. 애초에 아무리 이성이 정확하게 작용한다고 해도 출발 지점이 제각각이라면 결과도 사람마다 다르게 나타날 것이기 때문이다.

　여기서 데카르트는 철학의 출발 지점을 설정한다는 목적 아래, '방법적 회의'라는 방법을 제안한다. 방법적 회의의 요점은 의도적으로 모든 것을 의심하는 데 있다. 모든 것을 의심하고 또 의심하는 것이다. 데카르트는 이런 철저한 회의를 방법적 회의라 불렀다.

방법적 회의로 철학의 출발점을 구축하다

그렇다면 방법적 회의는 과연 어떻게 이루어질까? 데카르트가 제시한 회의의 실제 사례를 살펴보자.

　우선 감각을 의심한다. 자칫 속을 수 있기 때문이다. 또 자신의 외부에 있는 대상이 존재하는가의 여부에도 의심의 여지가 남아 있기 때문에 이것을 원리로 삼을 수는 없다. 그러면 자신의 내적 사고는 어떨까? 언뜻 확실해 보이는 기하학의 명제에 대해서도 실수를 저지를 수 있기 때문에 믿을 수 없다. 꿈도 마찬가지다.

이런 식으로 생각하다 보면 확실한 것은 아무것도 남지 않을 듯하다. 하지만 그렇게 의심하고 있는 자신이 존재한다는 사실은 부정할 수 없다.

> "나는 생각한다, 고로 존재한다."
> 이 진리는 회의론자가 아무리 터무니없는 가정을 하더라도 뒤흔들 수 없을 만큼 견고한 사실이라는 것을 확인하면서 나는 이제 안심하고 이 진리를 내가 추구하던 철학의 제1원리로 받아들일 수 있다고 판단했다.

누구나 받아들일 수 있는 원리를 상정하고 그것을 토대로 이성을 올바르게 작동시키면 문화나 관습의 차이에 관계없이 공통 이해에 도달할 수 있다는 데카르트의 통찰은 철학의 새로운 지평을 여는 더없이 획기적인 것이었다.

왜 이 통찰이 획기적이었는가 하면, 일정한 이성을 갖고 있는 한 우리는 누구나 방법적 회의를 실제로 실천할 수 있기 때문이다. 방법적 회의가 하나의 '방법'인 이유는 여기에 있다.

우리는 데카르트의 추론 과정을 따라감으로써 그 타당성을 음미할 수 있다. 그로써 뛰어난 통찰을 받아들이고, 잘못된 통찰은 더욱 좋은 것으로 바꿀 수 있다. 방법적 회의라는 원리는 철학의 그런 전환 가능성을 가져왔다.

근대 철학의 출발점이 된 까닭은 무엇일까

철학이라는 말을 들으면 머리가 좋은 사람이 여러 가지 관념을 다루면서 실제 생활과는 거리가 먼 고고한 진리를 탐구하는 것이라는 인상을 받는 사람이 있을지도 모른다. 확실히 그런 철학자도 어느 정도 존재한다. 그러나 명저라 여겨지는 철학서를 대강 읽어보면 철학이 반드시 그렇지만은 않다는 사실을 알 수 있다. 역사에 이름을 남긴 철학자들은 그때까지의 전통적 세계관이나 상식을 일단 제쳐두고 사람들의 실제 생활에서 문제의 실마리를 찾아 이성을 가진 인간이라면 원칙적으로 누구나 이해할 수 있는 형태로 문제를 제기하고 해답을 제시해왔다. 플라톤 이후 철학의 활동은 그렇게 계승되어 왔다.

데카르트는 결코 많은 저서를 남긴 철학자는 아니다. 앞서 살펴본 스콜라 철학자들과 비교하면 오히려 저서가 적다고 할 정도다. 그럼에도 불구하고 데카르트가 새로운 철학의 시대를 개척했다고 여겨지는 까닭은 무엇일까? 그것은 데카르트가 당시의 문제를 깊이 고찰하고 이성에 대한 강한 신뢰를 토대로 철학을 근본적으로 재정립했기 때문이다.

철학에서 중요한 것은 얼마나 많은 지식을 가졌느냐가 아니라 얼마나 뛰어난 원리를 제시할 수 있는가에 있다. 이 책을 읽으면 그런 생각이 강해질 것이다.

근대 철학은 기독교를 중심으로 하는 중세적 세계관의 절대성이 붕괴되는 상황에서 어떻게 인식의 보편성을 확보하고, 누구나 '좋은' 삶을 살기 위한 조건을 이끌어낼 수 있는가라는 문제에 정면으로 부딪쳤다. 이 책은 그런 근대 철학의 출발점으로서 발자취를 남긴 선언문이라 불러 마땅하다.

정념론

Les passions de l'ame[62]

: 정념의 의미를 설명하다

철학에는 전통적으로 논의되어 온 문제가 있다. 몸과 마음의 관계를 탐구하는 '심신 문제mind-body problem'[63]는 그 대표적인 것이다. 심신 문제는 현대에서는 '심리 철학philosophy of mind'에서 중요한 주제이자 오늘날 더욱 철학적 대립이 계속되고 있다. 이 책은 그 심신 문제의 단서를 이루는 고전이다.

심신 문제에서 근본적인 문제는 '정신(의식, 마음)과 신체에는 어떤 관계가 있는가'이다. 인간은 의식뿐만 아니라 '연장延長,

---

62 한글판 『정념론』, 2013, 문예출판사
63 정신과 신체의 관계에 관한 문제. 이 책 『정념론』의 심신이원론 이외에 스피노자의 심신평행론(정신과 신체의 사이에는 대응관계가 있을 뿐이라고 보는 설)이나 라이프니츠의 예정조화설(신이 세계를 창조한 시점에서 양자의 조화를 처리했다고 보는 설)이 있다. 이 문제는 현재의 과학철학에서도 논의되고 있으며, 아직 결론이 나지 않았다.

12

르네 데카르트
René Descartes, 1596~1650

정념에 의해 가장 많이 움직이는 사람들이야말로 이 세상을 살아가면서 가장 많은 즐거움을 맛보고 있는 셈이다.

extension'[64]을 갖는다. 연장이란 공간 안에서 일정한 장소를 차지하는 것을 가리키는 철학적 개념이다. 신체는 연장을 갖고 공간 안에서 일정한 위치를 점하고 있다. 반면 정신은 연장을 갖지 않는다. 의미가 '있다'고 해서 사물처럼 공간 안에서 위치를 점하고 있지는 않다.

우리는 의식으로서도 신체로서도 존재한다. 존재 방식이 다른 두 가지가 도대체 어떻게 관련되어 있는 것일까? 애초에 마음은

---

64 '종료 시간을 연장한다'라고 할 때의 '연장'과는 의미가 다르다. 데카르트는 물리적인 사물이 갖는 높이나 폭 같은 속성을 '연장(크기, 넓이)'이라는 말로 불렀다. 신체는 연장을 갖고 정신은 연장을 갖지 않는다. 왜 속성이 다른 두 요소로 인간이 이루어져 있는가? 그것이 데카르트의 심신이원론에서 주된 주제이다.

어디에, 어떻게 존재하는 것일까? 그것이 바로 심신 문제이다.

정신과 신체는 서로 연결되어 있다

그렇다면 데카르트는 이 문제에 어떤 대답을 제시했을까? 다음과 같이 요약해보겠다.

> 신체의 기능에 착안할 때 신체 운동의 물리적 원리는 심장의 열熱이다. 심장에 흐르는 혈액은 정기[65]를 만들어내고, 그 정기는 뇌로 흘러들어 간다. 정기의 흐름은 뇌의 깊은 곳에 있는 솔방울샘pineal gland이라는 기관에서 조절된다. 솔방울샘은 정기를 뇌의 공간에서 방출하여 신경을 통해 근육에 도달시킴으로써 근육을 움직인다. 또 정신은 솔방울샘 안에서 발생하는 운동을 통해 지각을 받아들인다. 이처럼 솔방울샘은 정신과 신체를 연결하는 역할을 하고 있다.

---

65 데카르트의 개념. 체내를 순환하는 혈액이 증발하여 뇌의 안쪽에 있는 공간에 들어가 그것이 신경으로 공기 펌프처럼 전해짐으로써 신체가 움직인다는 것. 유압 장치를 떠올리면 이해하기 쉬울 것이다. 데카르트는 인간의 신체는 정기의 유동으로 움직이는 '기계' 같은 것이라고 여겼다.

솔방울샘이란 뇌 안에 있는 작은 내분비 기관으로 최근에야 그 기능이 해명되었다. 물론 데카르트가 살던 시대에 그런 것을 알았을 리 만무하다. 데카르트가 솔방울샘에 주목한 까닭은 뇌의 깊은 곳에 있으며, 뇌에서 유일하게 좌우로 나뉘어 있지 않은 기관이라고 믿었고(현미경으로 관찰하면 실제로는 나뉘어 있다), 여기에 몸과 마음을 잇는 중요한 무엇인가가 감춰져 있다고 생각했기 때문이다.

다만, 데카르트의 이 주장이 의학적으로 볼 때 틀렸다고 비판하는 것은 철학의 규칙에 반하는 일이다. 중요한 것은 정신과 신체는 별개로 존재하고 있으며, 뇌의 일부(데카르트에 따르면 솔방울샘)를 통해 서로 관련되어 있다는 통찰이다. 심신을 개별적인 것으로 나누고, 그 관계에 착안한다는 태도 자체가 데카르트 이전에는 존재하지 않았다.

정념의 도래성

계속해서 데카르트는 정념에 관해 논한다. 정념이란 오늘날의 감정과 거의 동일한 개념이다. 데카르트에 의하면 정념은 뇌의 정기가 심장의 움직임을 변화시키는 신경에 흘러 발생하는 것이다. 만약 밤길을 혼자서 걸을 때 갑자기 눈앞에 괴한이 나타난다면 누구

든 깜짝 놀랄 것이다. 그런 종류의 감정을 데카르트는 정념이라고
불렀다.

데카르트는 경이, 사랑, 미움, 욕망, 기쁨, 슬픔을 우리의 기본적
정념으로 제시했다. 그러나 여기서 그 개수는 문제가 아니다. 중요
한 것은 정념이 의식의 저편에서 도래해서 의식에 대해 어떤 행동
을 일으키도록 작용하는가 하는 점이다.

우리는 기쁠 때는 자연히 기뻐지고 슬플 때는 자연히 슬퍼진다.
'자, 이제 슬퍼져야지' 하고 생각하고 슬퍼질 수는 없다. 그것은 의
식의 저편에서 북받쳐 올라, 억누를 수 있기도 하고 억누를 수 없
기도 하다. 데카르트는 이런 '도래성'이 정념의 공통적 특징이라
고 생각했다.

욕망은 미래의 선을 향한 원동력

데카르트에 따르면 여섯 가지 기본적 정념 중에서도 욕망은 특별
한 위치를 점하고 있다. 왜냐하면 경이를 제외한 네 가지(사랑, 미
움, 기쁨, 슬픔)는 오로지 욕망을 통해서만 특정한 행위를 일으킬 수
있기 때문이다. 욕망이 작용해야 우리는 미래의 대상을 목표로 행
위할 수 있고, 나아가서는 '선(좋음)'을 목표로 삼을 수 있다. 예를
들어, 사랑의 정념이 생겼다고 해보자. 좋아하는 사람이 생기면 상

대방에 대해 생각하는 데서 그치지 않고 식사나 데이트를 제안하고 싶어진다. 더 가까워지고 싶다. 상대방의 아름다움에 닿고 싶다는 '좋은' 것을 향한 욕망이 생기기에 상대방에게 어떤 접촉을 시도한다. 욕망이 작용하지 않으면 정념은 행위를 가져오지 않는다. 우리 자신의 경험을 돌이켜봐도 이 점은 확실하다.

물론 데카르트는 우리에게 욕망이 이끄는 대로 행동하라고 권하는 것은 아니다. 우리는 훈련을 통해 무엇이 선인가를 판단하고 지향해야 할 선을 파악할 수 있게 된다고 여겼던 것이다. 이 책의 결론에 이르러 데카르트는 다음과 같이 논한다.

"정념이 도래하면 우선 침착하라. 그리고 정념을 부정하지 말고 지혜를 통해 그것을 잘 활용하라. 왜냐하면 정념은 인생에서 즐거움의 원천이기 때문이다."

데카르트의 윤리학

현대 자연과학의 관점에서 보면 이 책에 주목할 만한 부분은 존재하지 않는다. 그러나 그것 자체는 그리 중요하지 않다. 오히려 이 책에서 눈여겨봐야 할 부분은 우리의 신체가 독자적 구조에 따라 움직인다는 통찰이다. 현대적인 관점에서 보면 새로울 것 없는 자명한 사실이지만, 당시에는 획기적인 관점으로 받아들여졌다.

르네상스 시대 안드레아스 베살리우스Andreas Vesalius[66]가 창시한 근대 해부학에 의해 인체의 구조가 조금씩 밝혀지기 시작하고, 인간이 신의 피조물이라는 기독교의 관념은 거의 거스를 수 없이 타당성을 잃어갔다. 데카르트는 이 책에서 해부학의 지식을 참고로 우리가 어떻게 하면 '잘' 살 수 있는가 하는 물음에 정념의 구조를 밝혀 해답을 찾으려 했다.

욕망을 멀리하는 '욕심 없는 삶'이 이상이라 여겨지기 쉬운 현대에, 마음의 작용에 주목하는 것의 의미를 설명한 데카르트는 우리에게 삶의 의미를 깊이 생각하게 한다.

---

66   1514~1564. 근대 의학을 연 벨기에 출신 인체해부학의 창시자.

철학
베스트
50

리바이어던

Leviathan[67]

: 시민 국가의 시대를 개척하다

15세기 르네상스 시대를 거쳐 16세기에 들어서자 유럽에 절대왕
정의 시대가 도래한다. 영국의 튜더 왕가, 프랑스의 부르봉 왕가
등 강력한 권력으로 중앙집권화를 꾀하는 정치 형태가 나타나기
시작한다. 그러나 절대왕정이라 하더라도 국왕은 처음부터 절대
적인 권력을 가졌던 것은 아니다.

절대왕정이 성립하기 이전, 유럽에서는 귀족이나 교회 같은 봉
건 영주가 농노에게 토지를 빌려주고 노동을 시키는 봉건제도가
이루어지고 있었다. 그러나 내란에 의한 봉건 영주의 몰락 등을 이
유로 왕권이 상대적으로 상승했다. 그래서 절대군주는 국내의 불

---

67   한글판 『리바이어던』, 나남(2008), 동서문화사(2016)

13

토마스 홉스
Thomas Hobbes, 1588~1679

우리 모두를 두려움에 떨게 할 공통의 권력이 없는 동안에 인간은 전쟁 상태에 들어가게 된다. 이 전쟁은 만인에 대한 만인의 전쟁이다.

안정한 정치 상황을 해결하기 위해 '왕권신수설'[68]을 주장하여 스스로 절대왕정을 정당화하고자 했다. 왕권신수설은 국왕의 권력은 신이 직접 부여한 것이며, 신민에게는 국왕에게 대항할 권리가 없다는 사고방식이다.

홉스가 이 책을 썼을 무렵, 영국에서는 시민혁명이 한창이었다. 왕권신수설을 주장하는 찰스 1세의 전제 정치에 의회가 반발하여 1642년에 내전이 벌어졌다. 크롬웰Oliver Cromwell[69]을 중심으로

---

68 왕의 권력은 신에게 부여받은 것이며 신 이외의 누구에게도 속박되지 않는다는, 현대의 관점에서 보면 터무니없는 사상. 절대왕정을 정당화하기 위한 근거로 이용되었다.
69 1599~1658. 영국의 정치가. 전제 정치를 행하는 찰스 1세를 사형에 처하고 그후 자신이 의회를 이끌어 독재체제를 강제했다. 그의 지도자로서의 평가는 현재에도 분분하다.

한 의회파와 왕당파의 대립은 의회파의 승리로 끝나 찰스 1세는 처형되었고, 그 아들인 찰스 2세는 유럽으로 망명했으며, 의회파의 지도자였던 크롬웰에 의한 독재가 시작되었다. 이 책은 그런 혼란의 시대에 쓰였다.

왕권신수설에서 사회계약설로

홉스는 이 책에서 당시까지의 정치사상을 크게 발전시키는 사고방식을 수립했다. 그것은 '사회계약설'[70]이다. 사회계약설의 의의는 왕권신수설에 반하는 근본적인 비판을 근거로 성립한다는 점에 있다.

왕권신수설은 기독교의 교리를 전제로 하는 사고방식이다. 우주는 신에 의해 창조되었고, 신은 국왕에게 통치 권력을 부여했다. 왕권신수설의 정당성은 오로지 기독교의 권위로 뒷받침되었던 것이다. 반면 사회계약설은 다음과 같이 생각한다.

"인간이 신에 의해 창조된 피조물이라고 여겨야 할 근거도, 신이 국왕에게 통치 권력을 부여했다고 여겨야 할 근거도 없다. 오히

---

70 근대사회, 시민사회의 정당성의 원리. 정치권력의 근거를 기독교의 교리에서 찾는 왕권신수설에 반해 사회계약설은 이것을 시민 간의 합의에서 찾는다. 대표적 철학자로 홉스, 로크, 루소가 있다. '사회계약'이라는 표현을 최초로 사용한 것은 루소이다.

려 권력의 기초는 시민 간의 합의에 있으며, 권력은 그 합의에 기초하여 통치자에게 위탁된 것이라고 생각하는 것이 타당하다."

사회계약설의 태도를 단적으로 드러내는 개념으로 '자연 상태'[71]가 있다. 국왕, 사회가 성립하기 이전에 상정된 인간의 상태이다. 이 가설에서 출발하여 홉스나 루소 같은 철학자들은 국가가 갖는 정당성의 원리에 관해 논했다.

자연 상태의 내용은 철학자마다 미묘하게 다르다. 하지만 중요한 것은 신이 세계를 창조했다는 전제를 따로 떼어두고 개별적 인간이 어떻게 존재하는가 하는 지점에서 논의를 진행했다는 데 있다. 이런 사고방식은 현대의 정치철학자 아렌트가 『혁명론』에 정당하게 평가하고 있듯, 그야말로 혁신적인 것이었다.

리바이어던의 원리는 무엇인가

이 책의 제목 '리바이어던'은 구약 성서에 등장하는 바다 괴물 리바이어던leviathan에서 따온 것이다. 그밖에도 홉스에게는 『비히모스』[72]라는 저서가 있는데, 이 또한 구약 성서에 등장하는 육지

---

71 사회계약설의 근본 가설. 국가나 사회가 성립하기 이전의 상태를 나타내는 개념. 실증해야 할 역사적 사실이 아니라 개념적인 모델이라는 점에 주의해야 한다. 사회계약도 마찬가지다.

괴물 비히모스behemoth에서 따온 제목이다. 그렇다고 해서 홉스가 이 책에서 바다 괴물을 둘러싼 이야기를 그려낸 것은 아니다. 그것은 어디까지나 하나의 비유이다.

그렇다면 리바이어던이란 무엇인가? 홉스는 리바이어던을 인간이 스스로를 본떠 만든 인공 국가로 규정한다. 리바이어던의 소재와 제작자는 모두 인간이며 그 '영혼'은 주권이다. 이 사실을 토대로 홉스는 다음과 같이 묻는다.

> 어떻게 또는 어떤 계약에 의해 인공 인간은 만들어지는가? 주권자의 권리 및 그 정당한 권력 혹은 권한은 무엇인가?

국가를 인간으로 구성된 네트워크라고 간주할 때, 어떤 계약(약속)을 기초로 삼아야 할까? 또 그때, 주권자의 권리와 권력의 정당성의 근거는 어디에 두어야 할까? 이것이 이 책에서 홉스가 설정한 문제이다.

---

72 영국 내전에서 왕정복고에 이르기까지 역사적으로 분석했다.

인간은 신의 피조물이 아니다

리바이어던은 신의 피조물이 아니라 인간이 만들어낸 제도이다. 홉스의 주장의 전제에는 애초에 인간은 신의 피조물이 아니라는 사고가 존재한다. 만약 인간이 신의 피조물이라는 입장이라면 약속이라는 요소를 적용시킬 여지는 없다.

실제로 중세 스콜라 철학을 대표하는 아퀴나스는 『신학대전』에서 인간의 정신에는 우주의 질서를 관장하는 신의 법이 포함되어 있으며, 그것이 가르치는 바에 따라 행동하는 것이 인간의 올바른 자세라고 논하고 있다. 피조물인 인간이 약속을 맺고 협력하며 세계의 질서를 수정하는 것은 신의 의지를 무시하는 것이자 용서받을 수 없는 일이라는 것이 중세 유럽의 기본적인 사고방식이었다.

한편, 홉스는 인간은 신체와 정신의 양 측면에서 거의 같은 능력을 갖는 존재로 '자연'에서 태어났다는 사고를 제시한다. 인간은 희망, 절망, 공포, 분노 같은 감정뿐만 아니라 사고력과 언어를 갖는다. 서로 약속을 맺고 스스로 결정을 내리는 능력을 갖는다. 아름다움과 추함, 선과 악을 알고 선을 지향할 수도 있다. 선은 신의 은혜로 비로소 알 수 있다는 전제에 기초한 스콜라 철학의 권위가 붕괴되는 가운데, 인간의 존재 방식으로부터 국가를 구상한 홉스에게는 매번 놀란다.

자연 상태는 만인에 대한 만인의 투쟁에 도달한다

인간은 신의 피조물이 아니라 자연에서 태어났고, 언어를 사용하고, 약속하는 능력을 가졌다면 만인이 동등한 행복을 누릴 수 있을까? 물론 그렇지는 않다.

홉스는 인간은 아무런 이유 없이 타인과 약속을 맺는다고 여길 만큼 순진하지 않다고 본다. 오히려 다음과 같이 생각한다.

인간이 동등한 심신 능력을 갖추고 있으며, 추구하는 대상이 한정되어 있다면 그 대상을 둘러싸고 사람들 사이에 상호 불신이 생겨 '만인에 대한 만인의 투쟁'이 발생한다.

> 우리 모두를 두려움에 떨게 할 공통의 권력이 없는 동안에는 인간은 전쟁 상태에 들어가게 된다. 이 전쟁은 만인에 대한 만인의 전쟁이다. 다시 말해 '전쟁'이란 싸움, 즉 그저 투쟁 행위인 것은 아니다. 싸움으로 다투려는 의사가 충분히 드러나기만 한다면 그동안은 전쟁 상태이다.

언뜻 보면 '만인에 대한 만인의 투쟁'의 개념은 마치 인간에게 투쟁 본능 같은 것이 있다고 상정하고 있는 것처럼 여겨질 수도 있다. 그러나 중요한 점은 투쟁 상태는 조건에 따라 성립하는 것이라는 점이다.

조건이 만족되면 투쟁 상태가 되고, 만족되지 않으면 그렇게 되지 않는다. 만약 인류 역사상 투쟁이 일어나지 않은 날이 하루도 없었다고 하더라도 그것은 인간이 본능적으로 투쟁을 추구하는 생물이라는 말이 아니라 능력의 평등이나 추구하는 대상의 희소성 같은 상호 불신의 조건이 보편적으로 만족되었다는 뜻이다.

평화의 조건은 권리 양도?

그렇다면 '만인에 대한 만인의 투쟁'을 종결시키기 위해 인간은 무엇을 할 수 있는가?

홉스는 인간은 각자가 서로 동의할 수 있는 평화 조항인 '자연법'[73]을 생각해낸다고 이야기한다. 자연법의 요점은 '만인에 대한 만인의 투쟁'을 종결시키기 위해 각자 서로의 동의를 기초로 권리를 '양도'하는 데 있다. 왜냐하면 권리를 갖고 있는 한, 투쟁 상태의 근본적인 이유는 사라지지 않기 때문이다. 홉스는 여기에 '만인에 대한 만인의 투쟁'의 해결 조건이 있다고 생각했다.

---

73 인위적으로 형성된 실정법에 대해 인간의 본성(본래의 성질)에 기초하여 보편적으로 존립, 타당하는 법. 중세에는 인간의 정신에 내재하는 신의 의지로서 설명되었지만 근대 이후에는 법을 만들어내는 인간의 '자연권(천부인권)'의 관념으로 바뀌었다.

공공 권력을 설립하다

확실히 자연법은 사람들의 양심에 작용하기는 한다. 그러나 현실의 행위에는 다양한 사정이 얽혀 있기 때문에 절대적인 구속력을 갖지는 않는다. 그렇다면 약속에 강제력과 실효성을 부여하려면 무엇이 필요할까?

홉스가 이끌어낸 답, 그것은 공공 권력common power이다. 공공권력은 각자가 자연히 갖고 있는 권리를 '양도'하고 자신들의 의지를 하나의 의지(총의)로 결집하여 성립한다. 양도받은 이는 국왕인 경우도 있고 의회인 경우도 있다. 다만 권력의 근거에는 사람들의 동의와 상호 계약이 있어야 한다. 국왕이나 의회는 그 전에 권력을 갖고 있는 것도, 신에게 권력을 부여받은 것도 아니다. 공공권력의 정당성의 근거는 오직 사람들 사이에 주고받은 약속뿐이며, 양도받은 이는 사람들의 합의를 대표하도록 권력을 행사해야 한다고 홉스는 생각했다.

시민 국가의 창시자, 홉스

이 책에서 홉스가 제시한 사고방식은 상당히 획기적인 것이었다. 하지만 거기에 문제점이 없었던 것은 아니다. 홉스는 모든 권력을 양도함으로써 공공 권력을 설립할 필요가 있다고 말한다. 하지만 일단 권력을 양도하면 사람들은 공공 권력의 대표자가 하는 행위를 추인할 수 없고, 따라서 권력의 남용을 비판하는 것은 원리상 불가능해진다. 물론 홉스는 억압적인 정부를 옹호하기 위해 이 책을 쓴 것은 아니지만, 이 책의 논의가 절대왕정의 옹호로 귀결되고 만다는 사실은 부정할 수 없다.

그러나 그런 비판은 결국 사소한 것에 지나지 않는다. 이 책에서 홉스가 국가를 인간 상호의 합의와 약속에 기초한 '시민 국가'로 제시했다는 의의는 흔들리지 않는다. 신에 의해 정치권력이 보장된다고 여기는 국가관은 철학적으로는 홉스의 시점을 통해 근본적으로 극복되었다.

에티카

Ethica in Ordine Geometrico Demonstrata[74]

: 선의 근거를 수학적으로 도출한 윤리학

근대 철학의 초기, 인식론에서는 '합리론'[75]과 '경험론'[76]이 크게
대립했다. 합리론이란 세계는 지각 경험이 아니라 근본원리에서
추론을 합리적으로 축적함으로써 인식할 수 있다고 보는 입장이
다. 여기서 살펴볼 스피노자는 데카르트나 라이프니츠Gottfried
Wilhelm von Leibniz와 함께 합리론을 대표하는 철학자이다. 이에

---

74 한글판 『에티카』, 서광사(2007), 책세상(2019)
75 지각과 의식 경험보다 앞선 근본원리에서 출발하여 순수하게 합리적인 추론으로 세
계를 설명하고자 하는 인식론의 입장. 수학을 모델로 삼는다. 경험론과 대비되며 주로 유
럽 대륙에서 전개되었다는 점에서 '대륙 합리론'이라고 불리기도 한다.
76 인식의 원천은 의식 경험, 지각 경험에 있다고 보는 입장. 생득 관념을 인정하지 않
는다. 합리론과 대비되며 주로 영국에서 전개되었다는 점에서 '영국 경험론'이라고도 불
린다.

14

바뤼흐 스피노자
Baruch Spinoza, 1632~1677

자신이 사랑하는 것을 다른 사람들이 사랑하도록, 또 자신의 뜻대로 다른 사람들이 생활하도록, 단순히 감정에 따라 임하는 사람은 본능적으로만 행동하는 것이며, 따라서 사람들에게 미움을 받는다.

비해 경험론은 근본원리라는 것은 존재하지 않으며, 세계는 오직 지각 경험으로만 인식할 수 있다고 보는 사고방식이다. 대표적인 철학자로는 로크John Locke와 흄David Hume이 있다.

합리론은 '전체 세계는 추론을 통해서만 올바르게 알 수 있다'는 독단론적인 입장을 취하고 있으며, 경험론은 '세계는 경험할 수 있는 범위에서만 알 수 있으며 절대적으로 옳은 인식은 존재하지 않는다'는 회의론적인 입장을 취한다.

알기 쉽게 설명하면 수학처럼 순수한 추론에 의해 세계 전체를 인식할 수 있다고 생각한 것이 합리론이며, 경험이나 관찰이 도달하는 범위까지만 세계를 인식할 수 있고 세계 전체를 인식할 수는 없다고 생각한 것이 경험론이다. 데카르트 이후 철학은 점차 어려워지지만 이 대비를 기억해두면 일단 괜찮다.

여기서 살펴볼『에티카』는 철학사상으로도 무척 독특한 저서이다. 제목인 '에티카'는 윤리학을 뜻한다. 스피노자는 이 책에서 수학의 방법을 모델로 삼고 세계의 존재 방식을 그려내는 동시에, 선의 근거를 어디에서 찾을 수 있는가 하는 문제에 몰두했다.

수학과 윤리학은 언뜻 보기에는 물과 기름처럼 여겨질지도 모른다. 그러나 당시 학문에 '이과'와 '문과' 같은 구별은 존재하지 않았다. 보편적 인식에 도달하기 위해서라면 이과든 문과든 관계없다. 지레 겁을 먹고 '나는 문과니까' 하고 수학을 회피한다면 종교를 대신하는 '선'의 근거를 찾을 수 없게 된다. 스피노자가 반드시 그렇게 생각한 것은 아니었지만, 이 책을 읽으면 그런 스피노자의 기백을 받아들이지 않을 수 없다.

범신론적 세계관

이 책에 드러난 스피노자의 기본적 세계관은 '범신론'이라 불린다. 범신론의 요점은 신이 유일한 '실체'[77]이며 그 밖의 사물은 모

---

[77] '그 자체로 존재하는 것'을 가리킨다. 현상, 성질(속성) 변화를 지속적으로 담당하는 것을 뜻한다.

두 신의 '속성'에 지나지 않는다고 보는 점에 있다. 신은 온갖 사물과 현상의 원인이며, 세계는 신의 뜻대로 존재한다. 이것이 스피노자의 세계관이다.

당시 지식인은 신의 존재를 상식적으로 믿었다. 그러나 그 점을 비판해도 아무런 의미가 없다. 스피노자가 말하는 신의 본질을 살펴보자.

유대교나 기독교의 신과는 전혀 다르다는 사실을 알 수 있을 것이다. 스피노자는 신이 종교와 밀접하게 관련되어 있던 시대에 근대 수준의 자유를 토대로 종교적인 성격을 갖지 않는 신의 개념을 제시하여 그때까지의 전통적 세계관을 한 걸음 진전시켰다.

선악의 근거에 대하여

신은 모든 원인이자 인간을 포함한 모든 것은 그 '속성'이다. 이를 전제로 스피노자는 인간의 감정과 선악의 관계에 관해 논해간다. 스피노자의 요점은 인간의 욕망은 선을 추구한다는 데 있다. 여기서 말하는 선이란 일반적으로 자기 보존을 위해 욕망하는 대상을 가리킨다. 풀어 말하면 선은 우리의 욕망에 따라 정해진다는 것이다. 우리가 의지를 갖고 욕망하는 것이 선이다. 신의 은혜가 선을 명확히 한다는 기독교적 주장은 여기에 존재하지 않는다. 실제로

스피노자는 기독교도가 아니라 유대교도였다.

여기서 자기 보존의 욕망과 선을 결부하는 데서 위화감을 느끼는 사람이 있을지도 모른다. 그러나 스피노자는 그들을 직접 결부하는 것은 아니다. 우리는 이성에 의해 욕망의 방향을 바꾸어 더욱 완전한 (더 좋은) 선을 추구할 수 있다고 여겼다.

이성이 이끄는 대로 생활할 때 인간은 자신의 본성과 일치하고 가장 유익한 인간이 된다. 스피노자는 이런 생활에 '덕德'이 있다고 말한다. 다시 말해, 자기 보존의 욕망을 부정하지 않고 이성을 더욱 음미하고 따를 때 덕이 있는 삶을 살 수 있다고 생각한 것이다.

자기 보존이라고 하면 타인을 밀어내고 자신만 살아남으려 하는 상황을 떠올릴지도 모르겠다. 그러나 여기서 말하는 자기 보존은 '자기 배려'를 통한 '타자 배려'라고 바꿔 읽는 것이 좋다. 신의 속성이라는 관점에서 보면 자기에 대한 배려는 신, 즉 세계 전체에 대한 배려로 귀결되기 때문이다.

> 덕을 따르는 각 개인은 자기를 위해 추구하는 선을 타인을 위해서도 추구할 것이다.

이성을 통해 욕망의 존재 방식을 음미하고 덕이 있는 생활을 함으로써 우리는 자기를 배려하는 동시에 세계 전체도 배려할 수 있다. 이것이 스피노자의 에티카(윤리학)에 대한 대답이다.

체계를 분리하여 읽어라

확실히 신이 유일한 원인이며 모든 것은 신의 속성이라는 세계관은 보편적 타당성을 갖는다고는 할 수 없다. 그렇다고 해서 스피노자를 포기하는 것은 너무나도 아까운 일이다.

스피노자는 유럽을 혼란에 빠뜨린 한 종교전쟁[78] 말기, 30년 전쟁의 한복판에 태어났다. 이 책을 읽으면 스피노자는 포스트 종교전쟁 세대의 한 사람으로서 전통적인 종교와는 다른 접근으로 보편적인 선의 근거를 찾아야 한다고 깊이 확신하고 있었다는 사실을 알 수 있다. 이런 문제의식은 데카르트나 홉스 같은 훌륭한 근대 철학자에게도 공통적으로 나타나는 점이다.

스피노자의 시도는 그 자체로 성공했다고 하기는 어렵지만, 누구나 이성적으로 납득할 수 있는 선의 근거를 제시하려고 시도했다는 점만으로도 평가할 가치가 있다.

---

78 16세기 종교개혁 이후, 16세기 중반부터 17세기에 걸쳐 가톨릭(구교)과 프로테스탄트(신교) 사이의 대립을 계기로 일어난 일련의 전쟁. 위그노 전쟁(1562~1598), 30년 전쟁(1618~1648) 등이 있다.

단자론

La Monadologie

: 기독교를 대신하는 조화의 원리를 추구하다

라이프니츠는 스피노자와 어깨를 나란히 하는 합리론자이다. 철학뿐만 아니라 수학이나 자연과학에서도 큰 업적을 남겼고 정치가로서도 활약했다. 라이프니츠는 스피노자와 마찬가지로 근본원리를 제시하고 거기서부터 세계의 모습을 합리적 추론으로 그려냈다.

이 책에서 라이프니츠가 주장하는 원리는 '모나드(단자)'라는 개념이다. 모나드는 신에 의해 창조된, 우주를 구성하는 최소 단위를 가리킨다. 아톰(원자)과 다른 점은 아톰이 물리적인 최소 단위인 반면, 모나드는 질적인 최소 단위를 의미한다는 점이다. 그다지 차이가 확실히 와닿지 않을 수도 있지만, 모나드는 세계를 구성하는 근본원리로서 구상된 기본 단위라고 이해하면 충분하다. 라이

15

고트프리트 빌헬름 라이프니츠
Gottfried Wilhelm Leibniz, 1646~1716

모든 정신이 모이면 거기에는 반드시 신의 나라, 다시 말해 가장 완전한 군주가 통치하는 가능한 한
완전한 국가가 만들어진다.

프니츠 이후 모나드라는 개념을 그보다 깊이 전개한 철학자는 없
으므로 깊이 파고들 필요는 없다.

어쨌든, 이 책에서 주목할 가치가 있는 부분은 라이프니츠가 모
나드라는 원리를 통해 가톨릭과 프로테스탄트의 대립을 조정하
고 사회에 '조화'를 되찾기 위한 방향성을 제시했다는 데 있다. 종
교전쟁을 거치며 이미 '선'의 근거를 전통적인 기독교의 세계관에
서 찾을 수 없게 된 상황에서 라이프니츠는 사회에 조화를 불러오
기 위해 사상과 실천 양쪽에서 접근했다.

궁극적 단위로서의 모나드

모나드는 우주의 질적인 최소 단위이다. 애초에 그것은 어디까지나 순수한 추론으로 도출된 가설에 지나지 않는다. 아리스토텔레스가 원인과 결과의 연속을 거슬러 올라가 '부동의 동자'를 이끌어낸 것과 마찬가지로 복합체를 계속 분할하다 보면 그것을 복합하고 있는 '제1단위'가 도출될 것이다. 그 궁극적 단위를 라이프니츠는 모나드라고 불렀다.

> 앞으로 이야기할 모나드는 복합체를 구성하는 단일한 실체를 말한다. 단일하다는 것은 부분이 아니라는 뜻이다.

복합체는 모나드로 구성된다. 그렇다면 궁극적 단위인 모나드는 어떻게 발생할까? 라이프니츠는 모나드는 최고의 모나드인 '신'의 '섬광'을 받아 발생한다고 설명한다.

모나드의 근본원리는 신이다. 이것은 스피노자보다도 종교색이 짙은 규정이기는 하지만 라이프니츠도 기독교가 설명하는 '이야기'에서 벗어나 세계의 체계를 구상하는 것이다. 이 축이 되는 원리로는 모나드 외에도 하나 더 있다. 그것은 '예정조화'라는 사고방식이다.

예정조화

앞서 확인했듯 라이프니츠의 목적은 세계에 조화를 가져오는 원리를 제시하는 데 있다. 다음으로 생각해봐야 할 것은 세계의 최소 단위인 모나드가 도대체 어떻게 다른 모나드와 조화로운 관계를 맺을 수 있는가이다.

이 질문에 라이프니츠는 예정조화설로 답한다. 예정조화를 간단히 설명하면, 신이 모나드를 창조한 시점에서 모나드끼리 서로 조화로운 관계를 맺도록 미리 정해두었다는 사고이다. 이 예정조화를 기초로 라이프니츠는 우리 몸과 마음 사이에서 예정조화를 찾을 수 있다고 본다. 몸이라는 모나드와 마음이라는 모나드는 각각 전혀 다른 원리에 기초하고 있지만 예정조화 덕분에 조화로운 대응관계를 이루고 있다는 것이다.

나아가 예정조화는 몸과 마음 사이의 관계뿐만 아니라 세계에 관해서도 마찬가지로 적용된다고 본다. 다시 말해 라이프니츠는 세계를 자연적 세계(물리적 세계)와 논리적 세계라는 두 가지로 구별하고 그 사이에 예정조화가 있다고 생각한 것이다.

"정신과 신이 창조한 세계는 은총에 의한 윤리적 세계이자 물리적 세계와의 예정조화 관계에 있다. 따라서 좋은 행위는 반드시 보상받는다. 그러므로 인간은 오로지 자신의 의무를 다하고 '신의 섭리'를 믿는 것이 중요하다. 그러면 그 우주의 질서가 최선이라는 사실을 알게 될 것이다. 왜냐하면 신이 이 질서를 선택하여 창조한 까닭은 그것이 최선이기 때문이다."

자연적 세계와 윤리직 세계는 예성소화의 관계에 있다. 윤리적 세계는 인간 전체에게 목표가 되고, 그것을 목표로 행위하는 것이 자연적 세계를 더욱 좋게 만드는 조건이라고 라이프니츠는 논한다.

단자론의 동기

스피노자와 마찬가지로 이 책의 논의를 현대의 관점에서 비판하는 것은 그리 생산적이지 않다. 확실히 단자론은 수많은 가설 가운데 하나일 뿐이며 보편적 타당성을 갖지도 않는다. 그러나 아무래도 '신이 모나드를 창조했다니 바보 같은 소리다'라는 생각이 드는 사람은 솔직히 말해 그다지 철학적인 사람이 아니다. 왜냐하면 철학자의 학설을 평가할 때는 그 시대의 일반적인 세계상을 고려한 후, 그 학설이 어떤 관심에서 도출되었고, 어떤 문제에 답하려는 것이었는가에 관해 착안할 필요가 있기 때문이다.

그렇다면 라이프니츠의 단자론의 경우에는 어떻게 생각해야 할까?

30년 전쟁으로 독일은 무척 황폐해졌다. 인구의 4분의 3을 잃었고, 농업과 상업은 괴멸했으며, 사회의 윤리는 파괴되었다. 그러나 사회를 재건하기 위해 전통적인 기독교로 되돌아갈 수는 없었다. 그래서 라이프니츠는 기독교와는 다른 근본원리에서 출발해서 세계를 합리적으로 논하여 종파 간의 대립을 조정하고 사회에 조화를 가져오려고 했던 것이다. 단자론 자체가 타당하든 타당하지 않든, 거기에 담긴 문제의식에 관해서는 평가할 수 있을 것이다.

인간 지성론

An Essay Concerning Human Understanding[79]

: 확실한 것은 지각 경험뿐이다

로크는 근대 철학에서 인식론의 한 학파인 경험론을 창시한 철학자이다. 흄과 함께 경험론을 대표하는 철학자로 알려져 있다.

경험론의 기본적인 자세는 모든 인식은 지각 경험을 통해서 성립한다는 것이다. 합리론에서는 인간에게는 이성이 미리 갖춰져 있어 그것을 올바로 사용하면 세계에 대한 공통 이해가 성립한다고 생각했다. 반면 경험론에서는 모든 인식은 지각 경험을 기초로 구성된다고 생각했다. 다시 말해, 지각 경험이 도달하지 않는 근본원리를 생각해서는 안 된다는 것이기도 하다.

데카르트, 스피노자, 라이프니츠의 합리론에서는 근본원리에서

---

[79] 한글판 『인간 지성론』, 한길사(2015), 동서문화사(2016)

16

존 로크
John Locke, 1632~1704

마음은 말하자면 아무런 글자도 쓰여 있지 않은 백지이며 어떤 관념도 없다.

올바로 추론을 해가면 세계를 올바르게 인식할 수 있다고 여겼다. 경험론의 자세는 이와 정반대의 입장에서 대립하는 것이다.

이 책에서 로크는 인식의 원천은 오직 지각 경험에 있다고 보는 입장에서 인간 지성의 모습을 고찰하고 그 한계를 밝히고자 했다. 합리론처럼 검증할 수 없는 가설을 세우는 것이 아니라, 지각 경험을 통해 인간의 지성이 알 수 있는 영역과 그렇지 않은 영역으로 구별함으로써 지성을 더욱 잘 활용할 수 있다고 로크는 생각했다.

관념은 경험으로 얻어진다

로크의 인식론에 대한 기본 자세는 마음의 경험을 토대로 관념을 갖추게 된다는 것이다. 마음은 '백지(타불라 라사Tabula Rasa)'[80] 같은 것이며 처음에는 새하얀 상태이다. 관념은 그 백지에 경험이 그려지면 얻을 수 있다고 한다.

> 마음은 말하자면 아무런 글자도 쓰여 있지 않은 백지이며, 어떤 관념도 없다고 상정하자. 그렇다면 마음은 어떻게 관념을 갖추게 될까? 인간의 바쁘고 끝없는 상상력이 마음에 거의 한없이 다양하게 그려온 그 방대한 축적을 마음은 어디에서 얻는가? (중략) 나는 한마디로 경험에서라고 대답하겠다.

단순 관념과 복합 관념

관념은 경험을 기초로 형성된다는 전제에 따라 로크는 관념을 두

---

80 로크의 인식론에서 사용되는 용어. 생득 관념(태어날 때부터 갖고 있는 관념)이 아니라 갓 태어난 인간의 새하얀 마음의 상태를 백지에 비유했다.

가지로 분류한다. 하나는 단순 관념이며, 또 하나는 복합 관념이다. 간단히 말하면 단순 관념은 수동적으로 주어지는 관념이며, 복합 관념은 그것을 토대로 마음이 능동적으로 구성하는 관념이다.

이를 토대로 로크는 단순 관념을 '제1성질'과 '제2성질'로 나눈다. 전자는 크기나 형태 등 대상 그 자체에 속하는 성질이며, 후자는 소리나 맛 등 대상에서 파악할 수 있는 성질이다. 제1성질과 제2성질의 구별에 관해서는 감각이 부여하는 개인차라는 관점에서 생각하면 이해하기 쉽다. 크기나 형태에 관해서는 개인차는 없다. 삼각형은 누가 봐도 삼각형이며, 원기둥은 누가 봐도 원기둥이다. 한편, 미각에 대해서는 엄밀한 공통성이 성립하지 않는다. 끓인 물의 뜨거움, 카레의 매움, 커피의 쓴맛처럼 받아들이는 인상에는 개인차가 있다.

한편, 복합 관념은 단순 관념을 토대로 만들어진 관념을 가리킨다. 복합 관념에는 실체, 모양, 관계의 세 종류가 있다. 실체란 각각의 단순 관념으로 이루어진 전체상이며, 모양은 실체의 성질, 그리고 관계는 단순 관념의 비교로 만들어지는 관념이라고 여겨진다.

합리론에서는 이들 관념이 태어날 때부터 마음에 갖춰져 있다고 본다. 로크는 이에 대해 정반대의 관점에서 비판한다. 어떤 관념이든 근본적으로는 지각 경험으로 만들어진다. 실체라는 추상적 관념이라 해도 그 사실은 변하지 않는다. 마음은 처음에 백지(타불라 라사)이며 가지고 태어나는 원리 따위는 존재하지 않는다

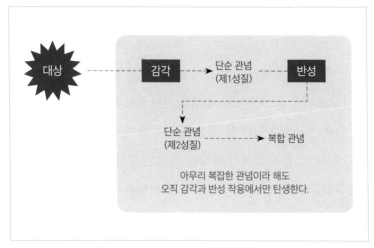

그림1 백지(타불라 라사) 관념도

(그림 1). 상당히 대조적인 사고방식이다.

경험론의 의의

합리론과 경험론의 대립은 '어디에서 보편적인 세계 인식의 가능성을 보증하는 원리를 찾을 수 있는가'라는 문제를 둘러싸고 나타났다. 그러나 어째서 그것이 근대 철학에 있어 근본적 문제가 되었을까? 그리고 도대체 왜 이 대립이 발생한 것일까?

우리는 평소 우리의 의식 바깥에 세계가 객관적으로 존재한다고 생각한다. 그러나 잘 생각해보면 세계가 실재한다는 것을 증명할 근거는 어디에도 없다. 아무도 자신의 주관에서 벗어나 객관 그 자체를 확인할 수는 없기 때문이다.

그렇다면 올바른 인식이라는 것은 성립하지 않고 '사람마다 다른' 인식밖에 존재하지 않는 것일까? 기독교의 세계관을 대신하는 보편적인 세계 인식은 성립하지 않는 것일까? 근대 철학이 우리의 인식의 존재 방식에 착안한 배경에는 그런 문제의식이 있다.

경험론은 이 문제에 관해 우리의 인식은 지각 경험에서 성립한다고 답하려 했다. 물론 그 대답은 완벽하다고는 말하기 어렵다. 논리학이나 수학 등 순수한 추론에 의해 성립하는 인식도 있기 때문이다. 그렇다고 해서 합리론에서 우리의 인식 구조에 착안하여 인식의 성립에 관해 생각한다는 접근법을 취한 것은 아니었다.

우리는 객관 그 자체를 인식할 수는 없다. 하지만 지각 경험을 반성하여 인식의 구조를 파악할 수 있다면 그것을 언어로 하여 타인과 나눔으로써 타인의 인식 구조와 공통점을 명확히 할 수 있다. 경험론은 철학에 그런 가능성을 가져왔다.

20세기 독일의 철학자 후설에 의해 창시된 현상학은 경험론의 사고방식을 철저히 계승하여 주관과 객관의 관계에 관한 인식 문제를 근본적으로 해결했다. 마음이 백지 상태라는 로크의 통찰에는 의문이 남지만 경험론의 접근이 철학의 새로운 지평을 열었다는 의의는 인정하지 않을 수 없다.

시민정부론

The Second Treatises of Government[81]

: 미국 독립혁명에 영향을 준 철학

로크의 업적은 크게 두 가지다. 하나는 인식론에 있어서의 업적. 이것에 대해서는 앞에서 확인했다. 나머지 하나는 정치철학에 있어서의 업적이다. 여기서 살펴볼 『시민정부론』(『통치론』)은 근대 정치철학 고전 가운데 하나다.

로크는 홉스나 루소와 마찬가지로 사회계약설에 따라 통치의 정당성 원리에 대해 논해간다. 이 책의 논의가 미국 독립선언의 사상적 근거로 작용했다는 사실을 참고하면 로크의 사회계약설이 현대사회에 큰 영향을 미쳤다는 사실은 부정할 수 없다. 다만 홉스나 루소, 헤겔의 논의와 비교하면 로크의 정치사상은 그다지 원

81　한글판 『시민정부론』, 다락원(2009), 효형출판(2012)

17

존 로크
John Locke, 1632~1704

법을 다룰 수 있는 창조물들에게는 어떤 경우에도 법이 없으면 자유도 없다.

리적이라고는 하기 어려운 부분이 있다. 왜냐하면 앞의 세 사람이 인간의 본질에 대한 통찰을 토대로 시민사회를 구상한 데 비해 로크는 기독교의 세계관을 전제로 논의를 전개하고 있기 때문이다. 이것은 로크의 정치사상이 갖는 중대한 결점이라고 하지 않을 수 없다.

인간은 자유롭고 평등한 존재다

사회계약설이라 해도 그 내용은 논의하는 사람마다 미묘하게 다르다. 그러나 사회계약설의 가장 일반적인 이미지는 이 책에서 다룬 논의처럼 자유롭고 평등한 인간이 이성을 기초로 자발적으로 계약을 맺고, 그로써 국가를 세웠다는 것이다.

홉스나 루소와 마찬가지로 로크도 자연 상태를 규정하는 데서부터 논의를 시작한다. 홉스는 『리바이어던』에서 자연 상태를 '만인에 대한 만인의 투쟁'이라고 표현했다. 각 개인은 '자유'에 의해 평등한 능력을 가진 사람으로 태어났다. 능력의 평등은 한정된 대상을 둘러싼 상호 불신을 초래하고 거기서부터 투쟁 상태가 발생한다. 이것이 홉스적인 자유 상태이다.

한편 로크가 주장한 자연 상태는 모든 인간이 완전히 자유롭고 서로 평등한 상태이다. 그런 상태는 '자연법'에 의해 뒷받침된다. 자연법은 '모두 평등하며 독립적이므로 어느 누구도 타인의 생명, 건강, 자유, 재산을 해쳐서는 안 된다'고 가르친다고 본다.

그렇다면 이 자연법의 근거는 무엇일까? 그것은 신이다. 홉스에게도 자연법의 개념은 있었다. 그러나 그 사정은 달랐다. 홉스가 말하는 자연법은 '만인에 대한 만인의 투쟁'을 해결하기 위해 인간의 이성이 생각해낸 것이었다. 반면 로크의 자연법은 신의 의지일 뿐이다. 신은 인간을 자연법에 귀를 기울여야 하는 존재로 만들었다. 그러므로 만인은 이 자연법에 따라야 한다는 것이다. 홉스와 대비할 때, 로크는 자연 상태를 '마땅히 그래야 한다'라는 '이상적 상태'로 규정하고 있다는 사실은 부정할 수 없다. 기독교의 가르침을 토대로 삼는다는 점에서 철학적으로는 홉스보다 크게 후퇴하고 말았다.

세계는 신이 부여한 공유재산?

어쨌든 만인이 자유롭고 평등하다고 하면 문제는 개인이 갖는 권리, 특히 토지나 물건, 돈 등에 대한 '소유권'이다. 로크는 소유권을 어떻게 규정할까?

각 개인은 자신의 신체에 대한 소유권을 갖는다. 자신의 신체로 노동하고 공유의 토지에서 자신이 필요한 만큼 작물을 손에 넣는다. 즉, 노동을 통해 천연자원은 노동한 사람의 소유가 된다. 로크는 이런 노동이 소유권을 낳는다고 생각했다.

이 주장은 듣고 보면 당연한 말처럼 들린다. 스스로 땀 흘려 번 돈은 다른 누구의 것도 아닌 자신의 것이다. 어떤 의미에서는 자연스러운 시민 감각이다. 그러나 로크의 논의에는 양보할 수 없는 전제가 하나 있다. 그것은 세계는 신이 인간 모두에게 부여한 공유재산이라는 것이다.

> 세계는 그야말로 사람들에게 공유로 부여한 것이라는 전제를 세우면 된다. 그러면 토지의 각 부분을 개인적으로 사용할 명확한 권한을 사람들이 노동을 통해 얻을 수 있다는

사실을 알 수 있다.

노동으로 생산된 것에 대한 권리는 그것을 생산한 인간에게 속한다. 이 주장 자체가 세계는 처음에 만인의 공유로 주어졌다는 전제와 성립하지 않는다. 철학으로서는 철저하지 못하다.

시민사회 구상

사람들은 신에 의해 자연법을 지켜야 하는 존재로 창조되었다. 그렇지만 현실에는 부정을 저지르는 자, 타인의 소유를 강제로 빼앗으려는 무리가 나타난다. 이런 무법자에 대해 도대체 어떻게 소유권을 유지하면 좋을까? 로크가 주장하는 것은 시민사회 구상이다.

"각 개인은 소유를 빼앗길 수 있다는 불안과 위험에서 벗어나기 위해 상호 동의를 토대로 시민사회를 구성하여 소유권을 서로 유지하려 한다. 그러나 동의만으로는 소유를 유지할 수 없다. 소유의 유지에는 구체적인 제도가 필요하다."

그래서 로크는 법률, 재판관, 집행 권력이라는 세 가지 제도를 제안한다. 이것은 국가 권력의 입법, 사법, 행정을 상호 독립된 기관에 위임하는 '삼권 분립'의 원리다. 자연 상태에서 각 개인은 자유롭고 평등하며 법을 집행할 권리를 갖는다. 그러나 소유를 보장하려면 그들의 권리는 시민사회에 맡겨야 한다.

이 점에 대해 로크는 홉스가 논한 것처럼 권리를 '양도'하는 대신 기간을 정해서 정부에 '신탁'하는 것을 제안한다. 일단 양도하면 되돌릴 수 없지만 신탁 기간을 한정하면 일정한 기간이 지난 뒤 정부를 새롭게 소집할 수 있기 때문이다. 정부는 어디까지나 소유를 유지하기 위해서 사람들이 만들어낸 제도이다. 그러므로 정부가 당초의 목적을 달성하지 못하게 되면 사람들의 손으로 다시 만들 수 있다. 이런 원리를 제시한 것은 로크가 처음이다.

왠지 부족한 로크

홉스와 루소는 모두 우리 인간이 어떤 존재인가에 대해 탐구하고, 그것을 토대로 시민사회의 원리를 논하는 순서로 고찰했다. 둘은 종교나 문화를 전제로 삼지 않고 오직 인간의 규정에서 시민사회의 근거를 논했다. 그래서 현대를 살아가는 우리가 참고할 만한 부분이 있다.

한편, 로크는 기독교의 세계관을 토대로 시민사회의 자세를 논한다. 우리는 신에 의해 자유롭고 평등한 존재로 탄생하여 공유 토지를 부여받았다. 그러므로 소유권은 노동에 의해 그 소유를 만들어낸 당사자에게 속한다. 이것은 기독교가 신앙으로 삼는 공동체 이외에는 아무런 설득력도 갖지 못하는 주장이다.

로크는 앞서 실펴본 『인산지성론』에서 우리의 인식은 지각 경험으로만 성립한다고 주장했다. 이는 파고들다 보면 신의 관념 또한 경험으로만 얻을 수 있다는 결론에 도달해야 하나(실제로 흄은 그런 입장에 도달한다) 이 책에 나타나 있듯, 로크는 그렇게는 생각하지 않는다. 그런 의미에서 로크의 철학은 반형이상학과 형이상학이 공존하는 상당히 독특한 것이 되었다.

철학
베스트
50

인간이란 무엇인가

A Treatise of Human Nature[82]

: 모든 인식은 지각의 묶음이다

흄은 로크와 마찬가지로 경험론을 대표하는 철학자이다. 흄은 대학생 시절 로크의 사상을 접하고 큰 영향을 받았다. 이 책에서 흄은 로크가 창시한 경험론을 그보다 더 철저히 탐구했다.

이 책을 썼을 당시 흄은 무명의 청년이었다. 원고를 완성한 흄은 런던에서 출판사를 찾아다녔지만 좀처럼 책을 내주겠다는 곳이 없었다고 한다. 겨우 출판을 할 수 있게 되었지만 제1편과 제2편은 묵살되어 이것이 자신의 저작이라는 사실을 평생 부인했다(이책에 흄은 저자명을 표기하지 않았다).

이 책이 묵살된 이유 가운데 하나는 이 책의 논의가 너무나 철저

---

82   한글판 『인간이란 무엇인가』, 2016, 동서문화사

18

데이비드 흄
David Hume, 1711~1776

어떤 원인이 우리에게 물체의 존재를 믿게 만드는지 묻는 것은 상관없지만 물체가 있는가 없는가
를 묻는 것은 무익한 일이다.

하여 당시의 상식으로는 전혀 받아들여질 만한 내용이 아니었기 때문이다. 흄은 이 책에서 인과성을 부정하고 어떤 인식도 지각 경험을 초월하여 성립하지 않는다고 주장한다. 근본원리에서 추론하여 세계를 올바로 인식할 수 있다는 합리론의 태도를 흄은 로크보다 훨씬 철저히 비판했다.

왜 우리는 삼각형을 삼각형이라고 인식할 수 있을까

그러면 흄이 인식을 어떻게 생각했는지 살펴보자. 우선 흄은 지각을 '인상'[83]과 '관념'[84]의 두 종류로 나눈다.

인상에는 두 종류가 있는데 '감각'의 인상과 '반성'의 인상으로 구분할 수 있다. 이 중 전자는 알려지지 않은 원인으로 인해 직접 마음에 발생한다.

흄에게 있어 지각이란 마음에 나타나는 것 일반을 가리킨다. 이를 바탕으로 생생하게 주어진 지각을 '인상', 의미나 본질로서 주어진 지각을 '관념'이라 부른다. 인상은 관념에 앞서고, 인상에서 관념이 나타난다. 그때 관념은 기억 혹은 상상으로 나타난다.

복잡해 보일지도 모르지만 요점은 간단하다.

예를 들어, 눈앞에 삼각형이 있다고 가정해보자. 이것이 삼각형으로 인식되려면 우선 그 삼각형이 보여야 한다. 그러나 그 시점에는 아직 인상의 단계이다. 그것을 삼각형이라고 판단하려면 지금까지 보아온 삼각형의 기억과 일반적으로 삼각형이 어떤 형태를 하고 있는가에 대한 상상이 전제되어야 한다. 듣고 보면 확실히 그렇다.

그리고 여기서 놓쳐서는 안 될 부분은 인상은 '알려지지 않은 원인'으로 발생한다는 점이다. 인상의 원인은 알 수 없다. 요컨대

---

83 '첫인상'이라는 의미로 생각하면 비슷할지도 모른다. 원인은 특정할 수 없지만 대상에게서 '문득' 받은 느낌이다.
84 '인상'을 토대로 만들어지는 의미를 말한다. 처음 봤을 때의 첫인상에서 그것이 무엇인가의 이해가 발생하면 인상은 '관념'이 된다.

우리 인간은 자신의 주관 밖에서 인상의 원인 그 자체를 직접 파악할 수는 없다는 것이다.

　모든 인식은 인상을 기초로 하는 지각 경험이다. 지각 경험의 범위를 초월한 근본원리는 존재하지 않는다. 만약 존재한다고 하더라도 인간은 그것을 알 수 없다. 흄의 이런 주장이 후세의 독일 철학자 칸트에게 "독단론의 잠에서 깨어나게 해주었다"라는 평가를 받았다는 사실은 널리 알려져 있다.

인과관계조차도 부정하는 철저한 인식론

지금까지의 통찰을 토대로 흄은 인과관계 또한 하나의 관념에 지나지 않는다고 논한다. 이 주장은 상당히 비상식적이며 어쩌면 의미가 분명하지 않을지도 모른다. 왜냐하면 일반적으로 사고할 때 우리가 지각하든 하지 못하든 인과관계는 존재할 것이기 때문이다.

　그러나 흄에게 인과관계를 그렇게 생각하는 것은 인식론으로서는 철저하지 않다. 예를 들어, 지구상에서 공을 던지면 포물선을 그리며 운동한다. 보통 생각하면 이것은 공에 중력이 작용하고 있기 때문이다. 그러나 (데카르트의 방법적 회의처럼) 굳이 엄밀하게 생각하면 중력이 '진정한 원인'인지 아닌지는 결코 알 수 없다. 우리는 중력 그 자체를 보고 있는 것이 아니라 공의 움직임에서 중력의 존재를 추론하고 있을 뿐이기 때문이다.

그렇다면 우리는 왜 거기에서 인과관계를 인식하는 것일까? 그것은 우리가 인상끼리의 조합을 반복하여 지각하는 사이에 마음속에 인과관계를 만드는 심리적인 '습관'을 가졌기 때문이다.

흄이 보기에 인과관계는 결코 필연적인 법칙이 아니다. 그것은 마음속에 습관적으로 상정된 것이며 절대적으로 옳은 것도 아니다. 세계 그 자체에 인과 법칙이 있다는 생각은 독단적인 억측이다.

이 주장은 확실히 과격하지만 철저한 음미의 태도로 뒷받침되었다. 흄은 '절대적으로 옳은 인식은 존재하지 않는다'라는 회의론자로 여겨지기도 하지만 그저 회의론자인 것은 아니다. 어중간한 상대주의와는 달리 흄의 논의는 상당히 진지한 것이다.

독단론에 제동을 걸다

모든 인식은 인상에서 출발하여 형태를 갖춰간다는 흄의 생각이 갖는 의의는 무엇일까? 그것은 그저 지각의 자세에만 착안하여 인식의 구조를 도출하려고 한 데 있다.

외적 세계[85]가 정말 존재하는가에 대해서는 의심의 여지가 남아 있다. 데카르트가 방법적 회의로 통찰했듯 아무리 극단적이라고 해도 보이는 세계가 착각에 지나지 않을 가능성을 부정할 수 없기 때문이다.

그래서 인식의 보편적인 구조를 밝히려면 외적 세계의 존재를 전제로 삼지 않고 그저 우리의 지각에 착안할 필요가 있다. 왜냐하면 만약 세계가 착각에 지나지 않는다고 해도 그것이 착각에 지나지 않는다고 생각하는 의식은 확실히 존재하기 때문이다.

모든 인식은 인상을 기초로 한 확신이다. 이 통찰을 토대로 흄은 로크의 경험론을 철저히 계승하고 독단적인 성격을 띠는 합리론에 강력한 제동을 걸었던 것이다.

---

85 외적 세계가 정말 존재하는가는 본질적인 문제가 아니다. 우리는 자신의 의식에서 벗어나 세계 그 자체를 직접 알 수는 없다. 따라서 원리적으로는 세계가 정말 존재하는가를 알 수는 없다. 그러나 문제는 그것보다도 이 세계에서 어떻게 각자가 풍요롭게 살 수 있는 조건을 찾아낼 수 있는가에 있다. 이런 목적에 있어 세계가 진정 존재하는가는 문제가 되지 않는다.

인간 불평등 기원론

Discours sur l'origine et les fondements
de l'inégalité parmi les hommes[86]

: 인간 사회에 불평등이 발생하는 이유를 묻다

루소는 홉스, 헤겔과 함께 근대 철학의 큰 갈래 가운데 하나인 사회철학을 대표하는 철학자이다. 그중에서도 주요 저서인 『사회계약론』은 근대 철학에 있어서 특히 중요한 위치를 점하고 있다. 이 책은 『사회계약론』보다 먼저 집필된 것으로 그 전 단계를 이루고 있다.

이 책에서 루소는 홉스와 마찬가지로 이 세계가 신에 의해 창조되었다고 보는 기독교의 생각을 제쳐두고 자연 상태를 구상하여 인간이 지금처럼 존재한다면 어떤 생활을 영위할까에 대한 가설을 제시한다. 전체적인 흐름은 다음과 같다.

---

86 한글판 『인간 불평등 기원론』, 책세상(2018), 문예출판사(2020)

19

장 자크 루소
Jean Jacques Rousseau, 1712~1778

무질서와 변혁 속에서 그 추악한 얼굴을 들게 되는 전제주의는 국가의 온갖 부분에서 발견되는 선량하고 건전한 것을 집어삼켜 마침내 법률과 인민을 짓밟고 국가의 폐허 위에 우뚝 서게 될 것이다.

자연 상태에 있어서 인간은 '연민의 정(연민)'[87]을 갖고 있어 평화로웠다. 그러나 인간은 자신의 생존을 위한 배려를 하게 됨에 따라 점차 생활의 지혜를 익히고 사유재산을 갖게 된다. 이때 힘이 권리와 동일시되어 '강자'와 '약자' 사이의 불평등이 법률에 의해 고정되어 버린다.

여기서 주목해야 할 점은 루소는 이 책에서 만인이 평등했던 자연 상태가 실제로 존재하고 거기서 불평등이 생겨났다고 논하고

---

87 루소는 인간은 태어나면서부터 불평등하다는 것이 자명하다고 여겨진 프랑스의 절대왕정 시대에 살았다. 그런 시대적 배경에서 자연 상태에서 불평등은 존재하지 않는다는 근거가 인간에게 원래 갖춰져 있는 연민의 정이었다. 그러나 이 연민을 하나의 근거로 프랑스혁명이 일어나 로베스피에르의 공포정치로 빠진 경위를 보면 그것이 폭력의 방아쇠가 된다고도 할 수 있다. 『혁명론』의 한나 아렌트 또한 그렇게 비판했다.

있는 것은 아니라는 것이다. 그런 관점에서 읽으면 루소의 통찰을 오해하게 될지도 모른다.

그러면 그 통찰은 무엇일까? 한마디로 말하면 인간 사회는 대처하지 않는 한 필연적으로 불평등을 낳는 구조로 되어 있어 불평등이 확대되는 과정은 인간 사회가 최강자(왕)를 정점으로 하는 피라미드형 사회에 다다르기까지 멈추려 하지 않는다는 것이다.

『사회계약론』은 이런 상태를 해결하고 인간 사회를 정당한 것으로서 재편하기 위한 원리를 제시한다는 목적 아래 쓰였다. 이 책이 『사회계약론』의 전 단계를 이루고 있다고 한 것은 그 때문이다.

자연 상태는 상호 배려 상태

우선 루소에 의한 자연 상태 가설에 대해 확인해보자.

루소는 자연 상태에서 인간의 마음은 평화롭고 연민의 정(연민)을 가지므로 사람들 사이에 종속 관계는 존재하지 않으며, 투쟁 상태도 존재하지 않는다고 논한다. 연민의 정이 자연 상태를 근본적으로 규정하고 있다고 생각한 것이다.

이 점에 관해 루소는 홉스를 비판한다. 홉스는 자연 상태를 '만인에 대한 만인의 투쟁'이라고 묘사했다. 그러나 루소는 자연 상태에서는 고통받고 있는 타인에게 연민의 정을 품고 있을 것이기 때문에 각 개인은 타인을 희생시키면서 자신의 이기주의를 강요하지는 않을 것이라고 루소는 생각한 것이다.

하지만 자연 상태는 점차 사회적인 불평등을 향해 간다. 루소는 그 과정을 다음과 같이 그려냈다. 순서대로 따라가 보자.

최초에 생기는 감정은 자기의 생존에 대한 것이다. 때문에 최초의 배려도 자신의 생존을 위한 것이다. 인간은 점차 자연이 가진 힘으로 인해 고통을 받게 된다. 고통을 회피하기 위해 생활의 지혜를 몸에 익힌다. 이에 따라 인간은 다른 동물보다 우월해지고 자존심을 손에 넣는다. 자존심에 의해 인간은 상호 경쟁 관계에 들어간다. 그 후 이해관계와 경쟁 관계를 구별할 수 있게 되어 계약이 갖는 의미를 이해한다. 계약의 개념에 기초하여 사유재산이 도입된다.

인간은 습관과 성격에 의해 결속되어 공동체가 성립된다. 공동체 내에서 분업이 시작되면 그때까지 유지되던 평등은 소멸하고 빈곤과 불평등이 나타난다. 이때 강자는 약자와의 불평등을 고정하기 위해 자신들의 입맛에 맞는 법률을 제정한다. 약자는 더욱 약해지고 강자는 더욱 강해진다. 이렇게 소수의 강자를 위해 약자는 빈곤에 예속되고 마는 것이다.

정부와 법률은 자유를 지키기 위해 도입된 제도

루소는 자연 상태가 인산이 자신을 배려하는 감정에서 시작되는 과정에 의해 강자와 약자의 불평등에 도달한다고 봤지만, 인간 사회가 연민의 정으로 넘치는 자연 상태로 돌아가야 한다고 말하는 것은 아니다. 반대로 루소는 인간 사회가 어떻게 성립하는가에 착안함으로써 불평등을 해결할 원리를 찾으려고 한다.

논의가 복잡해서 이해하기 어렵지만 요점은 사회는 계약(약속)에 의해 성립하는 공동체이며, 사람들이 정부를 두고 법률을 제정하는 것은 자신들의 자유를 지키기 위해서라는 것이다. 루소는 다음과 같이 논한다.

"각 개인은 약속을 지키는 것에 동의하고, 모두 그 약속을 보증한다. 사람들은 동의에 실효성을 부여하고, 각 개인의 자유를 실질적인 의미에서 확보하기 위해 의결을 지키도록 강제하는 공권력을 두고 동의를 위반하려는 움직임에 대처할 것이다. 이 점에서 보면 전제 권력은 정부의 본래 목적에 반한다. 부당하고 법률의 근거에도 사회의 불평등을 해결하기 위한 원리로도 성립하지 않는다."

이 통찰은 그야말로 『사회계약설』에 있어 출발점을 이루는 것이다.

전제 군주도 힘으로 타도할 수 있다

그렇다면 강자가 법률을 제정하여 초래된 불평등은 전제 정치에서 절정에 도달한다. 전제 정치에서는 최강자인 전제 군주를 정점으로 하는 피라미드형 권력 구조가 형성되어 사람들 사이의 불평등이 극대화된다. 그것을 루소는 다음과 같은 표현으로 교묘하게 나타낸다.

> 여기서 모든 개인이 다시 평등해진다. 이미 그들은 아무것도 아니며 하인은 이미 주인의 의사 외에는 아무런 법률도 갖지 않고, 주인은 자신의 정념 말고는 아무런 규범을 갖지 않기 때문에 선의 관념이나 정의의 원리가 다시 소멸해 버리기 때문이다.

그러나 루소는 전제 군주도 힘으로 타도할 수 있다고 말한다. 왜냐하면 전제 정치는 사람들의 첫 동의, 다시 말해 각 개인의 자유를 보장하기 위해 정부를 설립한다는 근본적인 동의를 부정하여 성립하기 때문이다. 바꿔 말하면 전제 정치는 본질적으로 정당한 근거를 갖지 못한다.

> 단순히 힘만이 그를 지탱하고 있었다면 단순히 힘만이

그를 쓰러뜨릴 수 있다. 만사는 이처럼 자연의 질서에 따라 이루어진다.

전제 군주는 최강자인 동안에만 지배자일 뿐 사람들에 의해 추방되어도, 새로운 강자에 의해 타도되어도 아무런 이의를 내세울 근거를 갖지 못한다. 이렇게 모든 것은 힘에 기초하여 전개되어 가는 것이다.

『사회계약론』의 물음으로 이어지다

이 책에서 루소는 불평등이 사회 전체에 확대되는 과정에 관해 하나의 가설을 제시하고 있다. 불평등은 강자에 의한 법률에 의해 고정되어 최종적으로는 전제 정치에 도달한다. 전제 정치는 그저 힘에 의해서만 뒷받침된다. 하지만 힘은 권력 정당성의 기초가 되지 못한다. 따라서 전제 정치는 근본적으로 부당하다. 이것이 이 책의 결론이다.

이렇게 보면 이 책은『사회계약론』의 문제 설정과 깊이 겹친다는 사실을 알 수 있다. 왜냐하면『사회계약론』은 인간 사회를 부당한 '권력 게임'에서 공정한 '규칙 게임'으로 재편하는 원리는 무엇이냐는 물음에 대해 답하는 것을 근본 목적으로 삼고 있기 때문이다.

　확실히 현대 역사학자의 지식을 토대로 하면 루소가 논하는 것처럼 불평등이 확대했는가에 대해서는 상당한 의문이 남는다. 그러나 여기서 중요한 점은 루소가 어떤 원리를 기초로 논의를 전개했는가이다. 루소는 자의적인 전제를 되도록 배제하고 자신의 생존을 위한 배려가 최초의 감정이라는 출발 지점에서 논의를 하고 있다. 그래서 우리는 이 책에서 설교 같다는 느낌이 아니라 어느 정도 수긍하는 마음을 느끼는 것이다.

사회계약론

Du contrat social[88]

: 근대사회와 근대국가의 정당성의 원리를 확립하다

정의(옳음)란 무엇인가? 이 질문은 플라톤 이래 철학의 중요한 주제 가운데 하나였다. 플라톤은 『국가』에서 이데아가 정의의 근거라 논하고, 아우구스티누스에서 아퀴나스에 이르는 중세 스콜라 철학에서는 기독교의 신이 정한 법이 정의의 원천이라고 여겼다. 인간은 신이 정한 질서대로 살아가야 하는 존재이며, 인간에게 옳음을 판단하는 능력은 존재하지 않는다. 이것이 아우구스티누스 이래 로마 가톨릭 교회에서 정통으로 여겨지는 견해였다.

　중세 기독교적 전통은 왕권신수설을 거쳐 사회계약론에 이르러 근본적으로 전환된다. 정의의 근거는 기독교의 신이 아니라 그저

88　한글판 『사회계약론』, 문예출판사(2013), 후마니타스(2022)

20

장 자크 루소
Jean Jacques Rousseau, 1712~1778

인간은 자유로운 존재로 태어났지만 어디서나 사슬에 묶여 있다.

사람들 사이의 합의와 약속(계약)으로만 존재한다는 홉스의 원리를 루소는 이 책에서 더욱 진전시켜 근대사회와 근대국가의 정당성의 원리론으로 드높였다. 이 책은 사회계약설의 총정리에 해당하는 무척 중요한 저서이다.

무엇보다 중요시되는 저작이기에 다양한 해석이 이루어져 온 것도 사실이다. 프랑스혁명에 영향을 주고, 인민주의와 민주주의의 기초를 다졌다고 평가되는 한편, 공포정치나 파시즘의 사상적 근거로 작용했다는 비판을 받기도 한다. 철학의 역사를 살펴보더라도 이처럼 명확히 평가가 나뉘는 저서는 드물다.

권총과 의무

앞서 확인한 『인간 불평등 기원론』에서 인간 사회는 어떤 방법으로든 대처하지 않는 한 최강자를 정점으로 하는 피라미드형이 되고 만다는 근본 가설이 있었다. 거기서 도출된 결론은, 힘은 권력의 정당한 근거가 될 수 없다는 것이었다.

이 책에서 루소는 '최강자의 권리'라는 생각을 비판함으로써 그 통찰을 다시 해명한다. 루소는 권총에 의한 협박을 예로 다음과 같이 논한다.

"권총을 갖고 있는 사람에게 협박을 당했을 때는 자신의 지갑을 건네지 않으면 죽임을 당할지도 모른다. 그러나 이것은 권총을 갖고 있는 사람에게 지갑을 건네야 한다는 정당한 의무가 존재한다는 사실을 의미하는 것은 아니다."

권총으로 협박당해 죽고 싶지 않아서 지갑을 건넨 것은 자연스러운 일이다. 하지만 그것이 정당한 의무인가 하면 결코 그렇지 않다. 실제 힘을 행사하는 것은 결코 권리를 낳지 않으며, 사람이 따라야 할 의무가 있는 것은 정당한 권력에 대해서뿐이다. 그렇기에 우리는 폭력에 의한 협박은 비판받아야 하며, 부당하게 얻은 권리는 무효라고 생각하는 것이다.

사회계약은 자유와 평등을 지키는 사회 원리

그렇다면 권리의 정당성의 근거는 어디에 있는 것일까? 루소는 사회계약이 그 근거라고 대답한다.

여기서 루소는 인류 전체가 자연 상태에서 생활할 수 없는 상황에 도달했다고 가정한다. 그리고 도대체 어떤 원리에 기초하면 각 개인이 서로 자유로울 수 있는 사회를 구상할 수 있는가라는 질문을 던진다. 이 질문에 대한 대답으로 루소는 사회계약을 맺을 필요가 있다고 논하는 것이다.

사회계약을 맺음으로써 우리는 각자의 자연적 자유를 빼앗고 완력으로 무엇인가를 획득할 수 있는 권리를 서로 제한한다. 그와 동시에 각자의 능력 차이를 인정하면서 시민적 자유와 소유권을 보장한다. 이것이 자유와 평등을 양립시키는 유일한 원리라고 생각했던 것이다.

일반의지는 시민사회 정당성의 기준

루소는 계속해서 이렇게 말한다.

"각 개인은 사회계약을 맺고 서로 자유를 인정함으로써 스스로를 '일반의지'[89]의 지도 아래 두고 '공화국'을 만드는 것이다."

일반의지에 기초한 공화국만이 정당한 국가이다. 루소의 대답을 간단히 정리하면 그렇지만 조금 해설을 더하고자 한다.

일반의지와 구별되는 개념으로 '특수 의지'와 '전체 의지', 두 가지가 있다. 특수 의지는 개별적인 이익을 추구하는 개인 혹은 단체의 이해와 관심을 가리키며, 전체 의지는 특수 의지의 총합을 가리킨다. 이것은 특수 의지가 서로 제휴하거나 대립하는 상황, 다시 말해 이해와 관심 대립으로 생각하면 이해하기 쉽다. 소수자와 다수자의 이익이 '충돌'하는 상황은 전체 의지가 처할 수 있는 한 가지 모습이다.

이에 비해 일반의지는 개별적인 이해와 관심도 아니며, 그들의 대립으로 나타나는 전체 의지도 아니다. 그것은 시민의 공통의 이익을 추구하는 의지다. 즉, 공동체의 구성원이 동등하게 시민적 자유를 누릴 수 있도록 지향하는 일반의지를 토대로 통치되는 국가만이 정당하다고 루소는 생각했다.

법치국가만이 정당하다

일반의지를 토대로 통치되는 국가는 오직 공화국뿐이다. 이렇게

---

89 '모두'의 의지. 개별적 관심을 제쳐두고 공공의 이익을 추구하는 시민으로서의 의지.

말하면 아마도 입헌군주제 국가는 부당한가, 공화국이라면 언제든 항상 정당한 것인가라고 생각할지도 모르지만 그렇지는 않다.

루소가 생각한 공화국이 갖춰야 할 첫 번째 조건은 일반의지를 반영한 법에 기초하여 통치되는 것이다. 즉, 법치국가이다. 바꿔 말하면 만약 보기에는 공화국이라도 정부가 특정 단체의 이해와 관심에 기초하여 통치하고 있는 경우, 그 정부는 결코 정당하다고 할 수 없다는 말이기도 하다.

법치국가에서 정부는 주권자인 시민을 대신하여 통치하는 '공무원'에 지나지 않는다. 시민에게 공통의 이익을 추구하는 일반의지에 기초하여 통치를 행하는 것이 정부가 마땅히 해야 할 일이다. 오늘날에는 당연한 사고방식이지만 루소 이전, 정부와 시민 사이의 관계를 이렇게 논한 철학자는 아무도 없었다. 루소가 공포정치나 파시즘에 사상적 근거를 부여한다는 비판은 루소의 그런 통찰을 완전히 무시한 처사라고 봐야 한다.

시민사회의 근본원리를 마련한 루소

이 책에서 루소는 근대사회와 근대국가의 정당성의 원리를 어디서 찾을 것인가 하는 문제에 몰두했다. 마지막으로 그 대답의 핵심을 간단히 정리해보자.

일반의지를 기초로 통치되는 공화국이 정당한 국가의 모습이다. 그러나 공화국의 정부는 반드시 일반의지를 반영한다고는 할 수 없다. 따라서 시민은 일반의사가 통치에 반영되어 있는가를 제대로 확인할 필요가 있다. 그러지 않으면 인민 주권의 원리는 유명무실화되고 껍데기뿐인 민주주의가 되고 만다.

사회계약, 일반의사, 법치국가. 이 세 가지가 이 책에서 원리의 골격을 이루고 있다. 사회계약설을 완성하고 인민 주권의 원리를 확립하면서 국가의 정당성의 근거를 논한 이 책은 근대 철학의 금자탑이라고 불러 마땅한 업적이다.

철학
베스트
50

순수이성비판

Kritik der reinen Vernunft[90]

: 색안경의 인식론

근대 철학의 인식론은 데카르트에 의해 시작된 후 합리론과 경험론의 대립으로 전개되어 왔다. 합리론은 주권은 근본원리에서 추론하여 객관을 파악할 수 있다는 입장이며, 경험론은 주관은 지각 경험이 미치는 한에서만 객관을 인식할 수 있다는 입장이다.

18세기 독일에서 등장한 철학자 칸트는 합리론과 경험론의 대립을 해결하는 인식론의 입장을 내세웠다. 그것은 선험적 관념론[91]이다.

---

90 한글판『순수이성비판』, 아카넷(2006), 동서문화사(2016), 박영사(2019)

91 '그런 것은 결국 관념론에 지나지 않는다'처럼 부정적인 의미로 쓰이기도 하지만 칸트의 선험적 관념론은 우리에게 갖춰진 인식 구조에 착안하여 공통 이해의 가능성을 탐구하는 시도이며, 인식론의 역사에서는 커다란 한 걸음이었다.

21

임마누엘 칸트
Immanuel Kant, 1724~1804

인간의 이성은 어떤 종류의 인식에 대해 특수한 운명을 짊어지고 있다. 즉 이성이 물리칠 수도 없고, 그렇다고 해서 또 대답할 수도 없는 문제로 고민하게 될 운명이다.

선험적 관념론이라는 말을 들어도 아마 잘 와닿지 않을 것이다. 요점을 한마디로 정리하면 주관에는 이미 인식 능력의 장치가 갖춰져 있어, 주관은 그것을 사용하여 감각 데이터를 가공, 구성함으로써 객관을 인식할 수 있다고 보는 것이다. 즉 인간은 애초에 색이 입혀진 안경을 쓰고 있어 그 안경을 통해서 주어진 색과 모양을 토대로 대상을 인식하고 있다고 생각하는 것이 가장 가깝다.

다만 이 안경 도식이 대체 어떻게 합리론과 경험론의 대립을 해결하는 것으로 이어지는지 그리 확실히 와닿지 않을지도 모른다. 칸트는 이 책에서 합리론과 경험론의 좋은 부분을 취함으로써 대립을 조정하고, 더욱 보편적인 인식론의 입장을 수립하려고 한다. 요점을 정리하면 다음과 같다.

우리의 주관에는 태어날 때부터 공통의 인식 장치가 갖춰져 있다. 그 장치는 지각 데이터를 부여하는 능력(감성), 그것을 사용하여 개념을 구성하는 능력(지성), 근본원리에서 추론을 통해 진제를 구상하는 능력(이성)의 세 가지로 이루어진다.

앞의 두 가지가 담당해야 할 영역과 세 번째 능력이 담당해야 할 영역을 확실히 구별하면 독단론이나 회의론에 빠지지 않고 객관에 대한 공통 이해를 달성할 수 있을 것이다. 이 점을 나타내기 위해 칸트는 이 책에서 우리의 인식 구조 그 자체에 착안하여 내용을 드러내려고 하는 것이다.

칸트의 책은 철학서 가운데서도 손에 꼽을 정도로 어렵다. 데카르트와 루소의 책은 혼자서도 어떻게든 읽어나갈 수 있지만 칸트의 경우는 어지간한 천재가 아니라면 우선 좌절한다. 칸트 이후 철학은 필요 이상으로 어려워지고 말았다는 견해가 있지만, 그런 평가를 받는 것도 어쩔 수 없다. 단, 언제든 늘 중요한 것은 그 철학자가 전개하는 논의의 정수를 파악하는 것이다. 언어의 거센 파도에 농락당하지 않도록 제대로 키를 잡고 읽어나가자.

감성 — 색안경

그렇다면 우선 칸트가 말하는 '감성'이란 무엇인가에 대해 살펴보자.

칸트의 기본적 구도는 앞서 살펴본 안경 도식으로 요약된다. 즉 색안경이 칸트가 말하는 의미에서의 감성이다. 대상의 색이나 형태 같은 주제를 부여하는 인식 능력을 감성이라고 부른다.

대상은 안경을 통해 얻은 데이터에 기초하여 인식된다. 다시 말해 감성에 의해 얻을 수 없는 것을 인식할 수는 없다는 뜻이기도 하다. 우리가 쓰고 있는 색안경은 마치 배터리 내장형 스마트폰처럼 삽입식 능력이라 벗을 수 없다. 그러나 만약 안경을 벗을 수 있다고 해보자. 그때 보이는 '본모습'의 형상을 칸트는 '물자체'[92]라고 불렀다.

물자체는 확실히 존재하고 있다. 그러나 삽입형 안경을 장착하고 있는 인간에게 보이는 것은 색안경을 거쳐 얻은 데이터로 완성한 '현상'에 지나지 않는다. 물자체는 '근원적 존재자', 즉 신처럼 전능한 지식 장치를 갖춘 존재만이 인식할 수 있다고 칸트는 생각했던 것이다.

지성 — 데이터 통합 능력

대상을 인식하려면 색안경, 즉 감성만으로는 부족하다. 감성은 데이터밖에 취득할 수 없기 때문이다. 대상을 인식하려면 감성이 부여하는 개별적 데이터를 하나의 상으로 통합하는 능력이 필요

---

92 칸트의 용어. 현상의 배후에 있는 '본체'이며 인간의 감각기관을 촉발시켜 감각을 낳는 기원이지만 그것 자체를 알 수는 없다.

해진다. 이것을 칸트는 '지성'이라 불렀다.

지성은 데이터 통합 능력인 동시에 개념적인 사고 능력이기도 하다. 예를 들어, 'A는 B다', 'A는 B가 아니다', 'A는 B일 수도 있다'처럼 대상을 일반화하고 개념으로서 파악한다. 지성은 감성이 보내오는 대량의 이미지에서 일반적·추상적인 판단을 완성하는 인식 능력이다.

그러나 지성은 때때로 감성에 의해 부여된 지각 데이터에서 일탈하여 자신의 논리에 따라 작용한다. 즉, 감성에 의해 데이터를 뒷받침하지 않고 일반적인 판단을 내리고 마는 것이다. 이런 지성의 '일탈'을 칸트는 '가상'[93]이라고 불렀다. 여기서 주의해야 할 점은 가상과 오인은 근본적으로 다르다는 것이다. 오인은 깨달으면 고칠 수 있다. 하지만 가상은 의지로 어떻게 할 수 있는 것이 아니다.

그러면 이 가상은 도대체 어떤 경우에 문제가 될까? 이 점을 명확히 하려면 의식의 최고 단계에 위치한 '이성'에 착안할 필요가 있다.

---

93 단순한 감각적 현상이자 주관적인 표상. 여기서 말하는 가상은 대상의 지각 경험을 가능하게 하는 인식 구조 그 자체에 관련되므로 '선험적 가상'이라 불린다.

이성 — 전체를 인식하는 능력

우리는 평소 이성이라는 말을 '의식'과 거의 같은 뜻으로 사용하고 있다. 하지만 칸트가 말하는 이성은 원리에서 출발하여 전체적인(완전한) 것, 무조건적인 것을 인식하는 능력을 의미한다. 예를 들어, '우주의 시작은 존재하는가? 그 끝은 존재하는가?'처럼 세계의 전체상에 관한 질문은 이성에서 출발하는 것이다.

이성이 취급하는 대상을 칸트는 '이념'[94]이라 불렀다. 이성은 감성이나 지성의 도움을 빌리지 않고 원리에서 출발하여 추론을 거듭함으로써 전체적인 것, 즉 이념을 파악한다.

그러나 여기서 문제가 발생한다. 주관은 지성의 '가상'에 속아 추론을 통해 도출된 이념을 마치 실제로 존재하는 것처럼 생각하여 이념을 현실 세계에 적용시키려 한다.

그러나 칸트는 이것을 '원리적으로' 불가능한 시도라고 보았다. 다시 말해 세계의 시작과 끝이 어떤 것인가에 대해 우리는 경험적으로 인식할 수는 없다고 본 것이다. 언뜻 이해할 수 없다고 여길지도 모르지만 칸트는 이것을 이성의 '안티노미'를 통해 논증한다.

---

94 경험을 초월하여 나온 대상. 칸트는 '나', 세계, 신의 세 대상을 순수 이념이라 부르고 그들은 객관적으로는 존재하지 않지만 이성을 실천적(도덕적)으로 사용하기 위한 조건으로서는 작용한다고 논한다.

안티노미

안티누미란 '이율배반'이라고도 번역된다. 어떤 명제와 그것에 반하는 명제가 대등하게 성립하기 때문에 어떤 명제가 진실인지 결정을 내릴 수 없는 상태를 가리킨다. 이 책에서 칸트가 제시하고 있는 안티노미는 다음의 네 가지다.

① 세계의 공간적·시간적 시작에 관해
② 세계의 최소 단위에 관해
③ 자유에 관해
④ 신에 관해

여기서는 안티노미의 특징이 잘 나타나 있는 제1 안티노미에 대해 살펴보기로 하자. 여기서 칸트는 세계 전체를 경험적으로 인식하는 것은 불가능하다는 사실을 논증하고 있다. 우선 정명제와 반명제를 확인해보자.

• 정명제 : 세계는 공간적, 시간적으로 유한하다.
• 반명제 : 세계는 공간적, 시간적으로 무한하다.

세계는 유한할까, 무한할까? 이것이 묻고자 하는 문제다. 언뜻 보기에 어느 쪽이 옳은지 판단하기 어려워 보인다. 그러나 칸트에 따르면 그것은 동시에 논리적으로 성립되고 만다. 칸트는 그것을 이성의 추론을 '연장하는 것'으로 논증한다. 이것은 수학에서 사용되는 배리법(귀류법)에 가까운 증명 방법이며, 처음에는 익숙하지 않을지도 모른다.

그러면 우선 정명제의 논증에 대해 살펴보자. 칸트는 다음과 같이 논한다.

> 가령 세계에 시간적인 시작이 없다고 해보자. 그것은 세계의 개시점을 결정하지 못하고 무한히 거슬러 올라가는 것을 뜻한다. 그렇다면 지금 이 시점에 도달하려면 무한으로 이어지는 세계의 연속이 지나가야 한다(지금 상태의 이전, 그 이전, 또 그 이전…).
>
> 그러나 무한의 연속이 지나간다는 것은 이론적으로 불가능하다. 지나갈 수 있다면 그 연속은 애초에 무한이라고 할 수 없기 때문이다. 따라서 세계에는 처음이 있어야 한다.
>
> 또 세계의 과정은 완결되어 있어야 한다. 그렇지 않으면 세계를 전체적인 것으로 파악할 수 없기 때문이다. 그러므로 세계에는 한계가 있어야 한다.

세계를 전체적인 것으로 파악하려면 세계에는 시작과 끝이 존재해야 한다. 이것이 정명제의 요점이다. 그렇다면 다음으로 반명제의 증명을 살펴보자.

> 만약 세계가 시간적인 시작을 갖는다고 가정해보자. 그러면 세계가 시작되기 이전에는 아무것도 존재하지 않는 공허한 상태가 있었을 것이다. 그러나 '무'에서 세계가 발생한다고 생각하는 것은 합리적이지 않다. 그러므로 세계가 시간적인 시작을 갖는다는 것은 있을 수 없는 일이다.
> 마찬가지로 세계에 한계가 있다고 해보자. 이 경우, 세계는 그 바깥의 공허로 인해 한계를 갖게 된다. 그러나 공허가 무엇인가에 한계를 부여하는 것은 있을 수 없는 일이다. 그러므로 세계는 한계를 가질 수 없다.

정명제에서는 세계에 시작과 끝이 있다고 보았다. 그러나 이것은 의심스럽다. 왜냐하면 처음의 한 점을 정한 순간, 무에서 유가 탄생한다는 불합리한 사고방식을 택하지 않는 이상 '이 시작의 원인은 무엇인가?'라는 질문이 발생하기 때문이다. 끝에 대해서도 마찬가지다. 끝의 한 점을 정한 순간, 아무래도 '그 끝 이후에는 무엇이 있는가?'라는 의문이 나타나고 만다. 그러므로 세계에 시작과 끝은 존재하지 않는다. 이것이 반명제의 요점이다.

이상으로 제1 안티노미에 대해 확인했다. 정명제와 반명제는 모두 동등하게 성립하기에 세계는 유한한가, 무한한가라는 질문에 대해 결정적인 대답을 부여할 수는 없다. 그것을 명확히 밝혔다는 점에 제1 안티노미의 의의가 있다.

인식의 문제에서 도덕의 문제로

칸트의 인식론에서 기본적인 구도는 '인식 능력 삽입형'으로 파악하면 간단히 이해할 수 있다. 우리 인간의 주관에는 감성(색안경), 지성(데이터를 정리하는 능력), 이성(전체적인 것을 추론하는 능력), 이 세 가지로 이루어진 인식 장치가 삽입되어 있으며, 이것을 이용하여 대상을 인식하고 있다. 이들 장치는 분리할 수 없기 때문에 '물자체'가 무엇인지는 인식할 수 없다. 하지만 우리는 똑같은 인식 장치를 갖추고 있기 때문에 현상의 수준에 있어서는 공통 이해가 성립할 수 있다. 그러나 전체적인 것에 대한 이념을 실증하려고 하면 안티노미가 발생하여 공통 이해는 성립되지 않는다.

그렇다면 이념은 도대체 무엇을 위해 존재하는 것일까? 이념에 존재 의식은 없는 것일까? 이런 질문에 직면한 칸트는 다음과 같이 사고방식을 전환했다.

"이성의 의의는 세계의 모습을 경험적으로 파악하는 것이 아니다. 이성은 무엇이 도덕적인가를 밝히고 도덕적으로 행동하기 위한 능력이다. 이념은 이성에 그러기 위한 기준을 부여하는 것이다."

이런 통찰에 기초하여 칸트는 질문해야 할 문제를 '세계란 무엇인가?'에서 '우리에게 선이란 무엇인가?'로 바꾸었다. 그리고 후자의 문제에 대해 칸트는 다음에 소개할 저서 『실천이성비판』에서 본격적으로 파고들어 간다.

실천이성비판

Kritik der praktischen Vernunft[95]

: 도덕의 근거를 이성에 두다

선이란 무엇인가? 근대 이전, 이 문제에 대한 대답은 한 가지밖에 존재하지 않았다. 신의 의지에 따라 신이 만든 세계의 질서를 거스르지 않고, 신이 부여한 규칙에 따라 살아가는 것이다. 선을 아는 것은 창조주인 신뿐이며, 인간은 신의 은혜에 의해 비로소 선이 무엇인지 알 수 있게 된다.

이런 중세적 세계관은 근대 초반 종교전쟁을 거치면서 차츰 의심받기 시작한다. 스피노자나 라이프니츠, 흄처럼 인간의 '자유'에 대해 탐구한 철학자 사이에 종교나 문화와는 다른 지점에서 선의 근거를 탐구하려는 시도가 나타나기 시작했다. 여기서 살펴볼 칸

---

95 한글판『실천이성비판』, 아카넷(2019), 한길사(2019)

22

임마누엘 칸트
Immanuel Kant, 1724~1804

도덕적 법칙이 없었다면 결국 끝까지 모른 채로 끝났을 자유를 자신 안에서 인식하는 것이다.

트의 도덕론 또한 선에 대한 사고방식을 한 걸음 나아가게 했다.

칸트 이전에 선과 도덕을 명확히 구별한 철학자는 거의 찾아볼 수 없다. 좋은 행동에 대해서는 플라톤이 이미 논의했다. 그러나 '마땅히 그래야 하는' 상태에 대해서 질문하는 도덕철학은 근대에 이르기까지 존재하지 않았다. 왜냐하면 근대에 들어 비로소 인간은 자율적으로 선을 지향할 수 있을 것이라는 자유 의식이 싹텄기 때문이다.

인간은 이미 신의 가르침을 받지 않고도 자신의 이성으로 무엇이 선인가를 알고, 무엇을 해야 하는가를 깨닫고, 그것을 향해 행동할 수 있다. 거기에 인간의 인간다운 자유가 있다. 이것이 칸트의 도덕론에 담긴 메시지다.

격률과 보편적 입법

그러면 칸트의 도덕론에 대해 확인해보자.

우선 칸트는 도덕은 객관적인 법칙으로서 표현되어야 한다고 본다. 도덕은 누구에게나 언제든 적용되는 규범이어야 하기 때문이다. 여기서 칸트는 우리의 행위를 이끌어내는 주관적인 법칙을 '격률'[96]이라고 부른다. 격률이란 행복을 목적으로 하는 자기 규칙이며 '나는 이것을 할 것이다'라고 의지를 규정하는 원칙을 뜻한다. 격률은 주관적인 기호, 욕구에 의해 규정된다. 그 내용은 사람에 따라 달라지기 때문에 격률을 행위의 객관적인 법칙으로 여길 수는 없다.

그러면 도덕의 근거는 어디서 찾을 수 있을까? 그것은 '정언명령'[97]이다.

> 그대의 의지의 격률이 언제든 동시에 보편적 입법[98]의 원

---

96 개개인의 삶의 방식의 방침이라고 생각하면 된다. 어떤 사람은 금전적으로 곤궁에 처한 사람에게 자금을 원조하는 것은 어쩔 수 없는 일이라고 생각하지만, 어떤 사람은 그것이 결코 상대방을 위한 행위라고 생각하지 않는다. 이처럼 각각의 주관에 따른 격률(방침)은 우리가 무엇을 해야 하는가에 대한 보편적인 법칙이라고는 할 수 없다고 칸트는 생각했다.

97 무조건적 명령(명령형)으로 가언명령과 대비된다. 가언명령이 '○○을 원한다면 △△을 하라'라는 형태를 취하는 데 반해 정언명령은 순수하게 '△△하라'라는 형태를 취한다. 칸트는 이것만이 도덕의 원리가 된다고 생각했다.

리로서 타당하도록 행동하라.

정언명령과 대비되는 것으로 가언명령이 있다. 가언명령이란 '○○을 원한다면 △△을 하라'라는 조건부 명령이자 격률에 의해 규정되어 있다. 욕구의 대상은 각자 다르기 때문에 가언명령의 내용은 사람마다 달라진다.

이에 비해 정언명령은 '(어찌 되었든) △△하라'라고 무조건적으로 명령하는 것이다. 정언명령은 단언명령이라고 번역되기도 하는데 이쪽이 더 이해하기 쉬울지도 모르겠다.

자기 규칙에 항상 도덕법칙을 부여하도록 끊임없이 음미하면서 행위하라. 이렇게 무조건적으로 명령하는 정언명령이 유일하게 도덕법칙의 이름에 값한다고 칸트는 생각했다.

도덕법칙은 기준을 나타낸다

그러나 과연 명령을 도덕의 원리라고 불러도 될까, 만약 도덕법칙이 보편적이라면 굳이 명령형으로 할 필요는 없지 않을까, 하고 생

98　격률처럼 주관에 의해 정해진 규칙이 아니라 누구에게나 공통적으로 적용되는 보편성을 갖는, 무조건적으로 따라야 할 도덕법칙의 원리. 종교나 문화가 아니라 인간의 이성에서 발생했다는 것이 가장 큰 특징이다.

각하는 사람도 있을 것이다. 이 질문에 관해서는 인간은 많든 적든 '경향성'[99]에 의해 규정된 존재라는 것을 고려할 필요가 있다.

칸트기 생각하기에 인간 개개인의 행위의 규칙(격률)은 기본적으로 경향성의 토대에 있다. 피곤하면 잠을 자고 배가 고프면 밥을 먹는 것처럼 뭔가 자신의 행복을 목표로 하는 것이 격률의 특징이다. 격률은 어디까지나 자신의 행복을 목표로 하며, 만인에게도 옳은 것은 아니다. 격률은 개인의 행위 규칙에 지나지 않으며, 행위의 일반적 규칙이라고 하기는 어렵다. 그러므로 격률을 도덕의 기준으로 삼을 수는 없다.

여기서 중요한 점은 인간은 경향성을 완전히 극복할 수는 없다는 것이다. 자연히 욕구를 극복하는 것은 신처럼 최고 존재뿐이다. 인간은 욕구를 완전히 극복할 수 없다. 그래서 도덕법칙은 명령형으로 주어질 수밖에 없다. 칸트는 그런 순서로 생각한 것이다.

『순수이성비판』에서 칸트는 다음과 같이 말한다. '하는 것'과 '해야 하는 것'에서 판단해야 하며, '해야 하는 것'을 실제로 '하는 것'에서 규정하는 것은 어리석다고 말이다.

자신의 행위의 법칙이 보편적 입법에 적합한가를 철저히 음미

---

99 기본적으로는 '욕구'와 동일한 것으로 생각하면 된다. 욕구와의 차이는 자연히 상대방을 위해 생각하고 행동하는 충동도 포함한다는 점에 있다. 괴로워하는 사람을 보면 손을 내밀고 싶어지는 마음은 경향성의 한 예다.

하고, 그것을 자신의 과제로 행위하는 '의무'를 나타내는 기준으로서 도덕법칙은 의미를 갖는다. 칸트는 그렇게 생각한 것이다. 예를 들어, 지하철에서 자리에 앉아 있을 때 눈앞에 노인이 다가왔다고 해보자. 여기서 그 노인에게 자리를 양보하면 그것은 일반적으로 도덕적인 행위로 여겨진다. 그러나 그때 '이 어르신 서 있느라 힘들어 보이네. 자리를 양보할까…' 하고 생각했다면 칸트적인 입장에서 볼 때 전혀 도덕적이지 않다. 거기에는 '양보하고 싶다'라는 경향성이 작용하고 있기 때문이다.

칸트는 타인에게 무엇인가를 해서 자신이 행복해지려고 하는 것도 결국 욕구에 휩쓸리는 데 지나지 않고 도덕적이라고는 할 수 없다고 생각한 것이다.

스스로 과제를 부여하기에 의미가 있다

여기서 중요한 점이 하나 있다. 그것은 가언명령이 경향성으로 뒷받침되고 있는 데 비해 정언명령은 오직 의식이 자기 자신에게 부여하는(부과하는) 것이라는 사실이다. 이성이 자율적으로 부과하는 도덕법칙에 따라 의무로서 행위하는 것만이 도덕적이다. 다른 누구에게도 명령받지 않고 오로지 자신의 의지에 따라 도덕법칙을 따를 것, 칸트는 여기에 도덕의 근본 조건이 있다고 생각했던 것이다.

칸트는 문화의 기존 법칙이나 관습에 따르는 행위를 도덕적이라고는 생각하지 않는다. 관습은 그 지역의 규정이며, 그 공동체에서만 통하는 기준이다. 어떤 사회에서는 도덕적이라고 여겨지는 것도 다른 사회에서는 부도덕하다고 여겨진다. 예를 들어, 한국에서 아이의 머리를 쓰다듬는 행동은 친밀한 정감을 표시하는 것이지만 태국에서는 아이의 머리에는 영혼이 깃들어 있다고 여기기 때문에 머리를 만지는 것이 금기시되고 있다. 그 밖에도 한국에서는 괜찮지만 외국에서는 해서는 안 되는 도덕 습관을 열거하면 끝이 없을 것이다. 그런 기준을 도덕법칙이라고 부를 수는 없다. 칸트가 정언명령을 유일한 도덕법칙이라고 생각한 배경이다.

인간의 이성을 향한 신뢰에 기초한 도덕론

이성으로 생각하면 무엇이 도덕적인가를 이해할 수 있다는 생각 그 자체가 반드시 옳다고는 할 수 없다. 인간의 이성은 전능하지 않기 때문에 어떤 선택이 도덕적인가에 대해서는 사후적 해석에 맡길 수밖에 없기 때문이다. 헤겔은 『정신현상학』[100]에서 이 통찰을 철저히 하고 윤리의 조건을 타자 관계 사이의 이해의 구조로 규정했다.

그러나 그렇다고 해서 칸트의 도덕론이 의의를 잃는 것은 아니다. 처음에 살펴보았듯, 칸트는 무엇이 선이고 무엇이 도덕적인가에 대해 인간은 자신의 이성으로 파악할 수 있다는 생각을 명확히 내세운 최초의 철학자이다. 선의 인식은 신의 은총으로 가능해진다고 여긴 중세 스콜라 철학의 통찰은 스피노자, 라이프니츠의 합리론을 거쳐 칸트에 의해 결정적으로 전환되었다.

행위의 선악을 판단하는 도덕법칙은 공동체의 규칙도 종교의 가르침도 아니다. 인간의 이성이 스스로에게 부여하는 정언명령이다. 이처럼 도덕법칙의 보편성을 각자의 인식 구조의 공통성에 기초를 만들고 확고히 함으로써 도덕을 인간의 곁으로 끌어당겼다는 점에 칸트의 업적이 있다.

---

100 한글판 『정신현상학』, 문예출판사(1994), 한길사(2005), 아카넷(2022)

도덕과 입법의 원리 서설

An Introduction to the Principles of Morals and Legislation

: 공리주의의 원리를 확립하다

칸트의 도덕론이 독일에서 전개되는 사이, 영국에서는 공리[101]주의 철학이 차츰 논의되기 시작했다. 이 책의 저자 벤담은 공리주의를 대표하는 철학자이다.

공리주의라는 말을 들으면 다음과 같이 생각하는 사람이 있을지도 모른다. 공리주의는 자신의 행복을 얻기 위해서라면 타자를 희생해도 괜찮으며, 정부는 다수의 행복을 위해서라면 사회적 약자를 버려도 된다는 사고방식이라고 말이다.

그러나 이 책을 읽으면 그런 이미지가 오해라는 사실을 금방 알 수 있다. 이 책에서 벤담은 타자에게 '호의'를 부여하는 인간상을

---

101 행복을 의미한다. 벤담과 밀에 따르면 쾌락과 동일시된다.

23

제러미 벤담
Jeremy Bentham, 1748~1832

공리성의 원리에 적합한 행위는 반드시 해야 하는 행위이다. 적어도 해서는 안 되는 행위가 아니라는 것은 분명하다.

제시하고, 그것을 기초로 정당한 통치의 형태를 구상하고 있다. 어떻게 각 개인의 대립을 극복하고 사회 전체의 행복을 향상시킬 수 있을까? 그때 어떤 원리에 기초하여 생각해야 하는가? 이런 문제에 관해 벤담은 공리주의의 입장에서 해답을 찾으려 한다.

공리성의 원리

벤담은 인간의 행위가 본질적으로 쾌락과 고통에 의해 규정되어 있다는 통찰을 기초로 '공리성의 원리'를 규정한다. 공리성의 원리란 어떤 행위를 정당하다고 여길 수 있는 것은 그 행위가 이해

관계자 전체의 행복을 촉진하는 경우뿐이라고 보는 사고를 말한다. 벤담은 행위의 옳고 그름을 판단하는 개념은 공리성의 원리에 기초할 때 비로소 의미를 갖는다고 생각했다. 여기서 행위란 개인적인 것에만 한정되지 않는다. 정부가 실시하는 정책도 포함된다. 즉, 정책이 옳은가에 대한 기준은 이해관계자인 국민의 행복을 촉진하는가에 있다.

벤담은 쾌락과 고통을 강도나 지속성 같은 기준으로 계산함으로써 각자가 행복의 정도를 계측할 수 있다고 본다. 그리고 이를 토대로 개개인의 행복을 합쳐 최대가 되는 '최대 다수의 최대 행복'[102]을 실현하는 방향으로 설정된 정책만이 정당하다고 논했다.

호의에 의한 행동이 공리성의 원리에 가장 일치한다

다음으로 벤담은 '최대 다수의 최대 행복'의 관점에서 정부의 역할에 대해 논한다. 이 질문에 벤담은 정부가 해야 할 일은 형벌과 보장을 통해 사회의 행복을 '소극적으로' 촉진하는 것이라고 답한다.

102　최대 다수의 개인의 행복을 가능케 하는 통치만이 정당하다고 보는 원리. 쾌락과 고통의 계산은 하나의 이념이며 엄밀한 계산은 불가능하지만, 통치의 정당성을 판단하기 위한 기준이 된다고 벤담은 생각했다.

정부는 형법을 운용하여 고통의 총량을 줄이고 보장을 부여함으로써 쾌락의 총량을 늘린다. 범죄가 일어나지 않도록 미리 살피고 지키며 사회의 안전성을 높임으로써 간접적으로 국민의 행복을 향상시키는 데 힘쓴다. 정부는 '최대 다수의 최대 행복'을 뒷받침하는 인프라 정비에 주력하면 된다. 그 이상 적극적으로 행복을 추구하는 것은 개인의 몫이며, 그 동기 또한 개인에게 있다.

그렇다면 그 동기란 무엇일까? 바로 타자에 대한 '호의'[103]다.

벤담은 호의가 공리성의 원리와 가장 일치하는 동기라고 생각했다. 왜냐하면 호의는 누구의 행복도 희생하지 않고 행복의 총량을 늘리고자 하는 자발적인 의지이기 때문이다. 예를 들어, 선물을 건넬 때 상대방이 기뻐하면 자신도 기분이 좋아진 적이 있을 것이다. 호의를 나눔으로써 서로 기분이 좋아지는 사회야말로 벤담이 공리주의의 관점에서 구상한 사회의 모습이다.

---

103 사전적으로는 '상대방을 좋다고 여기는 마음, 힘이 되어주고 싶다고 응원하는 마음'이다. 벤담이 말하는 '호의'도 그 의미에서 크게 벗어나지 않았다. 상대방에게 헌신하고 싶다는 마음이 충족되면 당연히 자신과 상대방이 모두 행복해진다. 서로 사랑하는 연애에 빗대면 더욱 실감할 수 있을 것이다. 벤담은 자발적인 자애의 감정이 공리주의를 뒷받침하는 원리라고 생각했다.

통치의 실질적인 기준을 제안하다

물론 우리가 반드시 타자에 대해 호의를 품는 것은 아니다. 호의를 품느냐 아니냐는 조건적이기 때문이다. 그러나 벤담이 이런 단순한 사실을 깨닫지 못했다고 보기는 어려운 면이 있다. 벤담이 호의를 공리성의 원리에 가장 적합한 동기로 여긴 배경에는 칸트가 말했듯 사람마다 행복이라고 느끼는 것은 각자 다르다는 사정이 있다.

만약 처음부터 무엇이 행복인가가 명확하다면 각자의 호의에 맡길 필요도 없이 정부가 '최대 다수의 최대 행복'을 실현하는 데 온 힘을 쏟기만 하면 충분하다. 그러나 그것은 일단 사람들이 자유를 자각하고 스스로 행복을 추구할 수 있다는 관념이 생긴 이상, 원리적으로 불가능하다. 무엇이 행복인가는 최종적으로는 스스로 이해하는 수밖에 없다. 이것이 근대사회의 기본 이념이다.

그렇다면 시민사회에서 '최대 다수의 최대 행복'을 실현하려면 어떤 조건이 필요할까? 각자의 자유를 침해하지 않고 행복의 총량을 늘리기 위한 조건은 무엇일까? 이 질문에 답하기 위해 벤담은 최소한의 역할을 수행하는 정부와 개인의 자발적인 호의에 기대를 걸었다.

벤담은 '최대 다수의 최대 행복'이라는 말로 이기주의를 긍정하지도, 소수에 대한 억압을 정당화하지도 않았다. 각자가 행복을 누

릴 수 있는 조건은 무엇인가, 하는 질문에 하나의 실질적 기준을
제시하려고 한 것이다.

법철학

Grundlinien der Philosophiie des Rechts[104]

: 인간적 자유의 원리론

근대적 자유 의식이 싹틀 무렵, 칸트는 '마땅히 그래야 함'에 대해 질문하는 도덕론이라는 분야를 개척했다. 우리는 자신의 이성을 통해 무엇이 '바람직한' 상태인지 알고, 그것을 기준으로 자기 규칙을 자율적으로 조정할 수 있다. 이런 칸트의 생각은 '좋은' 것에 대한 사고방식을 관습과 종교가 선을 규정하던 근대 이전의 상태에서 크게 발전시켰다. 칸트에 이어 이 문제를 파고든 철학자는 독일 관념론을 완성했다고 알려진 헤겔이다.

헤겔의 철학은 어렵다. 헤겔은 이해하기 어려운 철학자를 꼽으라면 반드시 세 손가락 안에 드는 인물이다. 헤겔은 독자적 개념

104　한글판 『법철학』, 2008, 한길사

24

게오르그 빌헬름 프리드리히 헤겔
Georg Wilhelm Friedrich Hegel, 1770~1831

권리 또는 법의 명령은 이러하다. 하나의 인격으로서 다른 사람들을 다양한 인격으로 존경하라.

을 수없이 만들어내고 그 개념을 사용하여 철학을 하나의 거대한 체계로 정리했다. 그러므로 헤겔을 읽고 이해하기 위해서는 우선 '헤겔어'에 익숙해져야 한다.

그저 읽기 어렵기만 하면 가볍게 훑어보면 그만이지만 헤겔의 경우는 그럴 수 없다. 헤겔의 책에는 검증할 수 없는 형이상학이 존재하는 한편, 자유와 옳음에 관한 근대사회의 본질론도 존재하기 때문이다. 그것이 여기서 살펴볼 『법철학』이다.

'법철학'이라는 말에서 법률에 대한 철학을 떠올릴지도 모른다. 그러나 여기서 말하는 법이란 '옳음(독일어로는 recht, 영어로는 right)'을 가리킨다. 즉, '법철학'이란 '옳음의 철학'을 뜻한다. 이 책에서 헤겔이 전개하는 근대사회의 원리론은 루소의 『사회계약

론』과 더불어 근대 철학의 정점으로 여겨지는 무척 중요한 개념
이다.

법의 원리는 자유다

헤겔은 이 책에서 철학의 출발점을 어디에 두어야 하는가를 강하
게 문제 삼는다. 그리고 서론에서 원리에 대해 고찰하고, 그것을
토대로 점차 구체적으로 파고든다. 그러므로 이 책은 처음에는 읽
기 어렵지만 뒤로 갈수록 읽기 쉬워진다.

그렇다면 헤겔의 원리는 무엇일까? 그것은 '자유'다. 헤겔은 자
유가 처음에는 의지의 내면에서 나타나 점차 타자와의 관계성 속
에서 '실질적'인 것이 되어 간다고 생각했다. 처음에는 머릿속에
만 있던 자유가 차츰 사회제도라는 구체적인 형태를 갖춰간다는
것이다. 그러나 이것만으로는 칸트의 주장과 별 차이가 없다고 느
낄지도 모른다. 칸트 또한 도덕을 뒷받침하는 조건으로 자유를 들
었기 때문이다.

칸트가 말하는 자유는 욕구에 영향을 받지 않고 자율적으로 판
단을 내리는 것이라는 느낌이 강하다. 이에 비해 헤겔이 말하는 자
유는 어떤 욕망이 자신에게 '좋은' 것인가를 판단하고 그것을 손
에 넣을 때 나타나는 것이다.

예를 들어보자. 일하기가 귀찮고 출근하기가 싫다고 해보자. 집에서 빈둥거리거나 여행을 떠나거나 놀고 싶다. 만약 칸트라면 다음과 같이 말할 것이다.

"나태함이 누구에게나 '좋은 것'이라 할 수 있을까? 그것은 그저 자신의 욕구일 뿐이다. 인간인 이상 그런 욕구를 이겨내고 도덕적으로 살 수 있어야 한다."

이 사고방식은 청년의 극기심에 가깝다. 한편 헤겔적인 자유는 더 성숙한 사고방식이다.

"욕구를 억누르는 것이 자유의 조건은 아니다. 중요한 것은 어떤 욕구가 정말 '좋은' 것인지 음미하고 이해한 뒤에 저마다 '좋은' 것을 누리면서 그것을 타자와 서로 이해할 수 있는 상태가 자유라는 이념의 본질이다."

나태함을 억누른다고 해서 자유를 실감할 수는 없다. 왜냐하면 자유는 자신의 욕구를 음미하고 그것을 타자에게 인정받을 수 있는 형태로 완성했을 때 느낄 수 있기 때문이다. 지금 하는 일이 싫다면 전직하면 된다. 그리고 업무상 인간관계와는 별개로 서로 인정하고 공정하게 비평할 수 있는 취미를 통해 인간관계를 만들면 된다. 그런 관계성에서 우리는 자유를 실감할 수 있다. 헤겔의 자유론을 응용하면 그렇게 생각할 수 있다.

자유를 단순히 욕구에서 해방된 상태로 파악하면 금세 '할 일이 아무것도 없다'는 한가함과 따분함의 문제가 나타난다. 이에 비해 헤겔적인 자유는 다양하게 솟아오르는 욕구 중에서 가장 '좋은' 욕구를 골라 그것을 실현하여 타자에게 인정받을 때 느낄 수 있는 것이다. 자유는 욕구에서 해방되는 것이 아니다. 자유는 욕구를 실현하고 그것을 인정받을 때 느낄 수 있는 감정이다.

교양과 인격의 상호 인정이 자유의 근거

그렇다면 우리는 어떻게 '좋은' 욕구를 선택할 수 있을까? 그 조건은 무엇일까?

헤겔에 따르면 우리의 욕구는 일단 충동으로서 끓어오르는 '자의'일 뿐이다. 자의는 주관적이며 아직 객관적이지 않다. 그러나 우리의 의지는 자의를 반성적으로 파악하고 보편적인 관점에서 음미함으로써 그 자의를 객관적인 것으로 발전시킬 수 있다. 그런 보편적인 관점을 부여해주는 조건을 헤겔은 '교양'이라고 불렀다.

"그 사람은 교양이 있어" 같은 말에서 알 수 있듯 우리는 교양과 지식을 거의 동일시하고 있다. 그러나 헤겔적인 '교양'에는 자신에게 '좋은' 것이 보편적으로 '좋은' 것인가를 판단하기 위한 능력이라는 의미가 있다.

교양은 공동체에서 다양한 '좋음'이 존재한다는 사실을 가르친다. 저마다 다양한 '좋음'을 추구하고 그것을 실질화하는 데 자유의 조건이 있다. 교양이 가져오는 이런 지혜는 개인에게 타인이 자신과 마찬가지로 '좋음'을 추구하는 존재라는 사실을 서로 인정하는 결과를 추구한다. 이를 헤겔은 '인격의 상호 인정'[105]이라는 개념으로 표현했다.

> 인격성은 대개 권리 능력을 포함한다. 그리고 인격성은 추상적인, 따라서 형식적인 권리 내지 법의 개념 및 그것 스스로 추상적인 기초를 이루고 있다. 그러므로 권리 내지 법의 명령은 이러하다. 하나의 인격으로서 다른 사람들을 다양한 인격으로 존경하라.

인격의 상호 인정은 '교양'과 함께 자유의 기본 원리를 이룬다. 이것이 이 책에서 헤겔이 주장하는 내용이며, 이 책에서 전개되는 체계를 뒷받침하는 근본이다.

---

[105] 인종이나 국적, 문화의 차이에 관계없이 개인이 동등하게 하나의 인격이라는 것을 서로 인정하는 것. 이것이 자유를 '실질화'하는 기초라고 헤겔은 생각했다.

사회제도로 자유가 실현된다

헤겔적인 교양은 우리에게 다양한 '좋음'이 존재하며, 개인이 저마다 '좋음'을 추구하려면 서로 인격을 인정해야 한다고 가르친다. 그러나 현실 세계로 눈을 돌리면 그런 이념이 실제로는 실현되지 않는다는 사실을 깨닫는다. 이념의 옳음은 이해했다. 그러나 현실은 그것과 너무 멀리 떨어져 있다. 그런 이해에 도달하여 '보편적인 옳음'을 자각적으로 추구하게 된 의지를 헤겔은 '도덕'이라고 불렀다.

도덕이란 "불평등을 없애야 한다!" 또는 "세계에서 전쟁을 없애야 한다!"라며 분연히 '선'을 실현해야 할 목표로 드높이는 마음가짐을 가리킨다. 누구의 지시도 받지 않고 자유롭게 지향해야 할 목표를 갖는다는 점에서는 도덕도 하나의 자유이다. 그러나 도덕의 가장 큰 약점은 목표를 실현하기 위한 원리를 갖지 못한 채, 옳다고 여기는 이상을 마음속에 그리기만 하면 충분하다고 생각하는 점에 있다.

각자가 자신이 생각하는 '좋음'을 이해하고 그것을 타인과 공유하여 자유를 실감하려면 그저 이상적인 상태를 상상하는 것만으로는 부족하다. 그렇다면 무엇이 필요할까? 바로 현실적 조건, 다시 말해 사회제도이다.

자유의 원리론

헤겔은 이 책의 후반부 「윤리」의 장에서 자유의 사회제도에 대해 논하고 있지만, 그 내용이 자세하기 때문에 여기서는 다루지 않겠다. 그러나 사고방식의 원리는 지금까지 살펴본 것과 마찬가지다.

사회제도는 각자 '좋음'을 실현하는 실질적 조건이어야 한다. 확실히 거기서는 '만인의 행복'이라는 사고방식은 성립하지 않는다. 충분히 행복한 사람도 있는가 하면, 꼭 그렇지는 않은 사람도 있다. 시민사회에서 경제적인 격차는 피할 수 없다.

그러나 그렇다고 해서 시민사회를 부정하는 것은 주객전도이다. 시민사회는 인간적 욕망을 근거로 성립하므로 격차가 발생하는 데는 정당한 이유가 있기 때문이다. 경제 격차를 낳는다고 해서 시장경제의 시스템을 부정하고 시민사회를 부정하는 것은 불합리하다.

그렇다면 도대체 어떻게 해야 할까? 헤겔의 원리에 따르면 격차가 인격의 상호 인정이라는 원리에 비추어 부당한 것이 되지 않도록 확인하고, 부의 재분배나 공교육 등을 통해 시민 간의 격차를 시정하는 제도를 만들어야 한다. 이런 노력이 뒷받침되지 않으면 격차는 점점 커지고, 인격의 상호 인정이라는 근대사회의 기본을 이루는 근본이념은 공허한 것이 되고 만다.

헤겔은 상당한 공부 벌레였다. 철학뿐만 아니라 경제학과 정치학, 역사학에 대한 지식 또한 상당했다. 그러나 헤겔은 그 지식을 과시하지 않고 진지한 태도로 우리의 삶에서 '자유'가 갖는 의미와 가치에 대해 생각하고 저마다 '잘' 살기 위한 조건을 탐구했다. 이에 대한 해답인 인격의 상호 인정은 루소의 일반의지와 더불어 근대 철학이 도달한 결정적인 원리다.

철학
베스트
50

죽음에 이르는 병

Sygdodommen til Doeden[106]

: 실존철학을 창시하다

근대 철학이 성립할 당시부터 다루던 주된 문제는 인식과 사회의 문제였다. 데카르트부터 칸트에 이르는 인식론에서는 주관이 객관을 올바르게 인식할 수 있는가를, 홉스부터 헤겔에 이르는 사회론에서는 어떤 사회가 정당하다고 할 수 있는가를 물었다.

이번에 살펴볼 키에르케고르는 이 둘과는 다른 새로운 문제를 제시했다. 그것은 바로 실존[107] 문제이다.

실존이라는 말이 잘 이해되지 않을지도 모르지만 철학에서는 다른 누구로도 대체할 수 없는 '나', 한 번뿐인 이 삶을 살고 있는

---

106 한글판 『죽음에 이르는 병』, 세창출판사(2020), 육문사(2023)
107 현실에 존재하는 것. 키에르케고르 이후의 실존철학에서는 특히 인간이 존재하는 독자적 모습을 가리킨다.

25

쇠렌 키에르케고르
Sören Aabye Kierkegaard, 1813~1855

절망에 빠진 사람이 있다면 가능성을 가져와라, 가능성을 가져와라, 가능성만이 유일한 구원이라고 외칠 필요가 있다.

'나'의 존재를 실존이라고 부른다. 애초에 '나'란 무엇인가? 실존 철학은 이 문제에 대해 생각하는 철학의 한 흐름이다.

이 책에서 키에르케고르는 절대적인 이상 앞에서 결단을 내리거나 도피하는 구체적인 '나'의 모습을 그려내고 있다. '나'를 이상과 현실을 둘러싼 하나의 드라마로 그려낸 철학자는 철학사상 키에르케고르가 처음이다.

인간은 자신과 관계를 맺어가는 존재

인간의 존재는 다른 존재와는 크게 다르다. 그렇다면 어떻게 다를까? 이에 대해 키에르케고르는 이 책의 첫머리에서 다음과 같이 이야기한다.

> 인간은 정신이다. 그러나 정신이란 무엇인가? 정신이란 자기다. 하지만 자기란 무엇인가? 자기란 하나의 관계, 그 관계 자체와 관계되는 관계이다. 혹은 그 관계에서 그 관계가 그 자체와 관계되는 것을 말한다. 자기란 관계 그 자체가 아니라, 관계가 그 자체에 관계된다는 것이다.

현기증이 날 것만 같은 문장이다. 갑자기 이런 말을 들으면 전혀 이해할 수 없을 것이다. 그러나 핵심 자체는 그리 복잡하지 않다. 조금 쉽게 풀어 써보겠다.

키에르케고르에 의하면 자기란 관계이다. 단, 여기서 관계는 자기 자신과 관계된다는 것이다. 이는 곧 '나'라는 존재는 결코 물체처럼 그저 '존재하는 것'이 아니라 자기 자신을 항상 문제로 삼는 작용으로서 항상 자기 자신과 관계를 맺으며 존재한다는 것이다. 인간은 물건과 달리 자신의 존재를 배려하고 문제로 삼으며 존재한다. 인간의 실존은 그런 독자적 성질을 갖고 있다고 생각하는 것이다.

절망이란 무엇인가

이 책의 주제는 '절망이란 무엇인가?'이다. '죽음에 이르는 병'이라는 제목은 사실 '절망'을 가리킨다. 우리는 언제 절망을 느낄까? 더는 희망을 느낄 수 없을 때, 아무런 가능성도 보이지 않을 때, 주어진 상황을 바꿀 길이 전혀 없을 때이다. '꿈도 희망도 없다'라는 표현에는 그런 절망감이 강하게 드러나 있다.

그러면 키에르케고르는 절망을 어떻게 생각했을까? 키에르케고르는 절망에는 두 가지 방향성이 있다고 이야기한다. 하나는 현실에서 눈을 돌리고 이상을 추구하는 것이고, 나머지 하나는 이상을 잊고 현실에 푹 빠지는 것이다. 상상해보자면 전자는 현실 세계에서 노력하지 않고 그저 몽상에 빠져 있는 상태고, 후자는 이상을 비웃고 세속적인 성공에만 관심을 갖는 태도이다.

이 관점을 토대로 키에르케고르는 무한성과 유한성, 가능성과 필연성이라는 두 가지 축을 마련하고 양쪽에서 절망에 대해 논한다. 미리 밝혀두자면, 무한성과 가능성이 이상만을 추구하는 절망이며, 유한성과 필연성이 이상을 비웃는 절망이다. 이 대비를 염두에 두면 앞으로 논의될 내용을 그리 어렵지 않게 읽어나갈 수 있을 것이다.

무한성의 절망 — 상상적인 것

키에르케고르는 무한성의 절망을 '상상적인 것'이라고 규정한다. 이것은 일상적인 언어로 사용하는 '몽상' 혹은 '공상'을 떠올리면 된다.

> 무한하다고 착각하는 인간이 보이는 삶의 자세 혹은 그저 무한하기를 바라는 삶의 자세는 인간의 삶이 무한하다고 착각하거나 혹은 그저 무한하기를 바라는 모든 순간이 절망이다.

우리는 종종 다른 삶을 공상하며 자신에게 주어진 상황에서 도피할 때가 있다. 만약 내가 억만장자라면, 만약 미남 미녀라면… 하고 말이다. 확실히 상상은 우리에게 삶의 가능성을 제시한다는 의미가 있다. 만약 우리가 아무런 상상도 할 수 없다면 지금 여기서 그저 살기만 하는 수밖에 없다. 그것은 무척 보잘것없는 삶일 것이다.

그러나 문제는 상상이 현실에서 벗어나 '공상'이 될 때이다. 그때 공상은 우리가 정말 해야 할 일, 혹은 직면해야 할 상황에서 우리를 분리시킨다. 공상은 언뜻 희망처럼 보이지만 사실은 현실에 가능성을 갖지 않는다는 의미에서 일종의 절망에 지나지 않는다.

유한성의 절망 ─ 자기기만

다음으로 유한성의 절망에 대해 살펴보자. 이것은 '자기기만'[108]이라는 말로 규정된다. 자기기만이란 현실 세계, 세속적 기준에서 자신의 존재를 규정하는 것이다.

바람직한 상태를 추구하면 지치고 만다. 자기 자신의 고유한 자세를 추구하기보다 다른 사람들과 똑같은 상태가 편안하고 안전하다고 여기는 생각, 즉 세속의 기준에 입각하여 약삭빠르게 처신하는 데 절망이 있다는 것이다.

가능성의 절망 ─ 지금 존재하는 자기를 잃다

가능성의 절망은 '지금 존재하는 자기'를 잃는 것이다. 왜 '지금 존재하는 자기'가 필연성인가 하면 우리는 한 번뿐인 삶을 살고 있으므로 '지금 존재하는 자기'에서 벗어나 타인이 될 수 없기 때문이다. 키에르케고르는 말한다.

"지금 존재하는 자기만이 자기 자신이 될 수 있다. 지금 존재하는 자기를 받아들이지 않으면 자기는 언제까지나 공상의 세계를 떠돌게 된다."

이상적인 자기가 되려면 '지금 존재하는 자기'를 바꿔야 한다.

---

108 좋은 학교를 나와서 좋은 회사에 들어가 좋은 가정을 꾸리는 것이 이상적인 인생이라고 생각하는 사람은 대개 세속적 기준으로 자신을 기만하고 있는 것이다.

아무리 '이렇게 되고 싶다'고 간절히 바라더라도 그것이 지금 존재하는 자기에게 작용하지 않으면 이상적인 자기가 될 수 없다. 그저 '이렇게 되었으면 좋았을걸' 하고 생각해봐야 거기에 희망은 없다.

필연성의 절망 ― 바람직한 자기를 잃다

마지막으로 필연성의 절망에 대해 살펴보자. 이것은 '바람직한 자기'를 잃은 상태이다. 간단히 말하자면 '내 힘으로는 어찌할 수 없다' 혹은 '아무래도 상관없다'고 포기하는 절망이다.

> 기절한 사람이 있다면 물을, 향수를, 각성제를 가져오라고 소리친다. 그러나 절망에 빠진 사람이 있다면 가능성을 가져와라, 가능성을 가져와라, 가능성만이 유일한 구원이라고 외칠 필요가 있다.

절망에 빠진 사람에게 가장 필요한 것은 가능성이다. 가능성이란 우리를 살게 하는 희망이다. 그런 키에르케고르의 깊은 통찰이 전해지는 말이다.

이상과 현실을 둘러싼 자기의 이야기

우리는 물건과 달리 항상 자기 자신을 마주하며 존재한다. 자신이 그런 존재라는 점에 키에르케고르가 이야기하는 절망의 근거가 있다. 절망도 희망도 세계에서 생기는 것이 아니라 그저 자기 자신에 대한 관계에서 생기는 것이다.

우리는 매번 이상과 현실을 선택하면서 살아갈 수는 없다. 그러나 그런 선택이 인생의 고비를 만들고 삶을 깊이 느낄 수 있게 해주는 것은 아닐까.

공리주의

Utilitarianisms[109]

: 도덕의 근거로 행복을 제시하다

벤담이 창시한 공리주의 철학은 칸트의 도덕론에 비해 도덕에 실질적인 기준을 제시하는 것을 목적으로 한다. 칸트는 도덕의 기준을 법칙이 갖는 '형식'에 두어야 한다고 생각했다. 왜냐하면 '좋다'고 여기는 것의 내용물은 사람마다 달라서 누구에게나 들어맞는 객관성을 갖지 않기 때문이다. 이런 분석을 토대로 칸트는 정언명령만이 도덕의 기준이라고 생각했던 것이다.

한편 공리주의는 칸트를 비판하고 무엇이 도덕의 기준인가에 대해서는 어떤 행위가 어느 정도의 '행복'을 발생시키는가, 하는 관점에서 판정해야 한다고 주장한다.

109　한글판 『공리주의』, 책세상(2018), 현대지성(2020)

26

존 스튜어트 밀
John Stuart Mill, 1806~1873

배부른 돼지가 되기보다 배고픈 인간이 되는 쪽이 낫고, 배부른 바보가 되기보다 배고픈 소크라테스가 되는 쪽이 낫다.

이 책에서 밀은 공리성의 원리를 기초로 벤담의 입장을 심화시켜 도덕과 정의의 원리를 재정립하고자 한다. 강조하는 부분은 다소 다르지만 밀과 벤담의 방향성은 기본적으로 같다.

행위의 정당성은 행복을 낳는 데 있다

밀은 행위의 정당성을 판단하는 기준을 그 행위가 행복, 즉 쾌락을 낳는가에 둔다. 공리주의 관점에서는 행복을 더 많이 낳을수록 그 행위는 정당하고 불행, 다시 말해 불쾌를 낳으면 낳을수록 잘못된 것이다.

'행복이 쾌락과 동등하다'라는 말에 어색함을 느끼는 사람도 있을 것이다. 쾌락과 동일시할 수 없는 행복도 존재하지 않을까? 쾌락을 추구하는 것과 행복을 추구하는 것은 다르지 않을까? 그러나 밀은 그런 어색함은 우리 인간이 쾌락의 본질을 제대로 파악하지 못해서 생기는 것에 불과하다고 말한다.

> 배부른 돼지가 되기보다 배고픈 인간이 되는 것이 낫고, 배부른 바보가 되기보다 배고픈 소크라테스가 되는 것이 낫다. 그리고 만약 그 바보나 돼지가 이와 다른 의견을 갖고 있다 하더라도 그것은 그들이 이 문제에 대해 그저 자신들의 관점밖에 모르기 때문이다.

우리 인간에게 쾌락은 신체적인 것을 넘어 즐거움, 기쁨 같은 정신적인 것이다. 정신적(질적)인 쾌락을 추구할 수 있다는 것을 알았을 때 우리는 신체적인 쾌락만으로는 부족해져 더욱 '인간적'인 쾌락인 정신적 쾌락을 추구하게 될 것이다.

이 점을 토대로 밀은 도덕의 기준은 그것이 풍요로운 삶을 촉진하는가에 둘 필요가 있다고 본다. 밀에게 도덕의 본질은 누구나 풍요로운 삶을 누릴 수 있도록 지켜야 할 일반적인 규칙이라는 점에 있다. 순수하게 형식적인 법칙이라는 칸트의 말은 도덕의 본질이라고 보기 어렵다고 여기는 것이다.

정의는 일반적 공리

이런 논의를 토대로 밀은 '정의'의 본질에 대해 공리주의적으로 논한다. 우리는 종종 정의를 공리나 실용성과 대조적인 것으로 여긴다. 실리나 쾌락, 행복에서 벗어나 단호한 결의로 사회의 악을 심판하는 진리의 법정…. 정의라는 개념에는 그런 이미지가 늘 따라붙는다.

그러나 밀은 그런 규정에 동의하지 않는다. 정의는 실리와 동떨어진 기준이 아니다. 정의는 만인에게 실리이며, 그 의미에서 일반적 공리다. 만약 정의가 공리와 동떨어져 있다면 정의는 말 그대로 '쓸모없는' 것이다. 쓸모없는 것을 정의라고 부를 수는 없다. 밀은 그렇게 생각했다. 듣고 보면 수긍이 갈 것이다.

도덕과 정의의 근거를 인간관계에 두다

이 책에서 밀은 칸트처럼 도덕과 행복을 대치시키지 않고 공리를 도덕의 근거로 삼아 도덕의 원리를 한 걸음 진전시켰다고 할 수 있다. 우리의 이성은 자율적으로 '마땅히 그래야 하는 상태'를 추구할 수 있다는 칸트의 고찰은 철학의 긴 역사에서는 커다란 한 걸음이었다. 그러나 칸트의 도덕론에는 여전히 신의 관념이 살아 있어, 그것이 가장 중요한 부분에서 걸림돌이 된다.

이 책의 논의 가운데 특히 정의에 대한 규정은 우리를 납득시키는 힘이 있다. 자연과 신, 혹은 전통과 관습 같은 인간의 관계성의 바깥에서 정의의 소재를 찾으려는 시도는 철학적으로는 후퇴이다. 정의의 근거는 그저 인간의 관계성 안에 두어야 한다. 홉스로 시작되는 근대의 정치철학은 루소, 헤겔, 밀을 거쳐 그런 결론에 이르렀다.

철학
베스트
50

자유론

On Liberty[110]

: 행복의 조건으로서 자유를 설명하다

자유란 무엇인가? 밀은 공리주의의 원리에 기초하여 시민사회 안에서 개인의 시민적 자유에 대해 논함으로써 이 물음에 답하려한다.

밀은 자유를 옹호한다. 이는 밀이 단순히 '자유로우면 자유로울수록 좋다'고 생각했기 때문은 아니다. 밀은 이 책에서 개인적인 가치관을 내세우고 있는 것이 아니라 자유가 옹호되어야 하는 원리에 대해 논하고 있는 것이다.

그러면 밀은 자유의 원리를 어디에 두었을까? 그것은 공리(행복)다. 공리주의의 원리에서 보면 자유란 '무엇을 하든 괜찮다'는 것

---

110   한글판 『자유론』, 책세상(2018), 현대지성(2018)

27

존 스튜어트 밀
John Stuart Mill, 1806~1873

자유라는 이름에 값하는 유일한 자유는 우리가 타인의 행복을 침해하려 하지 않고, 또 행복을 추구하는 타인의 노력을 방해하려 하지 않는 한에서 자기 자신의 행복을 자기 자신의 방법으로 추구하는 자유이다.

은 아니다. 타인의 행복 추구를 방해하지 않는 한, 개인은 자기 고유의 행복을 추구할 수 있다. 밀이 생각한 자유란 기본적으로 이런 것이다. 따라서 그때 어떤 조건이 필요해지는가를 생각해야 한다.

위해 원칙

밀은 우선 벤담과 마찬가지로 공리주의의 관점에서 바람직한 통치의 형태에 대해 논한다. 만인이 자유롭게 자기 고유의 행복을 추구하고 누리는 상태를 밀은 '최대 행복 상태'라고 불렀다. 그리고 모든 통치는 최대 행복 상태를 실현하기 위한 기초 조건을 정비하는 것이어야 하며, 따라서 통치의 형태는 필연적으로 자유주의 체제가 될 수밖에 없다고 본다.

그러나 밀에 따르면 통치의 형태가 사유수의적이라는 것은 하나의 조건에 지나지 않는다. 왜냐하면 문제는 국민과 정부 사이뿐만 아니라 국민 내부에서 다수와 소수 사이에도 존재하기 때문이다. 시민적인 자유에 있어 정치 체제가 자유주의적이기만 하면 충분하다는 것은 아니다. 다수자가 소수를 부당하게 억압할 때 어떤 대책을 실시해야 한다. 이를 위한 원리로 밀은 '위해 원칙'을 제시한다.

인간 사회의 구성원 가운데 개인이든 집단이든 다른 사람의 행동의 자유를 간섭할 수 있는 경우는 오직 한 가지, 자기 보호를 위해 필요할 때뿐이다. 또 문명사회 구성원의 의지에 반해 권력을 행사할 수 있는 유일한 근거는 다른 구성원에 미칠 피해를 방지하는 데 있다.

타인의 자유에 간섭하는 것은 그 타인이 최대 행복 상태의 이념에 반하는 행위를 하려고 할 때만 정당하다. 예를 들어, 사람에게 상처를 입힌다고 하더라도 그것이 상대방에게 피해를 주는 것을 목적으로 할 때(예를 들어 살인) 그 자유는 인정할 수 없지만, 그것이 상대방의 행복을 목적으로 할 때(예를 들어 수술) 그 자유는 간섭

받아서는 안 된다.

위해 원칙이란 행위의 자유가 최대 행복 상태의 원리에 적합한가에 비추어 판단해야 한다는 원칙이다. 위해 원칙에 기초하여 다수가 소수를 부당하게 억압하지 않도록 확인하고, 각자가 자기 고유의 행복을 자유롭게 추구할 수 있는 사회를 정립하는 것이 공리주의의 원리에서 도출되는 방향성이다.

밀은 여기서 그 원리를 실질화하려면 '개성'을 완전히 꽃피워야 한다고 말한다. 개성을 자유로이 발휘하여 다양한 라이프 스타일을 실현함으로써 우리는 서로를 촉발시켜 타인에게 유익하고 가치 있는 인간이 된다. 다시 말해 개성을 서로 표현하고 서로 비평함으로써 최대 행복 상태를 지향할 수 있다는 것이다.

자유는 자신의 행복을 규정하는 능력

우리는 평소 자신이 자유로운 사회에 살고 있다고 당연하게 생각한다. 확실히 한국은 민주주의 국가이며 기본적 인권이 보장되어 있다. 그러나 권리로서의 자유가 반드시 실제 자유로 귀결되는 것은 아니다. 밀은 이 책에서 다음과 같이 논하고 있다.

"자유는 절대적인 가치가 아니다. 그것은 어디까지나 공리성의 원리에서 판단되는 것이다. 자유란 공리성의 원리에 기초하여 저마다 자신의 행복을 추구하고 그로써 사회 전체의 행복을 향상시키기 위한 조건일 뿐이다."

여기서 생각해야 할 문제는 우리 개개인이 어떻게 자신의 헹복을 규정할 수 있는가이다. '개성이 중요하다'라는 단순한 주장에는 아무런 의미도 없다. 물론 밀이 결코 그렇게 단순히 논한 것은 아니지만 자신에게 행복이 무엇인지 이해하지 못하면 시민사회에서 생활하더라도 우리는 자유를 실감할 수 없다.

이 책의 논의는 우리는 어떻게 자신의 행복을 규정할 수 있는가에 대한 원리론과 함께 살펴보면 더욱 잘 활용할 수 있다. 예를 들어,『법철학』에서 헤겔의 자유론이 특히 유용하게 활용될 것이다. 그런 의미에서도 밀의 공리주의 철학은 근대 철학의 사회론에서 하나의 도달점이라고 할 수 있다.

철학
베스트
50

프리드리히 니체

프리드리히 엥겔스

앙리 베르그송

윌리엄 제임스

에드문트 후설

페르디낭 드 소쉬르

루드비히 비트겐슈타인

마르틴 하이데거

4

현대 I

니체부터
하이데거까지

비극의 탄생

Die Geburt der Tragödie[111]

: 삶에 대한 긍정을 설명하는 니체의 데뷔작

근대가 성숙해진 19세기 후반, 철학에서는 근대에서 현대로의 이행이 시작되었다. 현대의 철학은 근대보다 다양한 주제를 논하고 있어 한마디로 정리할 수는 없지만, 근대 철학과 마찬가지로 인식 문제와 사회 문제가 큰 줄기를 이루고 있다. 거기에 더해 언어 문제가 새롭게 등장하는데 이에 대해서는 이후에 살펴보겠다.

여기서 살펴볼 『비극의 탄생』은 니체의 실질적인 데뷔작이다. 당시 니체는 고전문헌학을 전공하고 있었는데 24세의 젊은 나이에 교수로 발탁될 만큼 높은 평가를 받고 있었다. 그러나 이 책을

---

111 한글판 『비극의 탄생』, 책세상(2005), 아카넷(2007), 열린책들(2014)

28

프리드리히 니체
Friedrich Wilhelm Nietzsche, 1844~1900

우리가 당시 말해야 했던 것을 시인으로서 말할 용기를 내지 못한 것은 얼마나 안타까운 일인가.

발표하면서 니체의 평가는 땅에 떨어졌다. 이 책은 학문적 근거가 결여된 개인적 의견에 지나지 않으며 학술적 가치를 갖지 못한다고 일축당해 아카데미즘에서는 한때의 인기를 노렸다는 딱지가 붙고 말았다. 이후 니체가 철학의 공식 무대에 서는 일은 없었다.

확실히 이 책에서 니체의 주장은 학술적이라고 하기는 어렵다. 그러나 이 책에는 니체의 철학에서 일관된 주제인 '삶에 대한 긍정'이 강하게 드러나 있다. 만년에 니체는 이 책을 '오만하고 열광적'이라고 평가하는데, 확실히 이 책에서 니체의 솟구치는 열정을 느낄 수 있다.

비극의 탄생이란

이 책에서 니체는 우선 그리스 비극이 어떻게 탄생하고, 그것이 어떻게 의미를 갖는가를 확인하는 데서부터 시작한다. 그러나 그것은 이 책의 일면일 뿐이다. 니체는 그리스 비극의 중심 사상을 '삶에 대한 긍정'으로 규정하고, 이것에 기초하여 근대 문화 전반을 비판한다. 비판은 특히 과학을 겨냥한다. 여기서 니체가 말하는 과학이란 구체적으로는 자연과학으로 대표되는 실증과학을 가리킨다.

데이터는 객관을 올바로 반영하고 있을 것이다. 니체에게 이런 실증과학의 자세는 근대 이래 철학이 문제로 삼아온 '주객일치'의 가능성을 이른바 경솔하게 전제로 삼고 있다고 여겨진 것이다. 과학은 인식의 한계나 제약을 자각하지 못하고 낙천적으로 자신이 객관적이라고 주장하고 있다. 이는 그리스 비극의 정신에서 크게 벗어났다고 니체는 비판한다. 왜냐하면 니체에게 비극이란 현실의 괴로움과 견디기 어려움을 감수하고 받아들이려고 하는 태도와 다름없기 때문이다.

어쨌든 우선 그리스 비극이 어떻게 탄생했는가에 대해 니체의 설명을 확인해보자.

서두에서 니체는 예술은 '아폴로적인 것'과 '디오니소스적인 것'의 대립을 축으로 발전해왔다는 설을 제시한다. 아폴로(아폴론)

과 디오니소스는 모두 그리스 신화에 등장하는 신이다. 여기서 말하는 '아폴로적인 것'이란 조형 예술, '디오니소스적인 것'이란 음악을 가리킨다.

니체는 고대 그리스 초기에 아폴로적인 것과 디오니소스적인 것이 나란히 전개되었다고 이야기한다. 그러나 후에 그리스적 '의지'의 작용에 의해 아폴로직인 동시에 디오니소스적인 예술, 즉 그리스 비극이 탄생하는 데 이른다. 단적으로 말하면 이것이 '비극의 탄생'이다.

하지만 이것은 니체의 한 가지 해석에 불과하여 발표 당시부터 오늘날에 이르기까지 학문적으로는 아무런 지지도 받지 못했다. 이 책이 모두에게 미움을 샀던 이유는 니체가 아카데미즘의 전통을 따르지 않고 개인적인 견해를 보란 듯이 크게 외쳤기 때문이다. 자신의 연구가 완전히 무시당한 것도 모자라 연구 자료를 성실히 축적해가는 학문 방식까지 비판받는다면 어떤 학자든 기분이 상할 것이다.

그리스 비극은 삶과 세계를 긍정한다

애초에 그리스 비극은 그리스인에게 도대체 어떤 가치를 가졌을까? 니체는 이 물음에 그리스 비극은 고뇌를 포함하여 삶과 세계 전체를 긍정하는 가치를 갖고 있다고 대답한다. 니체는 아이스킬로스[112]의 비극『사슬에 묶인 프로메테우스』[113]에 진보를 위해 노력을 계속하는 인류는 신이 내린 고뇌를 받아들여야 한다는 주장이 포함되어 있다고 본다.『사슬에 묶인 프로메테우스』는 다음과 같은 이야기다.

> 세계의 지배권을 거머쥔 제우스가 인간을 멸망시키려 했으나 거인 신 프로메테우스가 천상의 불을 인간에게 주어 그들을 멸망에서 구했다. 그 때문에 제우스의 분노를 사게 되고, 제우스는 프로메테우스를 바위산에 묶어두었다. 프로메테우스는 마지막까지 제우스에게 저항을 멈추지 않았고, 결국 골짜기 아래로 추락했다.

니체는 이 비극을 높이 평가했다. 아이스킬로스는 프로메테우스가 능동적으로 행한 죄에 존엄을 부여하고 죄 그 자체를 긍정하고 있을 뿐만 아니라, 그로 인해 발생한 고뇌 또한 긍정하고 있다고 여긴 것이다.

---

112 기원전 525~456. 페르시아 전쟁 때 마라톤 전투(기원전 490년)에 참가했다. 90편 이상의 작품 가운데『사슬에 묶인 프로메테우스』,『페르시아인들』, 삼부작『오레스테이아』등 7편이 현존한다.
113 한글판『사슬에 묶인 프로메테우스』, 2019, 지만지드라마

그리스 비극은 미학적 소크라테스주의 탓에 쇠퇴했다

고대 그리스의 3대 비극 시인으로 소포클레스[114], 아이스킬로스, 에우리피데스[115]가 있다. 니체의 평가에 따르면 앞의 두 명에 이르러 그리스 비극은 정점에 달했다. 그러나 니체는 에우리피데스의 등장으로 그리스 비극은 쇠퇴했다고 말한다. 도대체 왜일까? 그것은 에우리피데스가 '미학적 소크라테스주의'를 도입했기 때문이다. 미학적 소크라테스주의란 니체가 만든 말로 '미적이기 위해서는 이지적이어야 한다'라는 견해이다.

에우리피데스의 극에서는 갑자기 등장한 부조리가 주인공을 고뇌에 빠뜨리는 경우는 없다. 극의 서문(프롤로그)에서는 신뢰할 수 있는 인물 혹은 신이 극의 경과를 미리 관중에게 전달하고 결말 부분에서는 '기계 장치의 신'[116]이 등장하여 주인공들이 어떤 미래를 향할지 보증한다. 모두 소크라테스의 변증법처럼 인간의 의지나 고뇌하는 마음과는 관계없이 무탈하게 전개되는 것이다.

---

114 기원전 497~406. 아테나이의 전성기에 활약했다. 29세에 비극 경연에 처음 나가 우승한 이후 평생 24번 우승을 거머쥐었다고 한다. 123편의 작품이 있었다고 전해진다. 『오이디푸스 왕』, 『안티고네』, 『엘렉트라』 등 7편과 함께 다수의 단편이 현존한다.

115 기원전 485~406. 신화, 전설에 인간적인 사실성을 도입했다. 92편의 작품이 있었다고 전해진다. 『메데이아』, 『히폴리토스』, 『타우리케의 이피게네이아』 등 19편이 현존한다.

116 연출 기법의 하나. 그리스 비극의 마지막 막에 기중기 같은 장치를 사용하여 공중에서 내려오는 신을 등장시켜 교착 상황을 해결하게 한다.

이해하기 쉽게 예를 들자면, 일본 애니메이션 〈만화 일본 옛날 이야기〉가 끝날 때 종종 등장하는 "이렇게 해서 할아버지와 할머니는 언제까지나 행복히게 살았답니다"라는 목소리가 여기서 말하는 '기계 장치의 신'에 해당한다.

미학적 소크라테스주의는 디오니소스적 지혜와 예술을 공격하고 인간을 모순에 직면하게 만드는 것이 아니라 문제를 해결로 이끈다. 니체는 근대사회 자체가 이런 소크라테스적 문화 안에 함몰되어 버렸다는 것이다.우리가 흔히 보는 텔레비전 드라마도 정형화된 해피엔딩으로 끝나고 미래에 불안을 남기는 엔딩은 거의 찾아볼 수 없다. 이런 목가적인 문화 상태를 니체는 '오페라 문화'라 부르고 비판했다.

그러나 니체는 소크라테스적인 오페라 문화와는 완전히 다른 지점에서 디오니소스적 정신이 깨어났다고 논한다. 그것은 일련의 독일 음악 계보, 그중에서도 바그너Wilhelm Richard Wagner [117]의 악곡에서다. 니체는 단언한다.

"바그너 덕분에 독일 정신은 '비천한' 로마적 문화 같은 이국적인 요소를 버리고 자기 자신으로 되돌아갈 수 있었다."

---

[117] 1813~1883. 독일의 작곡가. 기존의 오페라에 반해 음악, 시가, 연극 등의 종합 예술을 지향한 악극을 창시했다. 바이로이트 축제 극장을 설계했다.

이상에 불타는 니체

이 책은 이른바 니체가 젊은 시절 품었던 이상으로 빈틈없이 채워진 작품이다. 전반은 그리스 비극의 분석만을 다루지만 에우리피데스에 대한 비판부터는 다그치듯 독자적인 견해를 드러내다가 마지막에는 거의 열정만으로 내달린다.

그러나 여기서 니체의 설이 옳은가는 그리 중요하지 않다. 중요한 것은 이 책이 이후 니체의 사상 전개에 미친 영향이다. 니체는 이 책 이후에 쓴『인간적인 너무나 인간적인』[118]에서 기존의 모든 이상에 대해 회의를 던지고 있다. 그러나 그것은 니체 사상의 전체적 관점에서 보면 정말 '좋은' 것은 무엇인가를 깨닫기 위한 준비작업으로 이루어진 것이다.

만약 이런 음미가 없었다면『차라투스트라는 이렇게 말했다』[119]나『도덕의 계보』같은 훌륭한 저작은 탄생하지 못했을지도 모른다. 왜냐하면 젊은 시절의 이상은 모든 것을 철저하게 회의함으로써 단련되고 보편성에 도달할 가능성을 손에 넣기 때문이다.

---

118 니체 중기의 잠언집(아포리즘). 형이상학, 종교, 예술 등 전반적인 기성 가치에 대해 철저한 비판을 시도했다. 한글판『인간적인 너무나 인간적인』, 책세상(2001), 동서문화사 (2016)

119 니체의 후기 사상을 대표하는 작품. '영원 회귀'나 '초인'의 사상을 설명한다. 총 4부로 되어 있다. 차라투스트라란 조로아스터교의 시조 자라투스트라의 독일어 발음이다. 한글판『차라투스트라는 이렇게 말했다』, 민음사(2004), 휴머니스트(2020)

도덕의 계보

Zur Genealogie der Moral[120]

: 도덕의 가치를 묻다

"그 사람은 도덕적이다"라는 말을 들었을 때 우리는 어떤 인상을 받는가? 곤란에 처한 사람에게 손을 내밀거나 온정을 베푸는 등 인간으로서 해야 할 일을 다하는 사람을 상상할 것이다. 그러나 만약 도덕이 '이런 세상은 존재해서는 안 된다'라는 원한의 감정으로 뒷받침되어 있다면 어떨까? 과연 그 도덕은 정말 '좋은' 것이라고 할 수 있을까? 애초에 왜 우리는 도덕을 필요로 해왔던 것일까? 니체는 이 책에서 그런 문제를 파고들어 도덕의 가치와 그 조건에 대해 고찰한다.

이 책은 세 개의 논문으로 이루어져 있다. 세 번째 논문은 기독

---

120   한글판 『도덕의 계보』, 책세상(2002), 연암서가(2020), 아카넷(2021)

29

프리드리히 니체
Friedrich Wilhelm Nietzsche, 1844~1900

우리는 도덕적 가치들을 비판하는 것이 필요한데, 이러한 가치들의 가치 그 자체를 우선 의문시해야 한다.

교 비판이 주를 이루고 있으며 첫 번째 논문과 두 번째 논문만큼 중요하지 않다. 그러므로 여기서는 세 번째 논문에 대한 해설은 생략하겠다.

첫 번째 논문 : 주인의 도덕, 노예의 도덕

이 논문의 요점은 자연스러운 '좋음'과 '나쁨'의 가치 판단이 '르상티망'[121]에 의해 비뚤어져 역전된다는 주장에 있다. 르상티망은

---

121   질투심, 시샘. '뛰어난 사람'에 대한 못마땅함을 말한다.

일반적으로 '원한'이라고 번역되지만 사실 '시샘' 정도로 이해하면 된다. '저 녀석만 인기가 있어…'라거나 '저 녀석만 승진하다니…' 같은 갑자기 솟구치는 울컥하는 느낌, 귀찮음의 감정을 니체는 르상티망이라고 불렀다.

그렇다면 르상티망은 어떻게 자연스러운 가치 판단을 역전시키는 것일까? 이 점에 대해서 확인하기 전에 우선 자연스러운 가치 판단이 어떻게 발생하는지 알아보자.

니체는 '좋다'라는 판단의 기원은 '좋은 사람'들이 자기 자신의 행위를 '좋다'고 평가한 데 있다고 본다. 즉 '좋다'라는 판단은 자기 긍정의 표현으로 나타났다는 것이다. 자기 긍정에서 발현된 도덕을 니체는 '주인의 도덕'[122]이라고 부르고 르상티망에 기초하여 발현된 도덕을 '노예의 도덕'[123]이라고 불렀다.

모든 주인의 도덕은 긍정에서 발생하지만 노예의 도덕은 부정에서 발생한다. 왜냐하면 르상티망에 있어서는 부정 그 자체가 가치를 낳는 행위이기 때문이다. 긍정이 아니라 부정, 이것이 노예의 도덕이 갖는 본질적인 조건이다.

르상티망이 노예의 도덕을 낳는 과정은 다음과 같다. 우선 르상티망에 사로잡힌 인간은 강자를 '나쁜 사람'으로 상상한다. 그리

---

[122] '좋은' 것을 '좋다'고 판단하는 데서 생기는 도덕으로 탁월함이 가치 기준이 된다.
[123] 열등한 것을 '좋은' 것이리라 여기는 데서 생기는 도덕. 르상티망을 원동력으로 삼는다.

고 이 '나쁜 사람'에 비해 약한 자신을 그와 반대로 '좋은 사람'이라고 여긴다. '강한 것'은 나쁘고 '약한 것'은 좋다, 우리는 '약하다', 그러므로 우리는 '좋다'. 이런 뒤틀린 추론이 노예의 도덕을 낳는 것이다.

르상티망의 인간은 자기 고유의 가치 기준을 갖지 못한다

주인의 도덕이나 노예의 도덕이라는 말은 왠지 수상하게 들릴지도 모른다. 그러나 니체는 여기서 강자를 치켜세우고 약자를 깎아내리려는 것이 아니다. 속세적으로 '강자'라고 여겨지는 사람이라도 사실은 터무니없는 '약자'일 수 있다. 왜냐하면 여기서 묻는 것은 내면의 가치 기준이기 때문이다.

주인적 인간과 르상티망의 인간의 결정적인 차이는 주인적인 인간은 무엇이 좋고 무엇이 나쁜지에 대해 가치 기준을 자신의 내부에서 만들어내지만, 르상티망의 인간은 그것을 자신의 외부에서 추구한다는 점에 있다. 즉 주인적 인간은 자신의 내면에 가치 기준을 갖추고 있기 때문에 타자의 평가를 두려워하지 않는다. 한편 르상티망의 인간은 무엇이 좋고 나쁜지 판단하기 위해 우선 자신의 외부로 향한다. 스스로 좋고 나쁨을 판단하는 대신 기존의 가치 기준에 의존한다. 그리고 '약자'의 '좋음'에 맞지 않는 부분에 대한 반동으로 가치 기준을 비트는 것이다.

두 번째 논문 : 약속할 수 있는 인간에게 양심이 깃든다

두 번째 논문의 주제는 '양심'이다. 양심이란 선악에 대한 이해다. 법률에는 반하지 않더라도 좋지 않은 일을 하면 죄책감을 느낀다. 여기서 니체는 어떤 양심이 좋은 양심이고, 어떤 양심이 뒤틀린 양심인가를 질문한다.

니체는 양심을 약속하는 능력이라고 규정한다. 책임을 자각하고, 약속을 잘 지키고, 약속한 상대방을 배신하지 않으면 그것이 양심을 발휘하는 것이나 다름없다. 간단하고 깊이 있는 사고방식이다. 만약 친구와 내일 10시에 만나기로 약속을 했다고 가정해보자. 당일 아침에 비가 내린다면 귀찮다는 생각이 들 수도 있다. 그러나 '정말 그래도 될까?'라고 마음속으로 질문하고 '역시 소중한 친구이니 늦지 않게 가야지' 하고 생각을 고쳐먹게 될 것이다. 약속을 제대로 지키려는 의지, 그것이 니체가 말하는 양심이다.

꺼림칙한 양심

한편 약속을 지키려는 의지가 아니라 부담감, 꺼림칙함에서 생기는 양심도 있다. 이것이 '꺼림칙한 양심'이며 니체가 생각한 뒤틀린 양심이다. 니체는 꺼림칙한 양심의 근본에는 '조상'에 대한 부담감이 있다고 말한다.

'지금 자신이 살아 있는 것은 조상 덕분이다. 조상이 스스로를 희생하여 생명을 이어주었으니 기대를 저버리지 말고 잘 살아야 한다….'

이런 꺼림칙함이나 죄책감을 근거로 한 굴절된 의무감에 따른 양심을 꺼림칙한 양심이라고 부르는 것이다. 애초에 조상이라는 말은 우리나라를 세운 영웅들이라기보다 가까운 조상, 예를 들어 부모님을 떠올리면 된다. 앞서 든 예에서 살펴보면 '귀찮다…'라는 생각이 들 때 꺼림칙한 양심은 '여기서 가지 않는다면 키워주신 부모님의 기대를 저버리는 인간이 된다'처럼 죄책감이나 미안함에서 생긴다. 노예의 도덕과 마찬가지로 자신의 외부에서 가치기준을 삼고 있는 셈이다.

정의를 단련하다

근대의 자유 의식은 '마땅히 그래야 하는' 상태를 상상하고 그에 따라 살아가는 것을 가능하게 했다. 그 점에서 도덕은 커다란 한 걸음이었다. 그러나 도덕이 반드시 우리의 생을 풍요롭게 해준다고는 할 수 없다. 우리는 자신의 삶이 마음대로 되지 않을 때 무심코 삶과 세계를 부정적으로 해석하고 만다.

'인생이 이렇게 될 줄 몰랐어.'

'왜 나는 이렇게 괴로운 상황에 놓인 걸까….'

그러면 그에 대한 반동으로 옳은 것은 괴로워하는 자신이며, 잘못된 것은 사회라고 해석하고 마는 경우는 없는가.

'호화로운 생활은 잘못되었다.'

'소유하지 않는 청빈한 생활이야말로 옳다.'

'즐겁고 충실한 삶은 도덕에 반한다.'

'괴로운 삶이야말로 진리다….'

이 책을 읽으면 이런 '도덕'이 르상티망을 원동력으로 삼는 굴절된 정의라는 사실을 정확히 지적받는 듯한 느낌이 든다. 세 번째 논문 가운데 다음과 같은 니체의 표현은 그런 르상티망의 심리를 제대로 표현하고 있다.

> 오, 그들은 얼마나 마음 깊은 곳에서 벌을 받게 하려고 노리고 있는가. 그들은 얼마나 형벌을 행하기를 갈망하고 있을까. 그들 중에는 재판관으로 변장한 복수의 화신이 득실거리고 끊임없이 '정의'라는 말을 독이 든 타액처럼 입에 머금고 언제나 입을 삐죽거리면서 만족스러운 표정으로 기분 좋게 거리를 지나는 모든 사람에게 침을 뱉을 기회를 노리고 있다.

그 정의는 르상티망에서 발생하지 않았는가? 혹은 양심의 꺼림칙함에 뒷받침되지 않았는가? 이런 음미를 통해 철저히 시험하고 난 뒤에야 우리는 정의를 더욱 깊이, 더욱 '잘' 활용할 수 있는 것이다.

'약자야말로 옳다'고 주장하는 정의는 너무나 빈약하고 충분히 단련되어 있지 않다. 니체의 논의는 그 사실을 우리에게 일깨운다.

권력에의 의지

Wille Zur Macht[124]

: 인식 원리를 근본적으로 전환하다

도덕이란 르상티망에 관련된 가치 해석이라는 것이 『도덕의 계보』에서 니체의 지적이었다. 이 책 『권력에의 의지』에서는 그런 통찰을 근본적으로 뒷받침하는 인식의 원리를 제시하는 동시에 『비극의 탄생』에서 이미 제시한 '삶에 대한 긍정'의 가능성이라는 문제에 대해서도 다루고 있다.

　이 책은 원래는 완성되지 않은 단편을 모은 것이다. 니체가 사망한 뒤, 반유대주의자인 버나드 포스터Bernhard Förster[125]와 결혼한

124　한글판 『권력에의 의지』, 2023, 휴머니스트
125　1843~1889. 독일의 반유대주의자. 유대인을 '독일에 기생하는 기생충'이라고 불렀다. 니체의 동생 엘리자베스와 결혼했다. 니체는 포스터의 반유대주의 때문에 동생의 결혼식에 불참했다고 전해진다. 순수 아리아인 사회를 건설하고자 파라과이로 이주했으나 실패했다. 1889년 독약을 마시고 자살했다.

30

프리드리히 니체
Friedrich Wilhelm Nietzsche, 1844~1900

현상에 멈추어 '존재하는 것은 그저 진실뿐'이라고 주장하는 실증주의에 반대하여 나는 말할 것이다. 틀림없이 사실인 것은 없고 존재하는 것은 그저 해석일 뿐이라고 말이다.

동생 엘리자베스 니체[126]가 그의 유고를 편찬하여 간행한 것인데, 이 동생이 터무니없는 인물이라 신봉하던 나치에 아첨하기 위해 니체의 유고를 자의적으로 편집한 뒤, 그것을 니체의 사상이라고 속여 세상에 퍼뜨렸다. 이것은 사료의 실증 연구를 통해 거의 정설로 여겨지고 있다.

　이 책의 중심 사상은 기존 가치 체계의 철저한 음미와 그 음미를 기초로 새로운 가치의 원리, 그것도 우리의 생을 더욱 '좋은' 것으로 만들어줄 가치의 원리를 수립하는 데 있다. 특히 이 책의 후반

126　1846~1935. 독일의 민족주의자, 반유대주의자. 과거에는 오빠 니체와 사이가 좋았으나 포스터와 결혼하면서 소원해졌다. 1894년에 니체 문고를 설립했다. 1930년 나치의 지원자가 되었다.

(제3서, 제4서)에 정리된 단편에서 니체는 인식론적·가치론적으로 볼 때 무척 혁신적이고 깊이 있는 원리를 제시하고 있다.

자신 있게 단언컨대, 이 책을 읽지 않고서 선악과 미추 같은 가치에 대해 원리적으로 논하기는 불가능하다. 의미나 가치에 대해 근본에서부터 논하고자 한다면 우선 이 책의 논의를 파악해야 한다. 이 책은 그만큼 힘을 가진 저서라고 해도 과언이 아니다.

인식이란 욕구에 상관한 가치 해석

니체의 인식론에 대한 기본자세는 인식이란 결코 주관이 객관을 반영한 것이 아니라 욕구에 상관한 가치 해석이라는 것이다.

"우리가 의식하는 것은 유용성의 기준에 따라 이미 조정된 결과일 뿐이다. 그러므로 인식 구조에 따른 인식 그 자체도 하나의 결과일 뿐이다."

여기서 니체가 염두에 둔 것은 칸트의 인식론이다. 칸트는 『순수이성비판』에서 인간에게는 태어날 때부터 공통의 인식 구조가 갖춰져 있고, 그것이 인식의 객관성을 보증한고 주장했다. 그러나 니체의 말에 따르면 주관이 객관과 대응한다는 구도 자체가 성립하지 않는다. 그 대신 우리는 자신의 욕구에 상관한 '원근법'[127]에 따라 세계를 해석하고 있다는 사고방식을 취한다. 예를 들어, 배가

고플 때 소복이 담긴 밥은 맛있어 보이지만 배가 부를 때는 오히려 혐오감을 느끼게 된다. 만약 우리의 인식이 '사실'을 올바로 반영한다면 그런 일은 일어나지 않을 것이다. 맛있어 보이는 밥은 언제나 맛있게, 맛없어 보이는 밥은 언제나 맛없게 보일 것이다.

주관은 어떻게 객관을 올바로 인식하는가를 묻는 '주객일치'의 구도는 처음부터 성립하지 않는다. 왜냐하면 인식이란 욕구에 상관한 가치 평가로서의 해석이기 때문이다. 이것이 니체 인식론의 기본 원리다.

진리의 원천은 삶에 대한 르상티망

니체는 '진리' 또한 욕구에 상관하여 해석되는 현상이라고 본다. 처음에는 이해하기 어려울지도 모르지만 요점은 진리가 어딘가에 객관적으로 존재한다고 생각하는 것이 아니라 우리의 욕구에 맞춰 진리가 나타난다고 생각하는 것이다. 그렇다면 그 조건은 무엇일까? 그것은 현세에 대한 르상티망이다.

---

127 일정한 관점에서 본 대상의 배치를 표현하는 수법. 한편으로는 모든 인식 대상은 각각의 '힘(욕구)'의 관점으로 해석된 가치라고 보는 니체의 인식 원리. 푸코나 들뢰즈의 포스트모던 사상에서 '동일성'의 철학을 상대화한다는 관점에서 수용되었지만 니체가 상대주의자는 아니다.

진리라는 말에서 인생의 궁극적 의미, 최종적 해답, 세상의 진정한 모습, 절대적 이상 같은 긍정적인 인상을 받을지도 모른다. 그러나 니체가 보기에 진리란 바람직한 가치나 세계를 스스로 만들어내려고 하는 대신, 날조하여 숭상하는 태도로 나타난 것에 불과하다. '현실 세계가 괴롭다.' → '그러나 이를 바꿀 수는 없다.' → '진정한 세계가 있다면 좋을 텐데….' 이런 순서로 진리가 만들어진다는 것이다.

삶 그 자체가 권력에의 의지

그렇다면 니체에게 삶의 본질이란 무엇이었을까? 대답은 '더 강한 것'을 추구하는 힘이다. '더 강한 것'이라는 말을 들으면 근력이나 정치권력 등 상대방을 제압하는 완력을 의미하는 힘을 떠올릴지도 모른다. 그러나 여기서는 '할 수 있다!'는 의지로 성장하려는 힘을 말한다. 인간을 포함한 모든 생물은 이런 힘을 갖추고 있으며 그에 맞춰 세상을 '해석'하고 있다는 것이다.

따라서 사물의 '가치' 자체도 이 관점에서 규정되어야 한다. 가치는 객관 그 자체와 동일하게 존재하지 않는다. 오히려 가치는 가능성의 영역을 확대하는가라는 관점에서 나타나는 것이라고 니체는 생각하는 것이다.

'가치'라는 관점은 생성 과정 가운데 나타나는 비교적 생명을 지속시키는 복잡한 형성물에 관한 보존, 상승의 조건에 대한 관점이다.

어렵게 느껴질지도 모르지만 다음과 같이 생각하면 된다. 예를 들어, 돈이 가치를 갖는 것은 그것이 삶의 가능성을 넓혀주기 때문이다. 그것을 사용하여 무엇인가를 살 수 없다면 돈은 아무런 가치도 갖지 않는다. 무인도에서 1억 원을 갖고 있더라도 의미가 없다. 삶의 가능성을 유지하고 가능성의 영역을 넓혀줄 때 돈은 우리에게 가치를 갖는다.

삶을 긍정하기 위한 원리

객관 그 자체, 진리 그 자체는 존재하지 않는다. 존재하는 것은 그저 욕구에 상관한 해석일 뿐이다. 그러므로 문제는 어떻게 하면 삶을 헛되이 하는 해석을 삶을 더욱 좋은 것으로 드높이는 해석으로 바꿀 수 있는가에 있다. 객관이나 진리, 도덕 같은 모든 기존 가치를 향한 니체의 비판은 모두 이를 위한 준비에 지나지 않는다.

그렇다면 과연 니체는 이 문제에 대해 어떻게 답하고 있을까? 안타깝게도 이에 관해 체계적인 대답을 제시하고 있지는 않다. 그러나 우리는 그가 남긴 단편에서 그 전체상을 엿볼 수 있다. 여기서 중요한 것은 다음의 두 가지다. 하나는 '예술'이며, 나머지 하나는 '영원 회귀'의 세계관이다.

예술로 삶을 긍정하다

우선 예술에 대해 살펴보자. 니체는 우리가 예술로 허무주의[128]나 퇴폐주의[129]를 초월하여 삶을 긍정할 수 있다고 이야기한다. 예술로 삶을 긍정할 수 있는 까닭은 그것이 미의 도취를 가져와 삶에 완전성과 충실함을 가져오기 때문이다.

> 예술, 오직 예술뿐이다! 예술은 삶을 가능케 하는 위대한 형성자이자 삶으로의 위대한 유혹자이며, 삶의 위대한 자극제이다.

니체는 이렇게 말하고 있다. '선과 미는 하나다'라고 주장하는 자는 철학에 어울리지 않는다. 더구나 만약 '진리도 그러하다'라고 말했다면 그 철학자에게 주먹을 날려야 한다. 우리가 예술을 갖

---

128 진리나 도덕적 가치가 객관적으로 존재하는 근거를 인정하지 않는 입장. 허무주의를 뜻하는 니힐리즘의 '니힐'은 라틴어로 '허무', '텅 비다'를 뜻한다.
129 허무적·퇴폐적인 생활 태도를 가리킨다. 그런 태도를 취하는 사람을 '데카당'이라 부른다.

는 까닭은 진리가 우리를 망치지 않도록 하기 위해서다. 니체다운 통쾌한 표현이다.

영원 회귀의 세계관으로 삶을 긍정하다

다음으로 '영원 회귀'에 대해 확인해보자. 영원 회귀라는 말에 왠지 수상한 느낌을 받을지도 모른다. 그러나 이것은 니체의 사상을 이해하는 데 반드시 알아두어야 할 개념이다. 왜냐하면 니체는 영원 회귀라는 사고방식으로 그때까지의 가치 체계를 뒷받침해온 기독교적 세계관을 대신하는 세계관, 이 삶을 더 잘 긍정하기 위한 세계관을 제시하려고 시도했기 때문이다.

기독교적 세계관에서 진정한 삶은 '최후의 심판'[130]에서 재판을 받아 영원의 축복을 받는 것으로 시작한다. 현세는 그때까지의 '가짜 삶'에 지나지 않고, 부정되며 버텨내야 하는 삶에 지나지 않는다. 반면 영원 회귀의 세계관에서 세계는 무한히 반복되는 순환 운동이다. 거기에는 끝도 없으며 '구원'도 없다.

영원 회귀하는 세계에서 고뇌는 한 번만 경험되는 것이 아니라 무한히 반복된다. 그러나 무한히 반복되는 것은 고뇌만이 아니다. 만약 평생 한 번이라도 쾌락이나 아름다움, 행복을 느낀 적이 있다

---

130 세계가 멸망할 때 천년 왕국에서 인류가 신에 의해 재판받는 것. 예수가 재림하여 산 사람이든 죽은 사람이든 재판하여 선인은 천국으로, 악인은 지옥으로 분류한다.

면 그것 또한 무한히 반복된다. 따라서 고뇌도 쾌락도 최종적으로는 동등하게 경험하는 셈이 된다. 여기에 삶을 긍정하는 계기가 있다고 니체는 생각한다.

영원 회귀의 세계관은 '신성한 이야기'다. 진정한 세계라는 개념을 금기시하는 이상, 영원 회귀 또한 하나의 해석에 지나지 않는다. 그러나 여기서 중요한 점은 니체에게 그것은 이 삶을 깊이 긍정하는 실낱같은 가능성으로 주어졌다는 것이다. 니체는 소리 높여 단언한다.

"이 삶이 고뇌나 모순으로 가득 차서 넘친다 해도 이것을 시인할 것. 찰나의 행복을 양식으로, 있는 그대로의 삶을 '있는 그대로' 긍정할 것. 이 '디오니소스적 긍정'이야말로 나의 철학이 목표로 하는 것이다."

삶을 깊이 긍정하기 위한 원리론

물론 우리는 이 책에 제시된 니체의 사상을 그대로 받아들일 필요도 없고, 성립 경위에서 보더라도 결코 그래서는 안 된다. 그러나 우리는 이 책에서 삶에 대한 강력한 사고방식을 받아들일 수 있다.

우리는 걸핏하면 "이 세상은 모순으로 가득해!"라거나 "이런 인생을 꿈꾼 적 없어!"라고 말하고 싶어진다. 그러나 그래서 '진정한 세계'를 공상한다 해도 우리의 생의 가능성이 넓어지지는 않는다. 키에르케고르가 깊이 통찰했듯 결국 우리는 자신이 살고 있는 삶 이외의 삶으로 벗어날 수는 없기 때문이다.

그러므로 문제는 지금 살고 있는 '이' 삶을 어떻게 받아들이느냐에 있다. 자신의 삶에 침을 뱉으며 평생을 살 것인가, 그렇지 않으면 이상과 타협하면서 '좋은 삶'을 만들며 살아갈 것인가, 여기에 큰 차이가 있다. 니체는 우리에게 그 사실을 일깨워준다.

공상에서 과학으로

Die Entwicklung des Sozialismus von der Utopie
zur Wissenschaft[131]

: 마르크스주의의 전체상

근대사회의 기본적 이념은 저마다 동등하게 자유를 누리고 각자의 '좋음'을 추구한다는 점에 있다. 헤겔은 『법철학』에서 '인격의 상호 인정'을 원리로 하여 시장경제 시스템에 의한 분업 체제를 통해 각자가 자유롭게 자신의 욕망을 만족시키는 사회제도를 구상했다.

　그러나 근대화가 진행됨에 따라 과연 근대사회는 이 이념을 실현하는 방향으로 발전했을까? 대답은 '아니오'다. 빈부격차를 끝없이 확대하고 가진 자가 갖지 못한 자를 착취하는 구조는 공고해졌다. 근대사회는 그 구조로서 사회적인 모순을 낳는 제도이다. 마

131　한글판 『공상에서 과학으로』, 2013, 범우사

31

프리드리히 엥겔스
Friedrich Engels, 1820~1895

인간이 만들어내는 모든 사회적 원인이 주가 되어 점차 인간이 희망하는 결과를 가져오게 된다. 그것이 필연의 왕국에서 자유의 왕국을 향한 인류의 도약이다.

르크스주의는 이것을 상상에 의존하지 않고 개념적으로 밝혀낸 첫 사상이다.

마르크스주의를 창시한 칼 마르크스Karl Heinrich Marx[132]에게는 평생의 친구 프리드리히 엥겔스가 있었다. 엥겔스는 마르크스의 사상을 실현하려는 열의로 사회주의 체제의 틀을 수립하도록 지도했을 뿐만 아니라 비판에 대해서도 적극적으로 응답했다. 성실하고 정의감 넘치는 인물이라고 할 수 있다.

이 책은 마르크스주의 입문서로 1880년 엥겔스가 자신의 저서

---

[132] 1818~1883. 독일의 경제학자, 철학자, 혁명지도가. 엥겔스와 함께 독일 관념론, 고전 경제학을 비판하고 과학적 사회주의의 입장을 창시했다. 평생 혁명가로서 국제적 사회주의 운동에 헌신했다. 주요 저서로 『자본론』이 있다.

『반듀링론』[133]에서 발췌해서 만든 책이다. 마르크스주의를 잘 모르는 일반인(노동자)을 대상으로 사전 지식이 없어도 이해할 수 있도록 내용이 자세하다. 마르크스주의의 세계관을 알고 싶을 뿐이라면 이 책 한 권만 읽어도 충분하다.

변증법적 유물론

오늘날 사회주의는 마르크스주의의 전매특허 같은 느낌이 들지만 마르크스주의 이전에 이미 사회주의적 사고방식은 존재했다. 대표적인 사상가로는 로버트 오언Robert Owen[134], 클로드앙리 드 생시몽Claude-Henri de Saint-Simon[135], 샤를 푸리에Charles Fourier[136]가 있다. 이 셋의 사상과 마르크스주의의 근본적 차이는 전자가 현실적인 기초가 없고 '공상적'인 데 비해 후자는 '과학적'이라는 점

---

133 베를린대학의 강사였던 철학자이자 경제학자인 오이겐 듀링(Eugen Duhring)을 비판한 책. 듀링은 자본가와 노동자의 이해는 자유경쟁을 통해 조정된다는 입장을 취하고 마르크스에 반대했다.

134 1771~1858. 영국의 사회운동가, 사회사상가. 산업혁명 시대에 활약했다. 노동운동, 협동조합운동을 지도했다. 『신사회론』에서 '성격 형성 이론'을 제시하고 아동 교육, 노동자 교육 등을 주장했다. 최초의 유치원 설립자로도 유명하다.

135 1760~1825. 프랑스의 사회사상가. 특권 계급을 배제하고 산업가가 지도하는 사회를 이상으로 삼았다.

136 1772~1837. 프랑스의 사회사상가. 저서 『네 가지 운동과 일반적 운명에 관한 이론』에서 자유로운 노동자로 구성된 팔랑스테르라는 이상적 사회를 꿈꿨다.

에 있다. 다만 여기서 말하는 '과학적'이라는 말은 마르크스주의가 본질적으로 '변증법적 유물론'[137]이라는 것을 의미한다.

갑자기 변증법적 유물론이라는 말을 들으면 무슨 뜻인지 의아할 것이다. 그 핵심은 물질적·경제적인 생활양식이 우리의 의식을 근본적으로 규정하고 있다는 데 있다. 즉, 의식이 경제체제의 발전을 규정하는 것이 아니라 반대로 경제체제가 의식을 규정하고 있다는 것이다.

세계는 물질을 근본원리로 하여 그것의 고유한 법칙에 따라 발전한다. 역사 또한 마찬가지다. 엥겔스는 그 과정을 '올바르게' 설명할 수 있는 마르크스주의만이 유일하게 과학적이고 '진정한' 세계관이라고 하는 것이다.

마르크스주의의 역사관

역사는 변증법적 유물론의 법칙에 따라 전개된다. 그에 따라 계급의 성립도 계급 간의 투쟁도 필연적이다. 역사는 자본가계급[138](부

---

137 세계의 근본원리는 관념이 아니라 물질이라는 유물론의 입장을 토대로 자연은 법칙에 따라 '운동'한다는 변증법의 입장을 도입한 세계관. 우리의 인식은 물질의 전개 과정을 반영한 것이라는 사고를 설명했다.

르주아 계급)과 노동자계급 간의 계급투쟁 [139]의 역사로서 나아간 다. 이것이 마르크스주의의 기본 역사관이다. 그렇다면 엥겔스는 그 사실을 어떻게 그려냈을까? 순서대로 살펴보자.

생산수단의 사회화

엥겔스에 따르면 정치와 법률, 철학과 종교 등을 포함하는 모든 사회제도는 경제적인 구조에 기초하여 성립한다. 이런 사고를 마르크스주의에서는 '상부 구조, 하부 구조'라고 말한다. 경제의 발전에 따라 사회제도의 모습이 규정된다. 즉 생산방식이 바뀌면 혁명이 성취된다고 여긴 것이다.

그러나 경제 발전은 순조롭게 진행되지 않으며 모순에 부딪친다. 마르크스주의에서는 모순을 극복하는 것이 혁명의 필요조건이라고 생각한다.

그렇다면 그 모순은 무엇일까? 그것은 생산수단과 생산력의 '충돌'이다. 자본주의 이전, 중세에는 노동자가 자신의 생산수단을 소유하고 있었다. 토지나 농기구 등 생산수단은 자신의 집에 있었다. 그것을 통해 얻은 생산물은 생산자 자신에게 속한다. 로크가

---

138 생산수단을 소유하고 노동자를 고용하여 사업을 하며 이익을 얻는 계급.
139 정치권력을 둘러싸고 지배계급과 피지배계급 간에 발생하는 투쟁. 마르크스주의에서는 계급투쟁을 원동력으로 하여 생산수단을 소유한 자본가가 지배하는 자본주의사회가 노동자계급이 지배하는 사회주의사회를 거쳐 계급 대립이 존재하지 않는 공산주의사회에 도달한다고 본다.

『시민정부론』에서 논했듯 자신의 노동으로 손에 넣은 것은 다름 아닌 자신의 것이었다.

근대에 들어 그런 빈약한 생산수단이 자본가계급에 의헤 집약되어 거대한 생산력으로 변화한다. 그것을 엥겔스는 생산수단의 '사회화'라고 불렀다. 근대에 이르러 자본가계급이 자본주의적인 생산수단을 도입함으로써 노동 수단이 단숨에 집적되었다. 개인의 작업장 대신에 수백 명이 공동 작업을 하는 공장이 등장하고 계획적 분업이 이루어지게 된 것이다.

자본주의의 모순

생산수단과 생산 체제는 사회화되었다. 그러나 문제는 그다음에 있다. 즉, 생산물은 생산수단의 소유자인 자본가에 의해 취득(착취)되고 마는 것이다. 엥겔스는 이것을 자본주의의 본질적인 '모순'이자 노동자계급과 자본가계급이 충돌하는 근본 원인이라고 생각했다.

그렇다면 이런 모순은 왜 발생하는 것일까? 그 배경에는 '생산의 무정부성'이 있다. 중세에는 자신이 얼마나 생산할 것인가는 생산물이 얼마나 필요한가에 따라 결정되었다. 노동과 생산물은 직접적으로 관련되어 있었고 착취는 존재하지 않았다. 반면 자본주의에서 상품의 생산은 그것이 얼마나 필요한가가 아니라 상품 그 자체의 법칙에 따라 이루어진다. 상품은 생산자에게서 독립되고 상품의 법칙이 생산자를 지배한다. 즉, 자본주의에서는 상품을 얼마나 생산할까, 그것이 얼마나 팔릴까에 대해서 스스로 결정할 수도, 미리 알 수도 없다. 그저 시장의 수요와 공급의 관계에 의해 정해질 뿐이다.

시장의 법칙이 생산수단을 소유하는 자본가에게 생산수단(기계)을 더 개량하도록 촉구한다. 왜냐하면 자본가끼리도 경쟁을 하기 때문이다. 엥겔스는 자본주의의 세계는 뛰어난 생산수단을 가진 자본가만이 살아남을 수 있는 약육강식의 세계라고 생각했다.

기계의 개량은 노동의 과잉 공급을 초래한다. 따라서 실업이 발생하고 노동자는 빈곤에 내몰린다. 그러나 한편, 자본가에게는 부가 집중된다. 이런 자본의 이론 아래서는 필연적으로 빈부격차가 확대되는 것이다.

불황에서 공황, 독점 그리고 독점의 붕괴

이렇게 생산력의 확대와 시장의 수요 확대는 점차 모순을 낳는다. 엥겔스는 '불황'이란 이 모순이 표면화한 현상이라고 생각했다. 불황의 존재는 자본가계급이 생산력을 완전히 관리할 수 없다는 사실을 드러낸다. 이때 생산자(노동자)들은 생산을 통제하기 위해 자본을 독점하여 '트러스트'[140]를 만든다. 그들은 생산을 통제

---

[140] 기업 합동. 시장에서 이익을 독점하기 위해 기업이 결합하는 것을 말한다.

하고 가격을 시장에 강요한다. 그러나 트러스트도 불황에서 벗어날 수는 없기 때문에 최종적으로는 하나의 대기업이 국내 생산을 독점하는 데 이른다.

엥겔스는 트러스트의 단계에서는 사회주의적 계획 생산이 우위에 서지만 대기업 독점의 단계로 이동하면 강력한 착취가 나타나 독점 체제는 붕괴한다고 말한다. 노동자가 노골적인 착취를 용인할 리 없기 때문이다. 그렇다고 해서 이 점에 대해 엥겔스가 어떤 근거를 제시하는 것은 아니다. 착취가 얼마나 명료하든 독점 체제가 반드시 붕괴하는 것은 아니다. 실제로 여기서 엥겔스가 그려내는 과정대로 독점 체제가 붕괴한 전례는 없다. 이 통찰은 원리적이라기보다 오히려 희망적 관측이라는 의미가 강하다.

국가의 사멸과 자유의 왕국의 등장

공황을 해결하기 위해 산업을 국유화하더라도 생산수단과 생산력은 조화될 수 없다. 왜냐하면 근대국가는 자본주의의 기본적 조건을 유지하고 자본가계급의 이익을 지키기 위해 만들어진 제도에 불과하기 때문이다. 엥겔스는 국가를 자본가계급의 파견 기관이라고 말한다.

그렇다면 자본가계급의 착취를 없애기 위해서는 자본가계급 대신에 노동자계급이 생산 방법을 소유하면 된다. 노동자가 생산력을 직접 통제할 수 있게 되면 당연히 착취는 사라진다. 그 결과, 국가는 존재할 의미를 잃고 '사멸'한다.

> 국가는 '폐지abschaffen'되는 것이 아니라 사멸하는abster-
> ben 것이다.

사회가 생산수단을 통제하기 위해 '생산의 무정부성'을 대신하여 계획 생산이 이루어진다. 이제 우리는 자본의 논리에 농락당하지 않는다. 사회주의의 전개에 따라 생존 경쟁이 사라지고 행위는 언제든 바람직한 결과를 낳게 된다. 엥겔스에 따르면 노동자계급이 생산수단을 소유하게 됨으로써 자본의 논리에 따라 지배되는 '필연의 왕국'에서 '자유의 왕국'[141]을 향한 결정적 변화가 발생하는 것이다.

> 인간 자신의 사회적 결합은 지금까지 자연과 역사에 의한 강제로서 인간에게 대립해왔지만 지금은 인간의 자유 행위가 되었다.

---

141 '자유의 왕국'은 헤겔의 『법철학』에 등장하는 단어이다. 엥겔스는 생산수단을 노동자계급이 손에 넣음으로써 생산 활동에 계획성을 부여하고 경제 경쟁과 부당한 착취를 없애고 각자가 진정으로 자유롭고 평등해진다고 생각했다.

마르크스주의 세계관이 잘 이해된다

지금까지 마르크스주의의 기본적 역사관에 대해 확인했다. 여기서 우선 파악해야 할 요점은 경제적인 격차는 자본주의의 필연적인 귀결이라는 사실이다.

자본주의는 왜 경제적인 격차를 낳을까? 그것은 자본가계급에 의해 '착취'가 일어나기 때문이다. 엥겔스는 착취를 낳는 구조가 모순의 근본적인 이유라고 생각했다. 이는 자본주의 고유의 모순이다. 따라서 자본주의의 틀 안에서 다양한 대처를 시도하더라도 근본적으로 해결할 수는 없다. 그렇기 때문에 자본주의 그 자체를 극복할 필요가 있다. 이런 비전이 당시 사람들을 강렬히 사로잡아 사회 변혁으로 내몰았던 것이다.

그렇다고 해서 마르크스주의의 세계관이 절대적인 '진리'라고 생각할 수는 없다. 마르크스주의는 모순을 초래하는 자본주의의 구조를 헤겔보다 훨씬 설득력 있는 방법으로 그려냈지만 자본주의는 인간적 욕망이 필연적으로 낳는 것이라고 여기는 헤겔의 논의 또한 우리를 깊이 납득시킨다.

엥겔스는 헤겔을 '전도'된 관념자라고 비판하지만 양쪽을 대립적으로 파악할 것이 아니라 오히려 서로를 보완한다고 생각하면 그들의 논의를 함께, 그리고 더욱 깊이 활용할 수 있을 것이다.

의식에 직접 주어진 것들에 관한 시론

Essai sur les données immédiates de la conscience[142]

: 의식은 질이다

우리는 '1초, 2초, 3초…' 하고 시간을 헤아릴 수 있다. 그러나 시간을 정확히 헤아리기는 어렵다. 눈앞에 놓인 책 10권은 누가 세더라도 똑같이 10권이다. 그러나 머릿속으로 헤아리는 10초는 사람마다 제각각이다. 스톱워치처럼 정확히 10초를 잴 수는 없다. 왜냐하면 시간이란 우리의 의식 안에서 만들어진 질이기 때문이다.

시간이란 시간 의식이다. 이 책에서 베르그송의 주장도 본질적으로는 이와 마찬가지다. 베르그송은 의식을 사물처럼 분할할 수 있는가라는 질문에서 이 문제에 접근한다.

베르그송은 19세기 중반에 태어난 철학의 조류 가운데 하나인

---

142 한글판 『의식에 직접 주어진 것들에 관한 시론』, 2001, 아카넷

32

앙리 베르그송
Henri Bergson, 1859~1941

자유롭게 행동한다는 것은 자기를 되찾는 것이자 순수 지속 상태로 돌아가는 것이다.

'삶의 철학'을 대표하는 철학자이다. 삶의 철학이라고 해서 인생 철학은 아니다. 삶의 태도는 개념이나 논리 같은 형식에 구애받지 않고 '삶의 깊이'에 맞춰서만 이해할 수 있다는 입장에서 합리주의나 유물론을 비판하여 의식이나 삶의 근원적 자세를 파악하려는 입장을 가리킨다.

이 책에서 베르그송은 우리의 의식의 모습을 '지속'이라는 말로 표현한다. 의식은 다양하며 항상 변화하는 '흐름'이라는 주장이 근대사회가 낳은 폐색감에 대응하는 이상으로 작용한 것이다.

감정은 분할할 수 없다

베르그송은 합리론처럼 근본원리에서 추론하여 세계의 전체상을 그려내는 사고방식에 반대한다. 의식이 어떤 것인가는 그저 구체적인 의식의 모습을 확인할 때만 파악할 수 있다. 그런 입장에서 베르그송은 우리가 갖는 다양한 종류의 감각을 지목하여 분석해간다.

통찰의 핵심은 감각은 순수한 '질質'이며 결코 계측 가능한 '양量'으로 규정할 수 없다는 것이다. 감각은 일반적으로 생각하듯 자극이 원인으로 작용하여 반응이라는 결과가 일어나는 과정을 통해 발생하는 것은 아니다. 베르그송은 자극과 감각에 인과관계가 있다고 보는 페히너Gustav Theodor Fechner[143]의 정신물리학[144]을 다음과 같이 비판한다.

"페히너는 자극의 최소 단위를 규정하고 그 축적에 의해 감각이 발생한다고 본다. 그러나 애초에 자극의 최소 단위란 실존하지 않는다. 정신물리학은 감각이 최소 단위의 결합에 의해 성립하며, 감각에 있어서도 물리적인 인과관계와 동일한 인과관계가 성립한다고 생각하지만 그것은 오해다."

---

143 1801~1887. 독일의 심리학자, 물리학자, 철학자. 철학자로서는 범신론, 범심론적 입장을 취했다.
144 실험이나 측정에 의해 신체와 정신의 의존 관계를 이끌어내려는 심리학의 한 분야. 물리적인 자극과 감각의 관계성을 물리학적으로 밝히는 것을 목적으로 한다. 실험 심리학의 기초가 된다.

이 점에 대해 베르그송은 핵심을 잘 맞혔다. 우리의 감각이 자극의 축적으로 성립하는 것이 아니라는 것은 평소 경험을 생각해보면 금방 이해할 수 있다. 물의 온도를 떠올려보면 39도까지는 차갑고 40도가 된 순간 갑자기 뜨거워지지는 않는다. 서서히 뜨거워지는 것처럼 질의 강도의 변화로 느껴지는 것이다.

의식은 '순수 지속'이다

순수 지속이란 다양한 질에서 성립하는 의식의 상태를 가리키는 베르그송의 용어이다. 그리고 의식은 순수 지속으로서는 '구별 없는 연속'이자 여러 요소의 '상호 침투'라고 말한다. 상호 침투라는 말로는 잘 이해가 되지 않을지도 모르지만 슬라임처럼 젤리 상태의 덩어리가 달라붙어 경계가 사라지는 느낌을 상상하면 이해하기 쉬울 것이다. 의식은 상호 침투하여 다양하게 변화하는 '흐름'이다.

여기서 조금 당돌하다고 여길지도 모르지만 베르그송은 시간을 순수 지속이라고 말한다. 바꿔 말하면 의식의 다양한 '흐름'이 시간 그 자체라고 생각하는 것이다.

이것은 다음과 같이 생각하면 어느 정도 이해하기 쉬워진다. 시간은 1시간, 1분, 1초, 0.1초…처럼 무한히 쪼갤 수 있다. 이것은 곧 시간에는 일정한 폭이 있다는 것을 의미한다. 만약 폭이 없다면 분할할 수 없다. 바꿔 말하면 아무리 짧은 시간이라도 거기에는 이미 다양한 '질'이 포함되어 있다. 그런 '질'이 상호 침투하여 시간을 형성하고 있다는 것이다.

그러나 베르그송은 우리의 의식이 순수 지속인 경우는 거의 없다고 말한다. 왜냐하면 우리는 무의식중에 그런 '질'에서 눈을 돌리고 단위화된 시간을 진정한 시간이라고 생각해버리기 때문이다. 단, 그런 데는 이유가 있다. 시간을 단위화하면 시간을 공유할 수 있고 사회생활이 편리해지기 때문이다. 그러나 그것과 맞바꿔 진정한 의식의 모습, 즉 순수 지속을 잃고 만다.

그러나 베르그송에 따르면 우리의 마음 깊은 곳에서는 순수 지속을 구성하는 작업이 계속되고 있다. 그것은 '자기 자신으로 되돌아가 정신을 집중'하여 자아를 깊이 파고들면 틀림없이 볼 수 있다고 말한다.

자유에 대하여

다음으로 베르그송은 순수 지속의 관점에서 '자유'에 관해 논한다. 지속과 자유에 어떤 관계가 있는지 의아할 수도 있겠지만 예를 들어, 창문에 붙은 물방울의 흐름을 상상하면 이해하기 쉬울 것이다. 이슬이 맺힌 유리를 떠올려보자. 물방울에 손가락을 갖다 대면 그 물방울은 조금씩 진로를 바꾸면서 커지거나 작아지면서 흘러 내린다. 그 과정은 결코 법칙화할 수 없다. 이와 마찬가지로 순수 지속 또한 법칙화할 수 없다. '흔들림' 안에서 끊임없이 모습을 바 꿔간다. 그런 '흔들림'을 베르그송은 '자유'라고 부른다.

이 사실을 토대로 베르그송은 순수 지속에서 개인은 애초에 자 유롭다고 말한다. 지속을 공간적인 확산으로 파악하는 것을 멈추 고 상호 침투하는 의식 상태와 일체가 되면 우리는 저절로 자유로 워진다. 이를 베르그송은 예술가가 작품의 이미지를 작품 안에 완 전히 표현하는 것에 비유한다. 즉, 예술가가 작품을 창조하듯 우리 의 의식도 생생한 지속 의식을 창조하고 있다는 것이다. 그런 각 순간에 자유가 있다.

그러나 우리가 그런 의미에서 자유로운 행위를 하는 것은 거의 불가능하다고 베르그송은 말한다. 왜냐하면 우리의 일상 행위는 끊임없이 생성되는 지속 의식에 의해 발생하는 것이 아니라 기존 의 이미지에 의해 도출되기 때문이다.

깨달음의 철학

이 책에서 베르그송의 논의는 일종의 '깨달음의 철학'이라고 생각하면 이해하기 쉽다. 사회생활을 선호하는 자아는 의식의 진정한 모습을 보고 있지 않다. 그리로 되돌아가기 위해서는 마음의 깊은 곳을 직시하고 순수 지속을 해야 한다. 그러면 진정한 지유까지는 앞으로 한 걸음밖에 남지 않는다. 순수 지속의 있는 그대로의 행위를 통해 표현하면 된다. 논의의 대략적인 흐름에서 보면 대략 그런 것이었다.

그렇다면 베르그송의 주장은 과연 원리적이라고 할 수 있을까? 확실히 감각은 자극의 단위에서 결합하여 성립하는 것은 아니라고 지적한 점은 평가받아야 한다. 감각은 질적인 강도이며 양의 축적으로 성립하는 것은 아니다. 이것은 우리 자신의 경험에 비추어 봐도 확실하다고 할 수 있다. 감각의 질적 측면에 대해 자각적으로 착안한 것은 철학 역사상 베르그송이 처음이었다고 할 수 있다.

그러나 베르그송의 순수 지속 개념은 언뜻 그럴싸해 보이지만 역시 하나의 표상(이미지)에 지나지 않는다. 의식이 질이라는 통찰은 예리했지만, 베르그송은 의식에 대한 원리를 추진하는 데는 이르지 못했다.

철학
베스트
50

실용주의

Pragmatism[145]

: 진리는 작용하는 것이다

주관은 객관을 올바로 인식할 수 있는가를 묻는 근대 철학의 구도는 니체에 의해 크게 전환된다. 모든 인식은 '힘(욕망)'에 기초한 가치다. 이것이 니체가 수립한 인식 원리다.

19세기 미국에서도 근대 철학의 '주객일치'의 구도를 전환하려고 시도하는 철학이 등장했다. 바로 실용주의다. 실용주의란 19세기 말 미국에서 퍼스Charles Sanders Peirce[146]에 의해 창시된 후 제임스를 거쳐 듀이John Dewey[147]로 이어진 사상이다. 현대 미국 철학에도 영향을 미치고 있다. 이 책은 미국 출신의 실용주의자 윌리

---

145 한글판 『실용주의』, 2008, 아카넷
146 1839~1914. 미국의 철학자, 논리학자. 실용주의의 창시자. 기호론, 기호논리학에도 업적을 남겼다.

33

윌리엄 제임스
William James, 1842~1910

모든 학설이라는 것은 우리를 편하게 해주는 수수께끼의 해답이 아니라 수수께끼를 풀기 위한 도구이다.

엄 제임스의 강의를 정리한 것이다.

　실용주의라는 말을 들으면 '내용이 얄팍한 미국적 실용주의'라고 생각하는 사람이 있을지도 모른다. 하지만 그것은 오해이다. 왜냐하면 실용주의가 등장한 근본적 동기는 철학상의 대립, 나아가서는 사회의 대립을 조정하는 데 있기 때문이다.

　루이스 메넌드Louis Menand[148]의 『메타피지컬 클럽』[149]에 따르면 실용주의의 배경에는 남북전쟁이 있다. 남북전쟁은 일반적으

147　1859~1952. 미국의 철학자, 교육학자. 실용주의를 집대성했다. 경험의 연속성과 상호작용의 원리를 주장했다. 아이의 생활 경험을 중시하는 진보주의 교육이론을 수립했다. 저서로 『학교와 사회』, 『민주주의와 교육』 등이 있다.

148　1952~. 미국 연구자. 현재 하버드대학교 교수이다.

149　한글판 『메타피지컬 클럽』, 2006, 민음사

로 노예제도를 둘러싼 남북의 이해관계의 충돌이라고 여겨지지만 메넌드는 그것은 오히려 이데올로기의 대립이며, 제임스는 실용주의를 통해 그 대립을 해결하려고 했다고 말한다.

도구적 진리관 : 진리는 작용하는 것

실용주의의 의의를 한마디로 정리하면 '진리'라는 관념을 크게 전환시킨 것이다. 거듭 말하지만, 근대 철학의 인식론에서는 주관이 객관을 올바르게 파악할 수 있다면 그 지식은 진리라고 여겨졌다. 실용주의는 이런 진리의 사고방식을 다음과 같이 전환했다.

진리란 주관과 객관의 일치관계에 있는 것은 아니다. 객관이 무엇인가를 아는 것이 우리에게 의미를 가질 때, 다시 말해 객관에 대한 지식이 우리의 삶을 '좋은' 방향으로 이끌었을 때 그 지식은 진리가 된다. 우리의 삶을 개선하는 지식은 진리이며, 그렇지 않은 지식은 진리가 아니다.

이런 사고방식을 실용주의에서는 '도구적 진리관'이라고 부른다. 예를 들어보자. 두꺼운 스마트폰의 설명서를 상상해보길 바란다. 거기에 쓰여 있는 것이 진리라고 말하기 위해서는 어떤 조건이 필요할까? 가장 중요한 조건은 스마트폰의 사용 방법을 아는 것이다. 읽기 이전에는 깨닫지 못했던 기능을 깨닫거나 잊었던 기능의 사용 방법을 알게 되었을 때 그 지식은 우리에게 진리가 된다. 그러나 스마트폰의 제작 공정이 쓰여 있다면 어떨까? 확실히 기술적인 내용들이 틀리지 않았을지도 모르지만 그것을 알았다고 해서 어떤 이익이 생기는 것은 아니다. 그때 그 지식은 진리가 아니다.

단적으로 말하자면 실용주의에서 진리의 기준은 그 지식이 도움이 되는가에 있다. 도움이 되면 진리이고, 도움이 되지 않으면 진리가 아니라는 것이다. 이는 다음과 같은 것을 의미한다. 즉, 실용주의의 관점에서 보면 진리는 결코 하나의 고정된 것이 아니라 매번 관심과 목적에 따라 결정되는 것이다. 만약 누군가 호기심 많은 유저가 호기심을 충족시키거나 이야기의 소재로 삼을 수 있다면 스마트폰의 제조 공정에 대한 지식은 진리라고 할 수 있다.

진리는 하나가 아니다. 또 주관과 객관의 일치에 있는 것도 아니다. 진리는 우리의 목적과 관심에 의해 어떻게 '작용하는가'에 따라 다양한 형태를 취할 수 있다. 관념은 사건을 통해 진리가 된다. 실용주의는 이런 관점에 따라 근대 철학의 인식론에서 구조 그 자체를 전환하고 진리의 기준을 바꾸려고 시도했다.

진리는 간주관적으로 성립한다

그렇다고 해서 우리 각자에게 무엇이 진리인지 확인할 수 있는 경우는 극히 제한되어 있다. 예를 들어, '달이 존재한다'라고 해도 정말 달에 가본 적이 있는 사람은 한정되어 있다. 그 말은 달이 존재한다는 지식은 실제로 달에 발을 디뎌본 소수에게만 진리이며 나머지 사람에게는 거짓이 아닐까? 그 경우 달에 대한 인식은 '사람마다 다르다'가 아닐까?

제임스에 따르면 무엇이 진리라고 여길지는 그 관념이 누군가에 의해 이미 구체적으로 검증되어 있을 것을 조건으로 한다. 제임스의 말을 빌리면 진리는 '신용 조직에 의해 살아 있다'. 다시 말해, 서로 확인하는 행위로 진리가 생성되어 간다고 생각하는 것이다. 그 경우 최대의 조건은 누구든 그 지식이 진리라는 사실을 확인할 수 있는 가능성이 보장되어야 한다는 것이다.

권위 있는 사람이 아무리 '달은 존재하지 않는다'라고 말해도 망원경을 통해 달의 존재를 확인할 수 있다면 권위의 유무에 관계없이 달의 존재는 진리다. 제임스는 우리가 주장을 서로 확인할 수 있는 가능성이 보증되어 있는 데 진리의 조건이 있다고 생각했다.

실용주의의 동기

메넌드의 설에 따르면 실용주의가 태어난 동기는 상당히 절실한 것이었다. 때때로 실용주의는 이익 지상주의를 추구하는 미국적 가치관의 배경을 이루고 있다고 여겨지기도 하지만 이것은 단편적 해석이다.

　인식론의 문맥에서 평가하더라도 진리는 '도구'라고 보는 관점은 당시 철학에서 선진적인 직관이었다. 진리는 주관과 객관의 일치에 있다고 보는 구도는 실용주의를 포함한 19세기 후반부터 20세기 전반까지의 철학에서 결정적인 시대착오라고 여겨졌던 것이다.

현상학의 이념

Die Idee der Phänomenologie: fünf Vorlesungen[150]

: 인식 문제를 해명하는 원리를 제시하다

근대 철학에서 '주객일치'의 구도는 니체 이래 다양하게 전개된다. '절대적으로 올바른 인식은 존재하지 않는다'라고 상대주의적인 태도를 취한 철학자가 있는가 하면, 니체처럼 '힘(욕망)'을 원리로 하는 인식론에 따라 이것을 근본적으로 재구성한 철학자도 있다. 독일의 철학자 후설은 니체와 접근법은 완전히 달랐지만 니체와 마찬가지로 완전히 새로운 원리를 수립한 철학자이다.

후설은 현상학의 창시자로 알려져 있다. 그러나 애초에 현상학이란 무엇일까? 후설은 현상학을 여러 학문의 기초를 정립하는 학문으로 구상했다. 자연과학으로 대표되는 실증과학뿐만 아니라

---

150 한글판 『현상학의 이념』, 2020, 필로소픽

34

에드문트 후설
Edmund Husserl, 1859~1938

현상학은 다양한 가능성을, 인식의 가능성이나 가치 부여의 가능성을 해명하기 위한, 게다가 그것
들의 본질부터 해명하기 위한 학문이자 방법이다.

선과 미 같은 가치에 대해 논하는 학문에 대해서도 그 보편적인 근거를 밝히려고 시도한 것이다.

이 책은 제목처럼 현상학의 이념(아이디어)을 논하는 저서이다. 강의 원고를 토대로 하고는 있지만, 후설은 무엇을 문제로 삼았는가, 그의 기본적인 동기는 무엇이었는가, 우리는 현상학에서 무엇을 받아들일 수 있는가 등을 확인하는 데 안성맞춤인 저서이다.

철학서를 읽다 보면 때때로 엄청나게 난해한 저서를 만날 때가 있다. 후설의 난이도는 철학사상 최고 수준이다. 문장을 읽어나가다 보면 중심 사상을 이해할 수 있는 저서라면 좋겠지만 후설의 경우는 무엇을 문제로 삼고 있는지 알지 못하면 아무리 읽어도 이

해할 수 없다. 그러나 그저 단순히 어려운 것만이 아니라 거기서 뛰어난 원리를 찾을 수 있기 때문에 무시할 수도 없다. 그러니 우선 후설이 문제로 삼은 주객일치의 구도부터 확인해보자.

주관과 객관이 일치한다고 판정할 수 있는 근거는 있는가

복습해보면 주객일치의 구도는 다음과 같은 것이었다. 주관이 객관을 올바로 인식할 수 있다면 주관을 가진 인식은 진리다. 눈앞에 펜이 있다. 그 펜을 올바로 볼 수 있다면 펜에 대한 인식은 진리다. 동시에 눈앞에 세계가 있다. 그 세계를 올바로 볼 수 있다면 세계에 대한 인식은 진리다. 이것이 기본적 구도이다.

근대 철학이 인식론에서 주객일치의 가능성을 근본 문제로 다룬 배경에는 이미 기독교적 세계상을 진리라고는 말할 수 없게 되었다는 역사적 경위가 있다. 즉, 신이 절대적으로 옳은 세계상을 보증한다고 생각할 수는 없다는 전제 아래, 근대 철학은 인간의 인식 구조 자체에 착안하여 그 구조를 밝히려고 시도했다. 왜냐하면 인식 구조가 어떤 것인가를 이해한다면 객관적인 인식의 근거도 밝힐 수 있다고 생각했기 때문이다. 인식의 원리를 밝히고 공통 이해의 가능성을 확고히 하는 것, 이것이 근대 철학에서 인식론의 목적이다. 후설의 중심 사상은 기본적으로 이를 계승하고 있다.

후설은 우선 다음과 같은 질문부터 시작한다.

"우리가 무엇인가를 인식할 때, 그것은 그저 의식 안에 발생한 주관적인 것일 뿐이다. 왜냐하면 우리는 자신의 의식에서 벗어나 그 '무엇인가'를 직접 확인할 수는 없기 때문이다. 그럼에도 불구하고 우리는 그 '무엇인가'가 존재한다는 사실을 알고 있다. 도대체 어떤 구조로 그렇게 되는 것일까?"

이 점을 밝힐 방법은 있을까? 후설은 그렇다고 대답한다. 그렇다면 그것은 어떤 방법일까? 후설은 그 방법을 '판단 중지(에포케)'[151]와 '환원(현상학적 환원)'[152]이라는 개념으로 그려낸다.

판단을 중지하고 세계를 직시한다

'판단 중지'란 세계가 그 자체로서 객관적으로 존재한다는 전제를 일단 중지하는 것을 말한다. 우리는 평소 세계가 존재한다는 사실을 의심하지 않는다. 이 세계는 분명히 존재하며, 세계 안에서는

---

151 '세계가 존재하고 있기 때문에 그 세계가 보인다'라고 보는 평소의 사고방식을 '일시 정지'하는 것.

152 세계가 눈앞에 존재하고 있다는 소박한 신념을 판단 중지하고 그런 세계관을 '나에게 그렇게 보이기 때문에 나는 세계가 존재하고 있다는 확신을 갖는다'라는 시점으로 방향을 전환하는 것을 말한다. 인식의 '수수께끼'를 풀고 회의론을 근본적으로 극복한 뒤, 의미나 가치의 본질론을 수립하기 위해 필요한 '태도 변경'이라고 여겨진다.

다양한 일, 인간, 가치 등이 존재한다고 여긴다. 내일 눈을 떠도 세계는 존재할 것이고, 자신이 죽어도 세계는 계속 돌아갈 것이다. 후설은 판단 중지를 통해 그런 확신을 일시적으로 멈춰보자고 제안한다.

그래도 뭐가 뭔지 이해되지 않을지도 모른다. 무슨 바보 같은 소리인가 싶을지도 모른다. 그러나 그렇게 단정 짓는 것은 판단 중지의 목적을 들을 때까지 잠시 멈춰주길 바란다. 판단 중지의 목적은 누구나 합리적으로 생각하는 한 받아들이지 않을 수 없는 인식론의 시작 지점을 만드는 데 있다.

데카르트의 『방법서설』에서 '방법적 회의'라는 사고방식이 있었다는 것을 기억하는가? 모든 것을 의심해도 그것을 의심하고 있는 자신이 존재한다는 것은 절대 의심할 수 없다. 방법적 회의에서 제시한 '나는 생각한다, 고로 존재한다'에 기초하여 철학을 재시작해야 한다. 이것이 방법적 회의의 근본적인 동기였다.

후설의 판단 중지는 데카르트의 방법적 회의를 참고로 만들어졌다.

"내가 대상을 어떻게 인식하고 있든, 또 그 대상이 실제로 존재하든 아니든, 나에게는 그렇게 보인다는 사실 자체는 절대 의심할 수 없다."

확실히 우리는 의식의 바깥으로 나가 그 대상 자체를 파악할 수는 없다. 그러나 그 대상이 보인다는 것, 지각과 판단이 우리의 인식에 발생하고 있다는 사실은 결코 의심할 수 없다. 예를 들어, 우리는 유령의 존재에 대해 이야기할 때가 있다. 그러나 우리는 자신의 주관 바깥으로 나갈 수는 없다. 따라서 유령의 존재, 비존재 증명은 애초에 성립하지 않는다. 이때 현상학적으로는 다음과 같이 생각한다.

"유령의 기운을 느꼈으니 나는 유령이 있다는 '확신'을 갖는다."

유령이 있기 때문에 유령이 보인다. 혹은 유령은 없기 때문에 유령은 보이지 않는다. 후설적으로 생각하면 이런 사고방식은 철학적으로는 철저하지 않다. 현상학적으로 생각하면 다음과 같다.

우선 유령이 존재하는가에 대한 전제를 멈춘다. 그리고 우리의 인식 안에 어떻게 유령에 대한 확신이 '구성'되는가에 대해 생각하고 그 구조와 조건을 골라낸다. 이렇게 판단 중지를 토대로 그저 자신의 인식에 주어진 지각 경험을 반성함으로써 대상에 대한 확신이 구성되어 가는 조건을 본다. '태도 변경'을 후설은 '환원'이라고 불렀다.

여기서의 포인트는 이런 인식 원리는 사물뿐만 아니라 의미에 대해서도 적용할 수 있다는 것이다. 후설은 그것을 '빨간색'의 예로 설명하고 있다. 예를 들어, 빨간 그림 도구나 빨간 색연필, 빨간 신호등의 색은 모두 농담이나 색조 등이 미묘하게 다르지만 우리는 각자의 지각을 통해 '빨간색'을 일반적으로 파악할 수 있다. 확실히 빨간색을 보면서 '사실은 파란색을 보고 있는 것은 아닐까?'

라고 의심할 수는 있다. 그러나 그 '사실은'이라는 의심에 앞서 어떤 '느낌'을 받고 있다는 사실은 의심할 수 없다. 이 '느낌'을 주어진 대로 받아들이는 것이 후설의 현상학에서 기본지세이다.

보편적인 인식론에 기초하여 의미와 가치에 대해 묻다

우리는 평소 주관과 객관이 이미 존재하고, 세계가 그것을 근거로 존재한다고 생각한다. 후설 또한 그것이 틀렸다고 하는 것은 아니다. 판단 중지는 어디까지나 일시적인 것일 뿐이다. 세계가 존재하지 않는다고 생각하는 것은 아니다.

그렇다면 왜 후설은 판단 중지나 환원을 통해 의식의 내부에서 인식의 구조를 보아야 한다고 논했을까? 그것은 더 보편적인 인식론을 확립하여 의미나 가치의 본질에 대해 강력하고 깊이 있게 논하기 위해서다.

사물에 대한 인식에서 현상학적인 태도를 취할 필요는 거의 없다. 어지간한 상황이 아니라면 눈앞의 펜이나 컵의 존재가 의심스러울 것은 없기 때문이다. 그러나 선이나 정의에 대한 인식이라면 어떨까? 신을 잃은 이 시대에서 '이것이 정의다'라고 서슴없이 단언할 수 있는 사람은 거의 없을 것이다. 그러면 과연 정의는 존재하지 않는 것일까? 그리고 정의는 존재하지 않아도 되는 것일까?

현상학의 사고방식은 이런 상황에서 효과를 발휘한다.

현상학적으로는 이렇게 생각한다. 우선 정의 그 자체가 존재한다는 전제를 멈춘다. 그리고 '어떤 조건이 정의라는 개념을 성립시키는가?'를 스스로의 의식 경험에 비추어 나름대로 대답을 타인에게 제시하고 함께 음미하고 검토하여 갈고닦아 간다. 이런 의미에서 현상학은 의미나 가치에 관한 학문의 기본 방법인 것이다.

현상학은 다양한 가능성을, 인식의 가능성이나 가치 부여의 가능성을 해명하기 위한, 게다가 그것들의 본질부터 해명하기 위한 학문이자 방법이다.

후설에게 현상학이란 단순히 우리의 인식 구조를 밝히는 것만을 목적으로 삼지 않는다. 의미나 가치에 대해 더욱 깊이, 더욱 보편적으로 논하기 위한 토대를 만드는 것을 목적으로 한다. 판단 중지와 환원은 이런 동기 아래 만들어진 방법이다.

순수 현상학과 현상학적 철학의 이념들

Ideen Zu Einer Reinen Phanomenologie Und

Phanomenologischen Philosophie[153]

: 인식의 본질론으로서의 현상학을 확립하다

현상학은 근대 철학에서 주객일치의 구도를 재검토하고 대상에 대한 인식을 의식 내부에서 구성되는 '확신'이라고 논하는 인식의 본질론으로 탄생했다. 『현상학의 이념』은 현상학의 그런 중심 사상을 전하는 저서이다.

　이 책에서 후설의 태도는 기본적으로 『현상학의 이념』과 동일하다. 의미나 가치에 대한 보편적인 본질론을 논하기 위해서는 세계가 객관적으로 존재한다는 자연스러운 생각을 일단 멈추고 의식 경험을 반성하고 대상에 관한 '확신'이 어떻게 구성되어 있는가를 볼 필요가 있다. '판단 중지(에포케)'와 '환원'은 그러기 위한

153　한글판 『순수 현상학과 현상학적 철학의 이념들』, 2021-22, 한길사

35

에드문트 후설
Edmund Husserl, 1859~1938

나는 이제 노년에 이르러 스스로에게 다음과 같은 확신이 들었다. 나야말로 진정한 초심자이며, 단서가 되는 원리를 파악하고 그로부터 시작하는 인간이라 말해도 좋다고 말이다.

방법으로서 고안된 것이다.

이 책에서 후설은 그것들을 사용하는 목적에 대해서는 거의 다루지 않는다. 오히려 이 책은 후설에 의한 현상학적인 통찰의 원리적 예행 연습이라는 느낌이 강하다. 후설은 이 책을 통해 그가 평소 어떻게 세계를 인식하고 있으며, 그 인식이 어떻게 성립하는가에 대해 차분히 그려내고 있다. 우리 또한 후설을 본받아 자신의 세계상이 어떻게 성립되는지, 또 어디에 공통의 구조가 있는지를 확인하면서 논의를 확인해보자.

일상의 세계상 : 자연적 태도의 일반 정립

우리는 평소에 어떻게 세계를 경험하고 있을까? 이에 관한 후설의 통찰을 요약해보면 조금 길지만 다음과 같다.

우리는 하나의 세계를 인식한다. 거기서 사물이 '나에게 단적으로 현재 그곳에 존재'하고 있다. 나는 지금 지각하고 있는 것 주위에 주관이 존재한다는 것을 알고 있으며 그것들에 주의를 돌릴 수 있다. 또 확실히 나타나 있는 지각 영역의 주변에는 그것을 둘러싼 배경이 있고, 그 배경에도 어렴풋하게나마 인식되고 있는 지평으로 둘러싸여 있다.

이와 마찬가지로 세계는 과거와 미래라는 무한의 시간의 '지평'을 갖는다. 지평은 '현재'를 기점으로 하고 있으며 생생한 지평과 그렇지 않은 지평, 즉 직전과 직후로 애매하게 의식된 미래와 과거를 갖는다. 이처럼 우리는 시공간의 지평이 확장되는 기점에 항상 존재한다. 그 세계는 우리에게 항상 동일하며 우리는 그것과 항상 관계하며 살아간다.

우리는 이 모든 것이 타인에게도 똑같이 적용된다는 사실을 알고 있다. 타인도 자기 자신의 세계를 갖고 있으며 그 세계와 나의 세계가 동일하다고 확신하고 있다.

후설의 통찰이 타당한지 실제로 확인해보자. 예를 들어, 우리는 눈앞에 있는 컴퓨터를 향한 의식을 책상으로 돌릴 수 있다. 컴퓨터에 의식이 향해 있는 사이 책상은 의식의 주의를 끌지 않고 그저 의식의 배경에 머물러 있다. 그러나 책상에 의식을 돌리면 이번에는 컴퓨터가 배경이 된다. 그리고 컴퓨터와 책상은 애매하게 의식된 지평, 예를 들어 방이나 건물, 거리, 지방 공공단체, 국가 등과 같이 무한히 확장되는 지평에 의해 둘러싸여 있다는 확신을 갖는다.

시간도 마찬가지다. 우리는 '현재'의 감각만이 아니라 확실한 직전과 직후, 애매한 미래와 과거의 지평을 갖는다. 시간 의식에는 그런 '폭'이 존재한다. 또 세계에는 자신뿐만 아니라 타인도 존재한다. 가족, 연인, 이웃, 학교나 직장의 지인, 모르는 사람이 있으며 그들도 자신의 경험과 같은 방법으로 세계를 경험하고 있으리라는 확신을 자연스럽게 품고 있다.

우리는 확실히 후설이 논한 구조에서 성립하는 세계상을 갖고 있으며 그것을 확고한 '현실'로 받아들이고 있다. 그 '현실'에서 우리는 무엇인가를 오인하기도 하지만 그럴 경우에도 여전히 이 '현실'이 존재한다는 확신마저 잃지는 않는다. 그런 현실감과 자연스럽게 성립하는 세계에 대한 확신에 후설은 '자연적 태도의 일반 정립'이라는 용어를 붙인다.

에포케와 현상학적 환원

여기서 후설은 당돌하게 그 자연적 태도를 근본적으로 변경하자고 제안한다. 이 태도 변경은 기본적으로 앞서 살펴본 『현상학의 이념』에서 확인한 것과 같은 방법으로 이루어진다.

> 그러면 이 자연적 태도에 머무는 대신 우리는 이 자연적 태도를 철저히 변경해보자. 이런 변경이 원리적으로 가능하다는 사실을 확인하는 것이 지금은 중요한 일이다.

이 책에서도 데카르트의 '방법적 회의'를 참고로 소박한 세계 확신을 '괄호(판단 중지)'에 넣어 모든 인식을 의식으로 '환원'한다. 그 목적은 암묵적으로 성립하는 '세계의 일반 정립'을 재확인함으로써 세계의 존재에 관한 확신을 뒷받침하는 조건과 구조를 파악하는 데 있다.

세계는 확신으로서 상을 맺는다

지금까지의 논의를 토대로 후설은 자신의 의식을 반성하고 거기서부터 의식 경험의 구조에 대해 다시 논해간다. 그러나 그 내용이 반복되므로 여기서는 다루지 않겠다. 왜 반복이 되느냐면 후설이 하고 있는 것은 어디까지나 하나의 '태도 변경'에 지나지 않기 때문이다.

세계가 이렇게 존재하고 있기 때문에 우리에게 세계가 그렇게 보인다. 이것이 자연적 태도의 일반 정립, 일상적인 세계상이다. 이것을 의식으로 환원하면 다음과 같다. 우리에게 세계가 이렇게 보이기 때문에 세계는 그렇게 존재하고 있다는 확신을 갖는다. 요컨대 환원은 사고방식의 스위치를 바꾸는 것이다. 원리를 알면 간단하지만 알지 못하면 언제까지나 이해할 수 없다.

"'세계는 애초에 객관적으로 존재하는 것이다'라는 사고방식을 멈추자. 그러나 그렇다고 해서 세계가 객관적으로 존재하지 않는다고 생각할 필요는 없다. 오히려 이렇게 생각하자. 지금 보이는 것은 나의 세계일 뿐이지만 나는 세계가 객관적으로 존재한다는 확신을 갖고 있다. 그 확신을 뒷받침하는 조건은 무엇인지 생각해보자."

이런 순서로 다시 생각하는 것이 환원이 갖는 의미다.

삶의 현실성의 근거

이런 태도 변경은 우리를 다음과 같은 질문에 직면하게 할지도 모른다. 내가 지금 살고 있는 이 세계, 그리고 객관 세계는 사실 그저 환상에 불과한 것은 아닐까? 그리고 만약 이 세계가 환상에 불과하다면 삶에는 아무런 의미가 없는 것이 아닐까?

원리적으로 생각하면 확실히 이 세계가 환상에 불과할 가능성은 언제까지나 사라지지 않는다. 영화 〈매트릭스〉처럼 이 세계는 교묘하게 만들어진 가상공간일지도 모를 일이다. 우리가 평소 현실과 꿈을 혼동하지 않는 것은 그 구별이 확고한 근거로 뒷받침되어 있을 때뿐이다. 다시 말해 현실감을 뒷받침하는 조건을 상실하면 이 세계가 현실인지 꿈인지 판단할 수 없게 된다. 갑자기 자신의 몸이 공중에 떠올라 하늘을 날게 된다면 '이것은 꿈이 아닐까?' 하고 생각하게 될 것이다.

그러나 세계가 환상일지도 모른다는 것과 이 삶에 의미가 없다는 것은 완전히 다른 문제이다. 왜냐하면 우리 삶의 현실감을 뒷받침하고 있는 것은 다양한 지각과 감동이 갖는 확고함이기 때문이다.

'이 세계는 환상일지도 모른다'라고 논리적으로 의심할 수는 있다. 그러나 우리는 꿈과 현실을 확실히 구별하며 살아가고 있다. 오히려 우리에게 문제는 그 현실에서 얼마나 풍요롭고 만족할 수 있는 삶을 보내는가에 있다. 이 점에서 보면 세계가 환상일지도 모른다는 회의에는 거의 의미가 없다.

사고의 자율

후설은 어떤 저서에서도 결코 다른 철학자의 학설을 짜깁기하여 자신의 이론을 구성하지 않았다. 항상 첫걸음부터 철저히 자신의 의식을 반성하고 인식의 구조를 논했다. 그것은 후설이 철학의 최종적 근거는 사고의 '자율'에 있다고 깊이 확신했기 때문이다. 환원이란 그 자율을 철학적인 방법으로 승화시킨 것에 지나지 않는다.

확실히 후설의 논의 방법은 너무나 집요하다. 다른 철학자가 천릿길을 비행기로 이동하는 사이에 망치로 돌다리를 두들기며 걸어서 이동하는 모습이 떠오른다. 초인적으로 우직하다. 그렇다고 해서 우리가 후설의 통찰을 그대로 받아들일 필요는 없다. 자신의 의식을 반성하고 후설의 통찰이 적절한가를 재확인하여 받아들일 부분을 받아들이고 그렇지 않은 부분은 더욱 적절한 말로 바꿔갈 수 있다. 그것이 철학을 영위하는 자세이다.

우리는 철학서를 읽을 때, 때때로 거기서 궁극적인 해답을 찾으려 한다. 오랜 세월 전해온 고전으로 여기고 그것을 절대시하기 쉽다. 그러나 그런 태도는 철학의 '영혼'을 말살하는 것과 마찬가지다. 사고의 자율을 놓치는 순간, 철학은 자신의 영혼을 잃고 만다. 후설의 이 통찰은 우리가 철학에 취해야 할 모범적인 태도 가운데 하나이다.

일반언어학 강의

Cours de Linguistique Générale[154]

: 근대 언어학을 창시하다

이번에 살펴볼 소쉬르는 언어의 문제를 탐구한 언어학자이다. 언어의 문제는 기본적으로 인식의 문제에서 파생된 것이라고 생각할 수 있다. 언어(주관)는 객관을 올바로 표현할 수 있을까? 이것이 기본적인 문제 제기다.

이 문제와 관련하여 근대 철학에서 합리론과 경험론의 대립과 같은 형태의 대립이 있다. 즉, 언어를 올바로 사용하면 객관적 세계를 올바로 표현할 수 있다는 입장과 언어는 사용 방법에 따라 의미가 결정되기 때문에 객관적 세계를 반영할 수 없다는 입장이다. 이 대립에 대해서는 다음에 두 권에 걸쳐 확인할 비트겐슈타인

---

154 한글판 『일반언어학 강의』, 민음사(2006), 그린비(2022)

36

페르디낭 드 소쉬르
Ferdinand de Saussure, 1857~1913

언어에는 차이만 존재한다.

이 대표적이다.

소쉬르는 근대 언어학의 아버지라 불린다. 소쉬르의 언어학은 레비스트로스Claude Levi-Strauss에 의한 구조주의[155]의 기초가 되는 등 현대 철학에 지대한 영향을 미쳤다.

그러나 이 책은 소쉬르가 쓴 저서가 아니다. 따라서 소쉬르의 사상을 충실히 표현하고 있지 못하다는 문제가 있다. 이 책을 편집한 이들은 애초에 소쉬르의 강의를 듣지 않았을뿐더러, 그들에 따르면 소쉬르는 강의가 끝나자마자 초고를 찢어버렸다고 한다. 이 책

---

[155] 사회, 문화 현상을 성립시키고 있는 '구조'를 연구하고자 하는 입장. 레비스트로스는 수학과 언어의 구조를 인류학에 적용하여 친족, 신화의 구조를 분석하여 인문, 사회과학에 커다란 영향을 미쳤다.

은 얼마 남지 않은 초고와 청강생의 노트를 토대로 재구성한 것이다.

그러나 여전히 이 책에 정리된 소쉬르의 강의에는 획기적인 통찰이 많이 담겨 있다. 소쉬르는 이 책에서 세계의 모습과 언어가 대응한다는 사고방식을 비판하고, 언어는 우리의 욕망과 관심에 따른 '단편적인' 기호 체계라는 사고를 내세웠다. 그렇다면 이제부터 우리의 언어 사용 방법을 떠올리면서 논의의 핵심을 확인해 보자.

랑가주, 랑그, 파롤

우리는 때때로 언어를 생리적인 시스템으로 여긴다. 팔다리를 움직이듯 발생 기관을 움직여 언어를 말할 수 있으며, 발화된 언어는 귀를 통해 들리고 그 의미가 해석된다고 말이다.

그러나 소쉬르는 그런 생리적·물리적 관점에서 언어를 논하고 있지 않다. 왜냐하면 소쉬르가 보기에 언어의 본질은 소리가 아니기 때문이다. 언어는 소리이면서 관념이기도 하다. 또 개인에 의해 발화되는 것이면서 사회적인 제도이기도 하다. 언어에는 그런 독자적 성질이 있다.

이 점을 토대로 소쉬르는 언어를 세 가지 개념으로 논한다. 그것

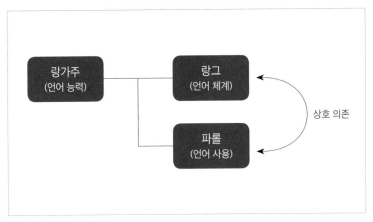

그림 2 소쉬르의 언어의 3가지 개념

은 바로 '랑가주'[156], '랑그'[157] 그리고 '파롤'이다. 이들을 정리하면 다음과 같다.

- 랑가주 : 인간의 언어 능력
- 랑그 : 한국어나 프랑스어 같은 언어 체계
- 파롤 : 랑그의 실천

구도를 살펴보면 랑가주(언어 능력)를 사용하여 사회제도로서의

---

156 소쉬르의 용어로 '언어활동'이라고 번역된다. 언어의 체계인 '랑그'와 랑그의 실천 인 '파롤'로 이루어진다.
157 언어의 규칙 체계로 한국어나 영어뿐만 아니라 프로그래밍에 사용되는 언어도 여 기에 속한다.

랑그(언어 체계)를 통해 파롤(발화)을 실천하고 있다고 소쉬르는 생각한다(그림 2). 여기서 눈여겨봐야 할 점은 랑그와 파롤의 관계이다. 소쉬르는 다음과 같이 말한다.

"랑그는 동일 사회에 속하는 발화자가 갖는 축적이다. 랑그는 사회적인 제도이지만 어딘가에 실존하는 것은 아니다. 실제로 나타나는 것은 그저 파롤뿐이다. 랑그는 잠재적인 구조이며 파롤은 랑그를 구체화한 것이다."

랑그와 파롤은 상호 의존하는 관계에 있다. 랑그는 고정된 제도가 아니다. 랑그는 파롤에 의해 변화하고, 파롤은 랑그의 변화를 받아들여 변화한다. 하지만 이런 설명으로는 잘 이해되지 않을지도 모른다. 알기 쉽게 바꿔 말해보겠다.

언어의 체계는 무수한 일상적 실천에 의해 변화한다. 그리고 체계의 변화를 통해 일상적 실천 또한 변한다. 랑그와 파롤의 상호 의존 관계란 언어의 체계와 그 실천은 유동적인 관계에 있다는 사고방식이다.

이것은 국어사전의 개정을 생각하면 이해하기 쉬울 것이다. 사전은 정기적으로 개정 작업을 거친다. 거의 사용되지 않는 말은 실리지 않게 되는 한편, 많이 사용되어 일반성을 갖게 된 말은 새로 수록된다. 언어의 체계는 결코 고정적인 것이 아니다.

이런 언어관의 반대편에 언어의 '혼란'이라는 사고방식이 있다. 불규칙 변화, 높임말의 오용 등 현실의 언어가 원래 지켜져야 할

'규범'으로서의 언어에서 벗어나 사용된다고 여겨질 때, '언어의 혼란'이 지적된다. 권위를 내세우는 아저씨나 아줌마가 "요즘 젊은이들이 쓰는 말은 혼란스럽다"라고 거드름을 피우며 발언하는 모습은 대중매체를 통해서도 자주 목격된다(이렇게까지 노골적인 장면은 좀처럼 볼 수 없을지도 모르지만).

언어는 고정된 질서가 아니다. '생물'처럼 매일 실천하면서 조금씩, 그러나 착실히 변화하고 있다. 랑그와 파롤의 상호 의존 관계란 그런 언어의 역동성을 나타내는 사고방식이다. 그중에는 "그러면 랑그와 파롤 중 어느 쪽이 먼저인가?"라며 딴죽을 거는 사람도 있을지 모른다. 이것은 "닭과 달걀 중 어느 쪽이 먼저인가?"라는 질문과 본질적으로는 같지만 사실 그것은 겉으로 드러난 문제에 불과하다. 왜냐하면 여기서 중요한 것은 관계의 '구조'를 살펴보는 것이기 때문이다. 이 관점에서 보면 언어 운동의 역동성을 지적한 소쉬르의 통찰은 우리를 깊이 납득시킨다고 할 수 있다.

공시태와 통시태

랑그와 파롤의 구별은 언어학에서 첫 번째 분기점이다. 소쉬르는 두 번째 분기점으로 '공시태'와 '통시태'라는 구별을 제시한다.

'공시'란 동일한 시점의 언어 상태에 착안하는 시선이며, '통시'는 시간의 흐름에 따라 언어를 논하는 시선이다.

소쉬르의 예를 살펴보자. 우선 식물의 줄기를 떠올려보길 바란다. 튤립이든 민들레든 상관없다. 그 식물의 줄기 구조를 살펴보려는 경우에는 크게 두 가지 접근법이 있다. 하나는 줄기를 수직으로 잘라 줄기의 단면을 살펴보는 것, 그리고 나머지 하나는 줄기를 평행으로 잘라 마치 '스트링 치즈'처럼 줄기를 둘로 가르는 것이다. '공시'란 전자에 해당하고, '통시'란 후자에 해당한다. 이런 의미에서 공시태란 특정 시점에서 언어의 질서를 가리키며, 통시태란 언어의 질서가 시간적·역사적으로 변화하는 구조를 말한다. 소쉬르는 언어의 구조에 대해 생각할 때는 이 두 가지 시점을 구별해야 한다고 생각했다.

그러나 소쉬르는 우선 공시태에 착안할 필요가 있다고 말한다. 그것은 어째서일까? 근본적인 이유는 연구자가 우리의 언어활동을 임의로 멈출 수 없다는 점에 있다. 인간 사회가 존재하는 한, 파롤은 실천되고 랑그는 변화한다. 따라서 언어를 고찰할 때는 임의의 시점이나 지점을 선택하여 거기에 착안할 수밖에 없다. 우선 단면을 파악하여 그 구조를 기술하고, 다음으로 그 구조의 변화를 본다. 언어학은 이렇게 두 단계로 이루어져야 한다고 생각한 것이다.

차이의 체계로서의 랑그

소쉬르는 우선 공시적인 관점에서 랑그에 관해 논해간다. 소쉬르에 따르면 랑그는 독립한 하나의 '체계'이다. 단, 체계라고 하더라도 미리 개별적 요소가 단위로 존재하고 있어 그 요소를 모아 규정할 수 있는 것은 아니다. 왜냐하면 '언어(랑그)에는 차이밖에 없기 때문'이다. 요컨대 랑그를 구성하는 요소인 말의 '가치(체계에서 위치 설정)'는 다른 말과의 관계에서만 규정되는 것이다.

예를 들어, '아름답다'라는 말이 갖는 가치는 그 말만으로는 결정되지 않는다. '아름답다'는 '귀엽다', '예쁘다', '추하다' 같은 말과 대립하는 가운데 정해진다. 사전에서 '아름답다'라는 말의 정의를 찾아보면 반드시 다른 말에 의해 설명되어 있을 것이다. '아릅답다'란 '아름답다'라는 말만으로는 설명되지 않는다. 말의 의미는 다른 말과의 관계에서 비로소 규정된다. 랑그가 차이의 체계라는 말은 그런 의미다.

시니피앙과 시니피에

랑그의 체계에 착안한 뒤, 소쉬르는 이어서 그 체계의 요소인 언어 기호(시뉴)에 착안한다(그림 3).

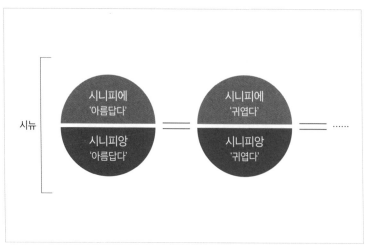

그림 3 랑그는 시뉴로 이루어진 차이의 체계

소쉬르에 따르면 시뉴에는 두 가지 측면이 있다. 하나는 '시니피앙'이며, 다른 하나는 '시니피에'이다. 시니피앙은 프랑스어의 현재분사로 '의미하는 것'을, 시니피에는 과거분사로 '의미되는 것'을 가리킨다.

다시 '아름답다'라는 말로 설명하면 '아름답다'라는 소리가 시니피앙이며, 그 소리에 대응하는 의미가 시니피에다. 다만 소리라고 하더라도 실제 음성은 아니다. 실제로 발성하는 것이 아니라 우리는 머릿속으로 '아름답다'라고 말할 수 있다. 시니피앙은 그런 소리의 이미지다.

여기서 주의해야 할 점은 '아름답다'라는 시니피에가 미리 객관적으로 존재하며 그것을 표현하는 것이 '아름답다'라는 시니피앙은 아니라는 것이다. 기호는 순수한 가치이자 '심리적인 것'이다. 기호는 객관을 반영하는 것이 아니라 '말하려는 것'을 나타내는 표현이라는 것이다.

기호의 자의성

그러면 그 시뉴의 '자의성'[158]이라는 특성에 주목해보자. 소쉬르는 이것이 기호의 '제1원리'라고 본다. 자의성의 의미는 특정 시니피 앙과 특정 시니피에 내적인 관계는 존재하지 않는다는 것, 이해 하기 쉽게 말하면 자연 세계의 인과관계는 존재하지 않는다는 것 이다.

　예를 들어 '아름답다'라는 시니피에는 '아름답다'라는 시니피 앙으로만 나타낼 수 있는 것은 아니다. 'beautiful'(영어)이라는 시 니피앙과 묶어도, 'schön'(독일어)이라는 시니피앙과 묶어도 된 다. 시니피앙과 시니피에는 자연 물리적으로 결합하는 것은 아니 기 때문이다.

　그러면 왜 시뉴는 자의적인 것일까? 거기에는 어떤 원리가 작

---

158 '무엇이든 마음대로 정한다'는 의미의 자의는 아니다. 시니피앙과 시니피에는 자연 스럽게 정해진 관계가 아니다. 다시 말해, 자형이나 소리의 인상이 의미를 낳는 것은 아 니라는 것이다.

용하고 있을까? 소쉬르는 다음과 같이 생각한다.

"사고는 처음에 혼돈(카오스)이며 질서를 갖지 않는다. 우리는 그런 혼돈에 경계를 넣어 혼논을 분절화하여 시니피앙과 시니피에의 결합을 만들어낸다."

시니피에와 시니피앙의 결합이 자의적이라는 본질적 이유는 여기에 있다. 기호는 세계의 거울이 아니다. 기호화되어야 할 객관이 미리 존재하는 것이 아니라 기호는 우리가 스스로 분절화하여 욕망, 관심에 맞춰 '나누는 것'이라고 소쉬르는 생각했다.

언어론의 인식론적 전환

이 책에서 소쉬르의 업적은 인식론에서 니체의 업적에 비길 만한 점이 있다(소쉬르와 니체는 거의 동일한 세대에 속한다). 니체는 『권력에의 의지』에서 세계는 힘(욕망)에 의해 가치 해석되는 것이며, 미리 객관이 존재한다고 보는 관점은 성립하지 않는다고 논한다.

이 논의에는 반드시 타당하다고 할 수 없는 부분도 있지만 언어의 질서에 대해서는 확실히 수긍할 수 있는 부분이 있다. 왜냐하면 소쉬르가 말했듯 언어는 우리 인간의 관심이나 욕망을 근거로 하는 가치의 질서와 다름없기 때문이다.

소쉬르와 니체 사이에 어떤 교류가 있었던 것은 아니지만 소쉬

르는 니체와 마찬가지로 주관의 욕망과 관심에 의미 생성의 근거
를 둠으로써 그때까지의 언어론을 인식론적으로 발전시켰던 것
이다.

논리철학논고

Tractatus Logico-Philosophicus[159]

: 우리는 무엇을 말할 수 있는가

언어는 우리의 세계라는 말이 있다. 이 말은 인간의 세계는 개념의 세계이므로 경험을 축적하여 개념이 바뀌면 세계를 보는 방식이 바뀐다는 것이다. 예를 들어, 젊은이에게 '거짓말'이라는 단어는 피해야 할 악을 의미한다. 그러나 성장하여 어른이 되면 상대방에 대한 배려라는 의미를 띠게 된다. 언어의 질서와 세계의 질서를 묻는 실존적인 동기에는 거짓말을 하는 이유에 대한 자각이 있는지도 모른다. 그 관점에서 보면 이 책은 언어에서 거짓말을 철저하게 배제하려는 시도라고 할 수 있다.

이 책에서 비트겐슈타인의 기본적인 통찰은 언어와 세계는 엄

---

159 한글판『논리철학논고』, 동서문화사(2016), 책세상(2020)

37

루드비히 비트겐슈타인
Ludwig Josef Johann Wittgenstein, 1889~1951

말할 수 없는 것에 대해서는 침묵해야만 한다.

밀히 대응하고 있다는 것이다. 그때까지 철학은 영혼이나 신 같은 존재하지 않는 대상에 대해 이야기해왔지만 그것은 모두 철학에서 제거해야 한다. 말할 수 없는 것에 대해서는 침묵해야만 한다. 이런 주장에서 독자는 '잘' 살고자 하는 비트겐슈타인의 의지를 감지한다. 언어를 성실하게 사용하는 것이 세계에 대한 성실한 태도라고 생각했던 것이 아닐까 하고 여겨지는 것이다.

이제 비평은 끝내고 철학으로 되돌아가 보자. 오스트리아 출신의 철학자 비트겐슈타인은 분석철학(언어철학)[160]의 일인자다. 분

---

160 현상학이나 포스트모던 사상과 더불어 20세기 철학의 큰 조류 가운데 하나이다. 인식이나 사회가 아니라 언어에 착안하는 것이 특징이다. 프레게, 러셀에 의해 창시되었으며, 실용주의와 함께 영미권 철학의 주류가 되었다.

석철학의 중심 주제는 언어와 세계가 어떤 관계에 있는가 하는 점에 있다. 분석철학의 초기에는 언어를 올바르게(논리적으로) 사용하면 세계를 올바로 기술할 수 있다는 사고방식이 우세했다. 그러나 점차 애초에 언어는 세계를 반영하는 것이 아니라 사용 방법에 따라 의미를 바꾼다는 사고방식이 나타나기 시작했다.

이번 책과 다음 책에서 다룰 비트겐슈타인은 사실 그 두 가지 사고방식을 모두 제시한 철학자이다. 예를 들어, 칸트와 니체의 업적을 혼자서 이룩했다고 생각하면 이해하기 쉬울 것이다. 비트겐슈타인의 사상은 크게 전기와 후기로 나뉜다. 이 책은 전기의 대표작이며, 후기의 대표작은 『철학적 탐구』이다.

언어와 세계의 대응 관계

이 책에서 비트겐슈타인의 기본자세는 언어와 세계는 대응관계에 있으리라는 것이다. 언어는 기본 요소의 '명제'[161]까지 분석할수 있고, 그와 동시에 세계 또한 '부품'으로 분석할 수 있다. 그리고 부품을 올바로 조립하면 세계의 모델을 만들 수 있다고 생각

---

161 판단을 언어로 표현한 것. 논리학에서는 진위를 판정할 수 있는 것을 말한다. 중요한 과제라는 의미에서 '지상명제'라고 표현하기도 하지만 파생적인 용법이다.

했다.

　우선 비트겐슈타인에 따르면 세계는 '사실'의 총체이며, 사실은 몇 개의 '사태'로 이루어진다. 사태가 어떻게 성립하는가에 따라 사실이 결정되고 세계가 결정된다. 여기서 핵심은 사태는 서로 독립되어 있으며, 또 '대상'이 결합되어 성립된다는 것이다. 대상이란 예를 들어 '책상', '컴퓨터'를 가리키지만 여기서는 사물뿐만 아니라 '희다', '차갑다' 같은 성질도 포함한다고 보는 관점도 있다. 성질이 대상이라는 것은 처음에는 잘 와닿지 않을지도 모르지만 확실히 그렇게 생각하는 것이 정합적이기는 하다.

논리 형식과 상

어쨌든, 세계를 올바르게 기술하려면 어떤 조건이 필요할까? 우선 세계의 단위를 확정할 수 있어야 한다. 세계의 기본 부분이 무엇인지 확인할 수 없다면 그것을 반영할 수 없기 때문이다. 그리고 또 하나는 세계의 단위와 언어의 단위가 같은 형태여야 한다. 그런 동형성을 비트겐슈타인은 '논리 형식'이라고 불렀다.

　논리 형식은 세계의 대상끼리 이어진 '폭'에 의해 규정된다. 예를 들어, '꽃'은 '아름답다'와 결합할 수 있지만 '원주율'과 결합할 수는 없다. 대상에는 그 고유의 형식이 있고, 형식을 공유할 때만

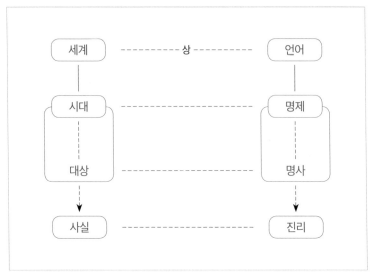

그림 4 언어와 세계의 대응 관계

대상끼리 결합할 수 있다. 그 결합을 말로 반영한 것을 비트겐슈타인은 '상'이라고 불렀다. 상은 명제로 이루어져 있다. 명제는 '사태'를 반영하는 한, 진위 판정을 할 수 있다. 진리라고 판정된 명제는 '의의'를 갖는다고 말한다.

이것은 다음과 같이 생각해보면 된다. 예를 들어, '꽃은 아름답다'라는 명제는 꽃이 아름답다는 사태가 성립할 때 의의를 갖는다. 그러나 '꽃은 원주율이다'라는 명제는 꽃과 원주율이라는 대상이 결합하지 않고 사태로 성립하지 않기 때문에 의의를 갖지 않는다. 여기서 언어와 세계의 대응 관계를 정리해보면 다음과 같다(그림 4).

처음에 비트겐슈타인은 세계를 단위 수준까지 분해한다. 세계는 사실로 이루어져 있다. 사실은 사태의 집합이자, 사태는 대상의 집합이다. 사태와 대상은 세계의 단위다. 다음으로 세계를 반영하기 위한 언어의 자세에 착안한다. 대상과 논리 형식을 공유하는 '명사名辭'와 요소 명제가 언어의 기본 단위이다. 이 요소 명제를 조합하면 복합 명제가 성립한다. 이로써 언어는 세계의 모델이 된다고 생각한 것이다.

논리를 조작하여 모든 '말할 수 있는 것'의 명제를 구성할 수 있다

그러면 요소 명제에서 복합 명제는 어떻게 만들어질까? 그것은 논리 조작으로 만들어진다. 논리 조작이란 '부정'이나 '한편', '그렇다면'으로 요소 명제를 결합시키는 것이다. 예를 들어, '꽃은 아름답다'라는 요소 명제와 '사과는 빨갛다'라는 요소 명제는 '한편'으로 결합시킬 수 있다. '꽃은 아름답다. 한편, 사과는 빨갛다'처럼 말이다.

이렇게 요소 명제가 성립하는가를 하나씩 확인하고 요소 명제끼리 결합시키는 조작을 계속하면 세계를 올바르게 기술할 수 있다고 생각한 것이다.

논리학의 명제는 항상 진리

비트겐슈타인은 명제끼리 결합시키는 논리 조작에는 논리학의 명제가 사용된다고 말한다. 왜냐하면 논리학의 명제는 경험에 관계없이 항상 진실인 명제, 즉 동어 반복tautology이기 때문이다.

> 논리학의 명제는 동어 반복이다.

동어 반복이란 예를 들어 '밤안개는 밤의 안개다' 같은 것이다. 경험적인 진위에 대해 이야기하는 것이 아니라 그저 논리의 필연성만을 나타내는 명제, 그것이 동어 반복이다. 논리학의 명제는 동어 반복이며 경험에 기초하여 진위가 확인되는 명제와는 구별해야 한다.

그것은 어째서인가? 이는 다음과 같이 생각하면 이해하기 쉽다.

세계를 올바르게 기술하려면 세계를 사태로 분해하여 그에 대응하는 요소 명제를 정할 필요가 있다. 그리고 논리 조작을 착실히 반복하여 요소 명제끼리 결합시켜 갈 수 있다면 '말할 수 있는 것'을 모두 말할 수 있게 된다.

언어와 세계를 올바르게 대응시키려면 요소 명제가 사태를 올바르게 반영하는 것뿐만 아니라 명제끼리 올바르게 결합해야 한다. 그러려면 논리학의 명제가 조작의 반복에 의해 변화하지 않고

항상 동어 반복이어야 한다. 그것이 언어와 세계의 정확한 대응을 '보증'한다고 생각하는 것이다.[162]

유아론적 세계

명제끼리 결합하는 논리 조작은 무한히 가능하다. 그러나 비트겐슈타인은 경험의 주체인 '나'는 자신이 경험한 범위 안에서만 대상을 골라내고 명사를 구성하여 요소 명제를 만들어낼 수 있다고 말한다. 경험하지 않은 것은 세계의 '대상'이 되지 않으며, 따라서 명사로 반영할 수 없기 때문이다.

명사를 조합할 수 있는 패턴은 정해져 있다. 앞서 살펴보았듯 '꽃'은 '아름답다'와 결합하지만 '원주율'과는 결합하지 않는다. 그러나 애초에 '꽃'이 무엇인지 알지 못하면 그것이 무엇과 결합할 수 있는지 전혀 알 수 없다. 따라서 '나'의 삶의 내막은 대상과 그 배치 방법에 의해 결정된다. 그러므로 나와 다른 경험을 가진 타인은 나의 세계에는 존재하지 않는다. '나'는 나만의 세계를 살고 있으며 거기에 타인은 존재하지 않는다. 비트겐슈타인이 말하

---

[162] 우리는 세계 전체를 '모두 아는 것'은 불가능하다. 그러나 논리학의 명제가 항상 진리라면 각 명제의 검증이 세계의 전체상을 그려내는 작업의 일부를 이룬다고 할 수 있다.

는 세계는 타인이 존재하지 않고 그저 나만이 살고 있는 유아론적 세계인 것이다.

윤리는 말로 표현할 수 없다

마지막으로 비트겐슈타인은 '윤리'에 관해 논한다.

세계는 사실로 구성되어 있다. 사실은 성립되는 사태로 이루어져 있으며, 사태는 요소 명제에 의해 말로 표현된다. 요소 명제는 명사로 이루어져 있으며, 명사는 대상과 대응하고 있다. 대상은 '나'에 의해 경험되는 것이어야 한다. 그러므로 대상의 경험이 나의 세계를 한계 짓고 있는 것이다.

그러면 윤리는 언어에서 어떤 위치를 점해야 할까? 윤리는 '이렇게 되다'가 아니라 '이렇게 되어야 한다'라는 법칙에 기초하므로 검증할 수 없고 말할 수 없다. 따라서 '삶의 문제'에 대해서는 아무런 답도 내리지 못한다.

> 말할 수 없는 것에 대해서는 침묵해야만 한다.

언어는 세계를 비추는 모델이다. 모델은 사실에 기초하여 만들어져야 하며 '이렇게 되면 좋겠다' 혹은 '이렇게 되어야 한다'를 기초로 만들면 세계와 엄밀히 대응하지 않는 뒤틀린 모델이 되어 버린다. 정확한 모델을 만들고자 한다면 '이렇게 되어야 한다'를 섞어서는 안 된다. 그것이 이 문장의 의미다.

그럼 비트겐슈타인은 이 결론을 통해 무엇을 말하려는 것일까? 그것은 그때까지의 철학에 대한 비판이다.

비트겐슈타인은 세계와 언어가 일대일로 대응하고 있다고 주장한다. 앞서 도식으로 나타냈듯, 언어는 명제로 분해할 수 있고 세계는 사실로 분해할 수 있다. 그리고 명제가 올바른지 검증하고 명제끼리 결합시켜 가면 세계는 기술할 수 있다. 이를 반대로 말하면 검증할 수 없는 것에 대해서는 언어에서 없애야 한다.

그러나 그때까지의 철학은 직접 검증할 수 없는 형이상학적인 것에 대해 계속 이야기해왔다. 세계의 근본원리는 무엇인가, 진리는 무엇인가처럼 말이다. 비트겐슈타인은 그런 이야기는 멈추자고 설명함으로써 철학 그 자체에 종지부를 찍으려고 했던 것이다.

언어와 세계는 정말 대응할까

비트겐슈타인은 이 책을 통해 자신이 철학의 여러 문제를 해결했다고 진심으로 믿고 철학의 세계를 떠나 초등학교 교사, 정원사, 건축가로 활동했다. 그러나 이 책을 쓰고 약 10년 후, 비트겐슈타인은 철학 활동을 재개한다. 그것은 비트겐슈타인이 언어와 세계의 대응 관계라는 사고에 대해 의문을 품게 되었기 때문이다.

원리적으로 말하면 언어기 세계를 반영한나는 구도는 성립하지 않는다. 왜냐하면 세계는 다의적으로 해석되기 때문이다. 예를 들어, '이 꽃은 희다'는 '이 꽃은 파랗지 않다'를 포함하고 '책상 위에 책이 있다'는 '책 아래 책상이 있다'를 포함한다. 언어와 세계가 일대일로 대응하고 있다고는 할 수 없는 것이다.

이후 비트겐슈타인은 그런 통찰에 이르러 이 책의 논의를 근본적으로 다시 음미하고 언어에 대해 새롭게 생각해간다. 그것이 다음에 살펴볼 『철학적 탐구』이다.

철학
베스트
50

철학적 탐구

Philosophische Unter-suchungen[163]

: 말의 의미는 그 사용에 달려 있다

이 책에서 비트겐슈타인은 '언어와 세계는 논리를 통해 대응하고 있다'는 『논리철학논고』의 언어관을 근본적으로 재검토하여 말의 의미는 '언어 게임'에서의 '용법'에 있다고 논한다. 게임이라는 말 때문에 잘 와닿지 않을지도 모르지만 그 핵심은 언어가 규칙을 기초로 이루어지는 활동이라는 점에 있다. 언어는 세계를 올바로 반영하는 것이 아니라 언어 게임 내의 플레이어 간에 나누는 활동이다. 이것이 이 책의 기본적인 자세이다.

말에는 오해가 따라붙는 법이다. 아무리 말을 거듭해도 전해지지 않거나, 혹은 제대로 전해졌는지 알 수 없을 때도 있다. 어째서

---

163 한글판 『철학적 탐구』, 아카넷(2016), 책세상(2019)

38

루드비히 비트겐슈타인
Ludwig Josef Johann Wittgenstein, 1889~1951

'언어 게임'이라는 말은 언어를 말한다는 것이 하나의 활동 내지 활동 양식의 일부라는 것이다.

일까? 그것은 언어가 전해진다는 것은 이해가 성립하는 것과 다름없기 때문이다.

우리는 때때로 언어를 정보 전달의 매체(미디어)로 생각하고 만다. 데이터 통신처럼 말하고 싶은 것을 말에 실어 표현을 통해 상대방에게 전달한다. 이 책에서 비트겐슈타인이 제시하는 언어 게임의 개념은 그런 언어관에 커다란 전환을 촉구하는 것이다.

"받침돌!"이라는 한마디로 이해하다

비트겐슈타인은 가장 간단한 언어 게임으로 다음과 같은 예를 제시한다.

> A는 석재로 건축을 한다. 석재에는 받침돌, 기둥, 석판, 들보가 있다. B는 A에게 석재를 전달해야 하는데 그 순서는 A가 필요로 하는 순서이다. 이 목적을 위해 둘은 '받침돌', '기둥', '석판', '들보'라는 말로 된 하나의 언어를 사용한다.
>
> A는 이 낱말들을 외친다. B는 그 외침에 응해 가져가려고 생각한 석재를 가지고 간다. 이것을 완전한 원초적인 언어라고 생각하자.

집을 짓는 목수들의 대화를 상상해보자. 감독이 "받침돌!"이라고 외치면 조수가 받침돌을 가지고 온다. 감독은 "조수, 내게 받침돌을 가져다 줘"라고 말한 것은 아니다. 그럼에도 불구하고 조수는 감독의 말을 이해하고 받침돌을 가져온다. 감독의 "받침돌!"이라는 말에 "네, 이것이 받침돌입니다"라고 대답했다고 해서 그 말을 이해한 것이 되지는 않는다.

비트겐슈타인은 말은 그 사용 방법을 이해했을 때 비로소 이해했다고 할 수 있다고 생각했다. 우리는 받침돌을 가리키며 "이것이 받침돌이다"라고 말할 때, 그것이 받침돌이라는 사실을 이해한다. 그렇게 대상을 직접 제시하고 정의하는 것을 비트겐슈타인은 '직시적 정의'라고 불렀다.

언뜻 직시적 정의에는 어떤 불가사의도 없을 것처럼 보인다. 그러나 잘 생각해보면 사실 그리 단순하지는 않다. 직시적 정의는 전제가 없으면 성립하지 않는다.[164] 왜냐하면 직시적 정의는 다양하게 해석될 수 있기 때문이다. "사물의 이름을 물으려면 사람은 이미 무엇인가를 알고 있어야(혹은 할 수 있어야) 한다"라고 비트겐슈타인은 말한다.

그러면 그 전제란 무엇인가? 직시적 정의는 상황과 관계성에 따른 해석을 필연적으로 동반한다. 따라서 선험적으로(경험에 앞서) 행할 수는 없다. 바꿔 말하면 경험의 구조에 공통성이 있다는 전제 아래 직시적 정의는 성립하는 것이다.

> 언어에서 인간은 일치한다. 그것은 의견의 일치가 아니라 생활양식의 일치다.

생활양식을 공유하는 한, 언어 게임 안에서 직시적 정의는 가능해진다. 경험의 유사성이 언어 게임에서 일치의 근거라고 생각하는 것이다.

---

164 "이것은 펜이다"라는 말을 듣더라도 애초에 펜이 무엇인지 모르면 그 의미를 이해할 수 없다. 그러면 도대체 어디서부터 그것이 펜이라는 것을 안 것일까? 비트겐슈타인은 언어 게임을 통해서라고 생각했다.

범형은 언어 게임의 도구

대상은 경험에 앞서 단순한 것으로서 미리 존재하고 있다. 이것이
『논리철학논고』의 전제였다. 반면 이 책에서 비트겐슈타인은 세
계에 근본 요소는 존재하지 않으며 그에 대응하는 언어의 근본 단
위 또한 존재하지 않는다는 입장에서 언어의 요소는 관점에 상관
하는 '범형(패러다임)'[165]이며 서술을 위해 만들어져 사용되는 도구
라고 생각한다.

> 그야말로 이것은 제48절의 언어 게임에서 우리가 하나
> 의 요소를 가리켜 'R'이라는 말을 발음할 경우에 들어맞는
> 다. 우리는 그로 인해 그 대상에 자신들의 언어 게임에서
> 하나의 역할을 부여한 것이다. 그것은 이제 서술의 수단이
> 된다.

명명하는 것은 대상을 기술하는 것은 아니다. 그것은 기술을 위
한 수단, 즉 '도구'를 만들어내는 것에 지나지 않는다는 것이다.

---

165 사전적으로는 '실제 사례'나 '본보기'를 가리킨다. 말은 미리 정해진 의미를 갖고
있는 것이 아니라 경험의 공통 부분을 잘라내어 만들어진 '도구'라는 것이다.

언어 게임의 유사성

범형은 언어 게임의 도구이며 언어 게임은 생활양식의 일부이다. 생활양식은 엄밀히 일치할 수 없고 그저 유사성을 가질 뿐이며, 따라서 언어 게임 또한 유사성을 가질 뿐이다. 만약 대상을 세계의 절대적 단위로 규정할 수 있다면 어디까지가 '말할 수 있는 것'이고 어디서부터가 말할 수 없는 것인지를 엄밀히 규정할 수 있다(『논리철학논고』의 목적은 바로 이 점에 있었다). 그러나 범형은 상황과 경험 안에서 규정되므로 엄밀한 동일성은 성립하지 않는다. 그러므로 언어 게임의 경계는 애매하게 정해질 수밖에 없다.

비트겐슈타인은 "우리가 경계를 알지 못하는 까닭은 경계선이 그어져 있지 않기 때문이다"라고 말한다. 즉, 경계선은 경험에 앞서 미리 그어져 있는 것이 아니라 언어 게임의 상황과 그 목적에 상관하는 형태로만 그을 수 있다는 것이다. 비트겐슈타인에 따르면 '정확하다'라는 것도 이 문맥에서 의미를 갖는다. 무엇이 언어에서 정확한가는 그것 자체로는 정해져 있지 않다. 그것은 범형을 설정하는 목적, 언어 게임의 관심에 따라 규정되는 것이다.

> '부정확하다'는 것은 애초에 하나의 비난이며, '정확하다'는 것은 칭찬이다. 그리고 이것은 부정확한 것은 더욱 정확한 것만큼 완전히 그 목적을 달성하지 못한다는 뜻이다.

그러므로 여기서 우리가 무엇을 '목적'이라고 부르는지가 문제가 된다. 내가 태양까지의 거리를 1미터까지 정확히 말하지 못하거나, 가구 목공에게 책상의 폭을 0.001밀리미터까지 정확히 말하지 못하면 부정확한 것이 될까?

예를 들어, 학교의 수업이라는 언어 게임에서는 태양까지의 거리가 1미터 맞지 않았다고 해서 큰 문제가 되지는 않을 것이다. 그러나 우주선을 쏘아 올리는 임무라는 언어 게임에서는 치명적인 문제가 될 것이다.

언어 게임은 생활양식의 하나이며, 그 경계선은 생활에서 경험과 목적에 상관하는 형태로 비로소 그을 수 있다. 이 관점에서 보면 언어 게임의 규칙 또한 미리 규정되어 있는 것이 아니라 그저 경험에 맞춰 결정되는 것일 뿐이다. 비트겐슈타인은 이것을 '습관'[166]이라는 개념으로 표현한다.

어떤 규칙에 따라 어떤 보고를 하고 어떤 명령을 내리며 체스 한 판을 두는 것은 습관(관용, 제도)이다.

---

[166] 상대주의의 입장을 취하는 포스트모던 사상은 비트겐슈타인의 언어 게임을, 의미는 언어 게임이며 '우연히' 성립한 관습에 지나지 않는다는 사고방식으로 받아들였다. 의미=진리의 절대적인 근거는 존재하지 않는다고 보는 상대주의에 있어 언어 게임은 더없이 적당한 사고방식이다.

습관이라 해도 이것은 '어차피 모든 것은 습관에 지나지 않는다'라는 의미는 아니다. 여기서 말하는 것은 언어 게임의 모습은 우리의 생활 모습에 의거하고 있으며 규칙 또한 마찬가지라는 것이다. 생활 형식의 공통성이 언어 게임 규칙의 근거라고 여긴 것이다.

타인의 아픔

『논리철학논고』의 구도에서 생각하면 타인의 감각, 예를 들어 아픔을 이해할 수는 없다. 왜냐하면 타인의 아픔을 '내'가 직접 경험할 수는 없기 때문이다. 『논리철학논고』에서는 세계와 언어가 일대일로 대응한다고 여기고 있다. 언어의 기본 단위인 '요소 명제'를 만드는 '명사'는 세계의 기본 단위인 '사태'를 만드는 '대상'과 대응한다. 다만 비트겐슈타인은 그 '대상'을 '내'가 직접적으로 경험할 수 있는 것으로 한정한다.

예를 들어, '이 컴퓨터는 까맣다'라는 요소 명제에는 '컴퓨터', '까맣다'라는 명사가 포함되어 있다. 그러나 '컴퓨터'나 '까맣다' 같은 '대상'이 그들의 명사와 대응하는 것은 '내'가 그것을 보고 대응 관계를 확인할 수 있기 때문이다. 그러나 타인의 아픔은 '내' 세계에는 존재하지 않는다. 애초에 『논리철학논고』에서 말하는 세계는 타인이 존재하지 않는 유아론적 세계이다.

언어가 세계를 반영하는 것이라는 전제에서 보면 그런 관점도 성립한다. 그러나 그것은 우리의 언어 사용이 현실과 너무 동떨어져 있다는 것은 아니다. 확실히 우리는 상대방의 아픔을 올바르게 이해할 수는 없다. 베르그송이 『의식에 직접 주어진 것들에 관한 시론』에서 논했던 것처럼 감각은 애초에 단위로 반영시킬 수 없기 때문이다. 아픔에 '통痛'이라는 단위가 있어서 일반 남성의 주먹질은 50통, 프로 복서의 주먹질은 1,000통인 것은 아니다. 그러나 우리는 상대방이 "아파!"라고 말하고 괴로운 얼굴을 하고 있으면 암묵적으로 '이 사람이 아파하고 있구나' 하고 생각한다. 그때 우리는 타인의 고통을 직접 경험하지는 못해도 상대방의 아픔을 이해하게 된다. 비트겐슈타인은 이것을 행동의 일치라는 도식으로 생각했다.

> 인간은 인간처럼 행동하는 것만이 아픔을 느끼고 있다고 말할 수 있다.

우리는 누군가가 신음하는 모습을 보면 그 사람이 아파하고 있다는 사실을 자연히 이해한다. 그것은 상대방이 자신이 아픔을 느낄 때와 같은 방식으로 행동하기 때문이다. 누구든 아플 때는 아픈 얼굴과 몸짓을 보인다. 비트겐슈타인은 인간으로서의 공통성이 타인의 아픔에 대한 이해를 뒷받침한다고 생각하는 것이다.

삶의 일부로서의 언어 게임

『논리철학논고』에서는 '말할 수 있는 것'은 직접 경험할 수 있는 것에 한정된다고 했다. 대상과 명사가 '논리 형식'을 공유하고 사실과 명제의 일치를 확인할 수 있는 경우에만 언어는 세계를 올바르게 반영하고 있다(사상하고 있다)고 할 수 있다. 이 책에서 비트겐슈타인은 그런 사상寫像 도식 대신에 '행동'의 일치 도식을 제시한다.

경험은 엄밀히 일치하지 않는다. 각각의 언어 게임에 맞춰 경험은 달라진다. 그러므로 언어 게임이 엄밀히 일치하지는 않는다.

그러나 생활 형식을 공유하고 행동의 일치가 나타난다면 이해가 성립하고 있다고 말할 수 있다. 비트겐슈타인은 그렇게 생각했다.

그러나 언어 게임의 개념은 어떤 의미에서 양날의 검이다. 언어가 세계를 반영한다는 생각을 무너뜨렸다는 점에서는 니체의 인식론과 동등한 의미를 갖는다. 그러나 니체의 '원근법'이 상대주의적으로 받아들여지는 것과 마찬가지로 언어 게임 또한 상대주의적으로 받아들여지는 경우가 있다. 이런 느낌이다.

"언어에 진리는 없다. 언어 게임에서의 '우연한' 일치에 지나지 않는다."

언어가 진리를 반영하지 않는다는 통찰은 하나의 진전이다. 그러나 우연의 일치밖에 존재하지 않는다는 관점은 반드시 정당하지는 않다. 왜냐하면 수학이나 자연과학처럼 넓은 공통 이해가 성립하는 경우도 있기 때문이다. 따라서 여기서 필요한 것은 플라톤이 『파이드로스』에서 제시했듯, 공통 이해가 성립하기 쉬운 것과 성립하기 어려운 것을 제대로 구별하는 것이다. 그러지 않는 한, 우연의 일치라는 사고방식을 극복할 수는 없다.

우연의 일치로만 존재한다는 주장은 보편성을 지향하는 철학의 자세를 상대화하고 만다. 우리에게 지금 요구되는 것은 그런 상대화의 사고에 맞서 어떤 조건이 공통 이해를 가능하게 하는가를 밝히는 것이다.

존재와 시간

Sein und Zeit[167]

: 실존철학의 최고봉

'있다'란 어떤 것일까? 존재란 무엇일까? 이 문제는 철학의 역사에서 계속 제기되어 온 문제이다. 이 책에서 하이데거는 후설이 창시한 현상학의 방법에 따라 이 물음에 대한 대답을 주려고 한다. 다만 존재에 대한 질문이라 해도 도대체 어떻게 질문해야 할까?

이에 대해 하이데거는 존재의 '의미'를 질문함으로써 존재를 명확히 하려고 한다. 그때 단서로서 존재가 무엇인가에 대해 우리가 갖고 있는 '이해'에 착안한다.

우리는 존재하는 이상, 자신의 존재에 대해 어떤 이해를 갖고 있을 것이다. 이런 존재 이해를 갈고닦아 거기서부터 개념을 추려낼

---

167 한글판『존재와 시간』, 까치(1998), 살림출판사(2008), 동서문화사(2016)

39

마르틴 하이데거
Martin Heidegger, 1889~1976

존재의 의미에 대한 질문을 표면화하여 내다볼 수 있도록 설정하기 위해서는 어떤 존재자(현존재)를 그 존재에 관해 선행적으로 적절하게 구명해둘 필요가 있다.

필요가 있다. 그러려면 우선, 존재를 질문할 수 있는 유일한 존재자, 즉 인간(현존재[168])의 존재에 대해 명확히 함으로써 존재의 문제를 올바르게 완성할 필요가 있다. 이런 생각을 토대로 이 책에서 하이데거는 현상학을 사용하여 우리 인간의 존재에 대해 다가가는 것이다.

이 책은 미완성으로 존재의 의미를 추려내는 데까지 이르지 못했다. 그러나 그렇다고 해서 이 책이 실패작이라는 말은 아니다. 오히려 이 책에서 전개되는 실존론은 철학사상 하나의 금자탑이

---

168 자신의 존재를 늘 이해하고 있는 인간 존재의 자세를 가리킨다. 인간은 그저 단순히 존재하는 것(존재자)과 달리 상황에 따라 욕망이나 관심으로 규정되어 다양한 사물이나 타인과의 관계를 이루면서 '지금, 이곳'이라는 '현장'을 살아가는 존재라는 의미다.

라고 불려야 할 것이다. 근대사회의 원리론이 루소와 하이데거에서 정점에 이르렀듯, 이 책에서 하이데거의 철학은 실존론으로는 불후의 업적이다.

우리에게 있어서의 세계 : 배려의 상관성

우선 하이데거는 후설이 일상적인 세계의 모습에 착안했던 것과 마찬가지로 일상 세계에서 우리 삶의 모습에 착안했다. 여기서 말하는 세계란 주변 세계[169]를 가리킨다.

하이데거는 우리가 세계 안에 있는 '존재자(존재하는 것)'와 '교섭'하면서 존재하고 있다고 말한다. '교섭'이라는 말의 뉘앙스가 잘 와닿지 않을지도 모르지만 요점은 쓰거나 사용하는 실천이다. 그런 실천을 뒷받침하는 근거를 하이데거는 '배려'라고 부른다. 보통은 배려라고 하면 타인을 배려하는 것을 가리키는데, 하이데거가 말하는 배려는 관심이나 욕망과 동일한 것으로 생각하면 된다.

하이데거는 이 배려에 맞춰 나타나는 존재자를 '도구'라고 불렀

---

169 우리에게 세계란 객관적인 사물의 집합체인 이전에 그때마다 관심과 욕망(배려)에 따라 '도구'가 의미를 나타내는 실천적인 '현장'이다. 이런 사고방식을 제시한 철학자는 철학사상 하이데거가 처음이다.

다. 도구라고 하면 펜이나 망치 같은 도구를 떠올릴지도 모른다. 그러나 여기서 중요한 것은 '도구'의 의미는 그때마다 나의 배려(관심, 욕망)에 맞춰 나타난다는 것이다.

예를 들어, 컵이 있다고 해보자. '물이 마시고 싶다'라는 배려에 있어 컵은 마시기 위한 도구가 된다. 그러나 컵의 사용 방법은 미리 정해져 있는 것은 아니다. 꽃을 장식하고 싶다고 생각하면 꽃병 대신에 사용할 수도 있다. 컵이 무엇인가는 그때마다 배려에 상관하여 결정된다. 하이데거는 이렇게 세계를 배려에 의해 뒷받침되는 '교섭'의 장소로서 규정했다.

우리는 평소 주변 세계를 물리적인 것으로 이루어진 세계라고 생각하고 있다. 반면 하이데거는 세계가 배려를 중심으로 엮여 있는 가치의 질서라고 생각했다.

세계는 처음부터 객관적인 의미를 갖는 것으로 존재하지는 않는다. 우리 인간에게 세계란 첫째로 우리의 관심과 욕망에 상관하여 의미를 나타내는 '도구'를 통해 자신의 삶의 자세를 선택하는 가능성의 장소이다. 이것은 인식론으로서도, 또 실존론으로서도 상당히 획기적인 통찰이라고 할 수 있다.

죽음의 본질 관취

하이데거의 또 다른 통찰에 대해 살펴보지. 그것은 '죽음'의 본질 관취觀取이다. 본질 관취란 후설의 용어로 현상의 '의미'를 의식 경험에서 보고 파악하는 것을 가리킨다.

우리에게 죽음이란 무엇일까? 이 문제에 대해 학문적으로 생각할 때, 우리는 때때로 그것을 생물학적·의학적 관점에서 분석한다. 생명 활동의 붕괴, 신체 기능의 정지라고 하는 것처럼 말이다. 그러나 하이데거는 그런 관점과는 전혀 다른 접근에서 죽음을 논한다. 즉, 우리의 삶에서 '죽음'은 무엇을 의미하는가, 어떤 가치를 갖는가라고 말이다. 그 질문에 대해 하이데거는 다음과 같이 논한다.

> 죽음의 완전한 실존론적·존재론적 개념은 다음과 같이 한계 지어져 있다. 다시 말해 현존재의 끝으로서의 죽음은 현존재의 가장 고유한, 교섭의 여지가 없는, 확실한, 게다가 그런 것으로서 규정되지 않은, 앞지를 수 없는 가능성이라고 말이다. 죽음은 현존재의 끝으로 나의 끝과 관련된 이 존재자의 존재 안에 존재하고 있다.

지나치게 압축되어 있어 내용이 잘 이해되지 않을지도 모른다.

좀 더 분석해보면 대략 다음과 같다.

① 현존재의 '끝'
② 앞지를 수 없는 가능성
③ 가장 고유한 가능성
④ 교섭의 여지가 없는
⑤ 규정되지 않았지만 확실한

첫째, 죽음은 현존재의 '끝'이다. 우리는 '끝'으로서 죽음을 경험하고 이해할 수는 없다. 죽을 수는 있어도 죽은 이상, 그 사실을 이해할 수는 없기 때문이다.

둘째, 죽음은 앞지를 수 없는 가능성이다. 죽음은 하나의 관념이며 우리는 그런 것으로밖에 죽음을 경험할 수 없다. 죽음은 관념이며 인간에게 최후의 가능성이다.

셋째, 죽음은 나에게 가장 고유한 가능성이다. 분명 죽음을 지키거나 장례식에 참석하는 것으로 타인의 죽음을 경험할 수는 있다. 그러나 그것을 아무리 분석해도 '나의 죽음'이 무엇을 의미하는가는 알 수 없다. 그것은 어디까지나 타인의 죽음이기 때문이다.

넷째, 죽음은 교섭의 여지가 없다. 죽음이 문제가 될 때, 현존재는 '교섭의 여지가 없다'. 일상적인 배려에 응해 나타난 도구 존재와의 '교섭'은 중요성을 잃고 죽음이 임박한 가능성으로 도래한다.

　다섯째, 죽음은 규정되지 않았지만 확실하다. 그러나 평소 우리
는 자신이 언젠가 반드시 죽는다는 것을 한사코 숨기고 눈을 피하
고 있다. 확실히 우리는 "사람은 언젠가 죽는 법이다"라고 말하지
만 그로 인해 사실 "사람은 죽지만 죽는 것은 내가 아니다"라고
자기 자신에게 되뇌고 있는 것이다.

　이처럼 하이데거의 통찰은 상당히 뛰어나다고 말할 수 있다.

죽음을 향한 선구

하이데거가 어째서 '죽음'의 의미에 대해 본질 관취를 하는가 하
면 우리는 자신의 죽음의 가능성을 제대로 자각함으로써 본래적
인 삶의 방식을 선택할 수 있게 된다고 생각하기 때문이다.

　죽음의 관념은 우리를 불안하게 한다. 일상생활에서 죽음을 불
안으로 느끼지 않는 사람은 거의 없을 것이다. 그러나 여기서 '어
차피 언젠가는 죽는다', '어차피 죽을 테니 인생에 의미 따위는 없
다'라고 생각하고 괴로워한다고 해도 아무것도 시작되지 않는다.
중요한 것은 죽음에 대해 자유롭게 직면하는 것이며 그것에 휘둘
리지 않는 것이다.

　이런 통찰에 기초하여 하이데거는 죽음의 불안을 정면에서 직

시함으로써 사람은 자신의 고유한 삶의 방식의 가능성을 지향할 수 있게 된다고 말한다. 무엇보다 여기서 말하는 가능성은 최종적으로 민족의 역사 가운데 전해지고 있는 '선'을 지향하는 것과 결부된다.

확실히 이 말 자체는 아무런 설득력도 갖지 못하지만 인생의 유한성을 자각했을 때, '세상에 휩쓸리지 않고 자신의 목표를 갖고 제대로 살아야지'라는 감정이 솟아오르는 경우가 있다는 점에 대해서는 어느 정도 납득할 수 있지 않을까.

인간에 대한 깊은 통찰

우리 인간은 그저 단순히 존재하는 것이 아니라 자신의 욕망과 관심에 맞춰 나타나는 가능성을 선택하며 살아가고 있다. 그 가능성은 그야말로 키에르케고르가 '기만'이라는 말로 표현했듯, 사회의 일반적인 기대로서 주어지는 경우도 있고 자기 자신의 의사와 가치 기준에 따라 열리는 경우도 있다. 이 통찰에 기초하여 하이데거는 이 책에서 우리에게 세계의 모습을 '배려'라는 키워드로 그려내는 것 외에 우리의 삶에서 '죽음'의 관념이 갖는 의미에 대해 논했다.

여기서는 다루지 못했지만 하이데거는 우리에게 '시간'은 어떻게 나타나는가라는 점에 대해서도 고찰하고 있다. 핵심만 정리해보면 다음과 같다.

우리는 평소에 시간을 과거, 현재, 미래라는 거스를 수 없는 흐름으로 파악하고 있다. 미래는 현재가 되고 현재는 과거가 된다. 미래는 아직 존재하지 않고 과거는 이미 존재하지 않는다. 미래는 언젠가 와서 과거로 흘러가는 것처럼 말이다. 하이데거는 이런 시간의 관념은 파생적인 것에 지나지 않는다고 생각한 것이다.

시간은 단순한 흐름이 아니다. 그것은 우리가 자기 자신의 생에 어떤 태도를 취하는가에 따라 다른 방식으로 '현재(지금, 이곳)'에서 태어나는 것이다.

이 하이데거의 시간론은 몇 가지 문제점을 포함하고 있기는 하지만 무척 깊은 통찰이며 우리의 상식적인 관점을 근본적으로 바꿀 만한 힘이 있다. 흥미가 있는 독자는 부디 직접 책을 읽어보길 바란다. 상당히 난해하지만 도전할 가치는 충분하다.

철학
베스트
50

형이상학 입문

Einführung in die Metaphysik[170]

: 후기 하이데거 입문서

하이데거의 사상은 첫 번째 저서 『존재와 시간』으로 대표되는 전기와 두 번째 저서 『철학에의 기여』[171]로 대표되는 후기로 크게 구별된다.

후기 하이데거 사상의 특징은 인간 존재를 통해 존재를 묻는 전기의 태도를 개선하여 고대 그리스에서 현대에 이르기까지 철학자의 글에서 '존재'라는 개념이 어떻게 논의되어 왔는가에 착안한데 있다. 방대한 양의 난해한 글을 남겼기 때문에 '이해되지 않기

---

170 한글판 『형이상학 입문』, 2023, 그린비
171 하이데거의 두 번째 주요 저서라고도 여겨진다. 1936~38년에 쓰인 초고를 모은 것으로 하이데거의 탄생 100년에 맞춰 간행되었다. '자신의 강의가 전부 간행된 후 발표하라'는 수수께끼 같은 지시가 있었기 때문에 하이데거 연구자에게는 가장 중요한 가르침이 담긴 책처럼 여겨지고 있다. 한글판 『철학에의 기여』, 2015, 새물결

40

마르틴 하이데거
Martin Heidegger, 1889~1976

도대체 왜 존재자가 있는 것일까? 오히려 무가 있는 것은 아닐까?

에 더욱 대단하다'라고 신봉하는 사람도 적지 않다.

이 책은 하이데거가 1935년 프라이부르크대학교에서 한 〈형이상학 입문〉이라는 강의 내용을 정리한 것이다. 강의는 『철학에의 기여』의 집필이 시작되기 전년에 행해진 것으로 이 책에는 하이데거의 후기 사상을 파악하기 위한 힌트가 담겨 있다.

존재의 물음

예를 들어 우리는 책상이 있다, 컵이 있다, 탁자가 있다 같이 존재하는 것(존재자)에 대해서는 아무런 문제 없이 이야기할 수 있고,

또 실제 말하고 있다. 그러나 도대체 왜 책상은, 컵은, 탁자는 있는 것일까? 애초에 '있다'란 무엇일까?

> "도대체 왜 존재자가 있는 것일까? 오히려 무가 있는 것은 아닐까?"
> 이것은 명백히 모든 질문 가운데 가장 첫 질문이다.

이런 질문, 존재하는 것에 대해서가 아니라 그야말로 존재자의 존재, 근거에 대한 질문이야말로 하이데거의 가장 근원적인 물음이다.

그리스어, 그리스철학에서 생각하다

하이데거는 존재에 다가가기 위해서는 말에 착안할 필요가 있다고 말한다. 하이데거에 의하면 현대는 '존재 망각'의 시대이다. 존재하는 것만이 착안되고 그것을 뒷받침하고 있는 '존재'는 잊혀지고 있다. 그 결과, 존재와 말의 관계성이 상실되어 '존재'라는 말이 이해하기 어려워지고 말았다. 이런 통찰을 기초로 하이데거는 '있다'라는 말에 착안하여 그것이 고대 그리스 시대부터 어떤 변천을 거쳐왔는가에 대해 살핀다. 이 책의 키워드는 다음 두 가지다.

- 피시스physis
- 알레테이아alētheia

모두 그리스어로 피시스는 '발생' 혹은 '발현', 알레테이아는 '비은폐성'이라고 일반적으로 번역된다. 하이데거는 이 두 가지 개념이 고대 그리스철학을 통해 어떻게 논의되어 왔는가를 좇음으로써 존재란 무엇인가를 부각시키려고 시도한다.

하이데거에 의하면 고대 그리스에서 존재는 '피시스'였다.

"피시스는 후세에 '자연'이라고 번역되지만 그래서는 안 된다. 왜냐하면 피시스의 내용은 자기를 일으키려고 하는 데 있기 때문이다. 이 지배 아래 존재자가 '자연히 완성'되어 간다. 이것이 은폐성에서 벗어난다는 것이며, 다시 말해 알레테이아를 뜻한다."

이렇게 말하더라도 어쩐지 이해가 가지 않을 것이다. 그러므로 핵심만 짚어 보겠다.

존재는 은폐된 상태에서 밝은 곳으로 모습을 드러내가는 것이라는 게 이 책의 핵심이다. '견고함'이나 '체류' 같은 표현이 등장하지만 모두 같은 것이므로 당황할 필요는 없다.

존재를 한정하는 네 가지 조건

하이데거는 다음으로 존재를 한정하는 네 가지 조건을 들어 그것들에 대해 논해간다. 구체적으로는 생성, 가상, 사고, 당위(마땅히 그래야 하는 것)이다.

대수롭지 않게 여겨질 수도 있지만 여기서 하이데거가 말하고자 하는 것은 요컨대 존재란 그 네 가지 중 어느 하나만으로도 구별(한정)되어 그것들을 바탕으로 강조된다는 것이다. 따라서 그 네 가지 조건은 그리 중요한 것이 아니라 오히려 하이데거의 '거드름'이라고 생각하면 되지만 만일을 위해 확인해두자.

존재와 생성

존재와 생성의 구별은 어떻게 보면 자명한 것이다. '있다'와 '된다'의 구별이라고 바꿔 말하면 더욱 이해하기 쉬울 것이다. 하이데거는 존재하는 것은 생성을 멈추는 것을 의미하고, 존재란 '존속적인 것의 독자적 견고함'이라고 본다. 유동을 멈추고 고정된 상태가 존재라고 보는 것이다.

존재와 가상

다음으로 두 번째 구별에 대해 살펴보자. 여기서는 존재와 가상의 차이가 문제가 된다.

가상이란 신기루처럼 겉보기에는 존재해도 객관적으로는 존재하지 않는 것이지만 하이데거는 이것 또한 고대 그리스풍으로 생각할 필요가 있다고 본다.

고대 그리스에서도 가상은 자기를 드러내는, 다시 말해 현상한다는 의미로 공통된다. 그 의미에서 가상은 존재이다. 그러나 플라톤과 소피스트는 가상을 단순한 가상으로밖에 여기지 않았다고 하이데거는 독자적인 논리를 전개한다.

플라톤의 『국가』에 나오는 동굴의 비유를 떠올려보자. 태어나서부터 줄곧 동굴에 비친 그림자밖에 보지 못했던 인간은 그림자를 진실이라고 믿지만 일단 동굴 밖에 나가면 태양을 진실이라고 생각할 것이다. 하이데거는 이런 이야기에서 플라톤은 존재에서 가상을 구별하고 말았다고 생각했다.

존재와 사고

위의 두 가지 구별을 가능하게 한다는 점에서 존재와 사고의 구별은 그 두 가지보다 우월하다. 하이데거는 이 차이가 서양의 가장 근본적 입장이라고 보는데, 존재와 사고의 관계를 보고 사고의 학문인 '논리학'에 의존하는 것은 불가능하다고 말한다. 왜냐하면 논리학으로 인해 존재의 본질인 피시스와 알레테이아를 잃었기 때문이다.

존재와 당위

마지막으로 네 번째 구별, 존재와 당위(마땅히 그래야 하는 것)에 대해 살펴보자.

하이데거는 다음과 같이 말한다. 당위는 '마땅히 그래야 하는 것'이며 존재하는(이러한) '사실'은 아니다. 여기서 당위는 가치로 나타난다고 여겨졌지만 '가치는 존재한다'라고도 말하기도 하여 혼란은 정점에 달했다. '이러하다'와 '그래야 한다'가 혼동되었기 때문이다.

하이데거는 이상의 네 가지 구별은 존재의 진리를 명확히 하는 데 불충분하다고 말한다. 이것은 요컨대 서양은 그 역사에서 존재하는 것을 오해하고 망각해왔다고 하는 하이데거의 분노의 메시지와 다름없다. 하이데거는 플라톤에서 니체에 이르는 서양 철학 그 자체가 존재 망각(존재 진리의 망각)의 과정이라고 주장했다.

다만 여기서 미리 말해두자면 철학의 역사가 존재 망각의 역사라고 보는 것은 하이데거의 독단이다. 하이데거 이전에도 이후에도 그렇게 논한 철학자는 없다. 검증할 수도 없다. 하이데거의 후기 사상은 거의 신비 사상의 수준에 이르러 고정 팬 이외에는 주목받지 못하는 것이 현실이다.

후기 하이데거는 중세 스콜라 철학에 가까운 부분이 있다. 스콜라 철학을 대표하는 아퀴나스도 『신학대전』 등 수많은 저서를 남겼지만 중세철학, 기독교 철학의 연구자 이외에는 거의 읽는 이가 없다. 하이데거는 20세기 철학자이므로 아직 연구가 활발히 이루어지고 있지만 어느 정도의 저서가 수백 년 뒤에도 읽힐 것인지 생각해보면 좀처럼 판단하기 어렵다.

현존재는 존재자가 나타나는 '열림'

이 책의 논의로 돌아가자. 앞의 네 가지 구별을 토대로 하이데거는 존재가 '체류'라고 본다. 그러면 어디에 체류한다는 것일까? 그것은 현존재로서의 인간 존재에 있어서다.

하이데거는 『존재와 시간』에서 인간을 현존재라고 불렀다. 그러나 후기에는 현존재의 의미가 크게 달라진다. 『존재와 시간』에서 현존재란 '배려'에 응해 사물과의 '교섭'이 생기는 장으로서의 '지금, 이곳'을 낳는 존재로서의 인간을 가리켰다. 한편, 이 책에서는 그런 실존론적인 관점 대신에 현존재는 존재자가 나타나는 '열림'이라고 본다.

> 인간은 스스로 열리는 곳이다. 이 안에 존재자가 들어와 작품에 달한다. 그래서 우리는 말한다. 인간의 존재는 말의 엄밀한 의미에서 '현존재'라고.

어디까지가 확실한 것일까

물론 이 책은 후기 하이데거의 사상의 일부분에 지나지 않는다. 하이데거는 『존재와 시간』을 쓴 이후 죽을 때까지 계속해서 존재의 문제를 논했다. 그 결과 텍스트의 양이 방대해져서 좀처럼 전체상을 파악하기 어렵다. 난해하기에 더욱 커다란 진리가 있을 것이라고 여겨지는 부분도 적지 않다. 실제로 성과가 없다면 수지가 맞지 않을 정도로 난해하다.

그러나 파보면 파볼수록 성과가 나온다는 것은 너무나 아전인수 격인 이야기다. 그리스어의 어원을 더듬어가는 방법은 언뜻 보기에는 그럴싸해 보이지만 과연 그것이 얼마나 정당하다고 말할 수 있을까?

애초에 왜 그리스어가 '존재'에 대해 생각하는 데 필요한 것일까? 백 보 양보해서 그것이 유럽에서의 '존재'를 밝힌다고 하더라도 아시아나 남미에서의 '존재'는 어떻게 생각하면 좋을까? 그것 또한 유럽의 '존재'를 기원으로 한다고 할 것인가. 그것은 너무나 유럽 중심적 사고방식이 아닐까?

후기 하이데거의 글은 방법론의 타당성을 음미한 뒤에 읽는 것이 현명하다. 그 경우, 평소보다 훨씬 하이데거의 문장에 휘둘리지 않는 강한 마음이 필요하다.

철학
베스트
50

모리스 메를로 퐁티

장 폴 사르트르

클로드 레비스트로스

조르주 바타유

한나 아렌트

에마뉘엘 레비나스

미셸 푸코

자크 데리다

5

현대 II
메를로 퐁티부터
자크 데리다까지

행동의 구조

La Structure du Comportment[172]

: 행동의 의미는 무엇인가

메를로 퐁티의 공적을 한마디로 표현하면 후설이 창시한 현상학의 관점에서 우리의 '신체'에 대한 본질론을 전개한 데 있다. 자신을 성찰하면 알 수 있듯 우리의 신체는 독자적 성질을 갖고 있다. 그것은 의식처럼 우리에게 뚜렷이 나타난 것은 아니지만 사물처럼 우리에게서 벗어난 대상도 아니다.

근대에 들어 인간이 신의 피조물이라는 신념이 무너지기 시작함과 동시에 의식과 신체의 관계를 묻는 '심신 문제'가 생겨났다. 데카르트의 심신이원론, 스피노자의 평행론, 라이프니츠의 예정조화설 등은 이 문제에 답하려는 시도였다. 메를로 퐁티 또한 이

---

[172] 한글판『행동의 구조』, 2008, 동문선

41

모리스 메를로 퐁티
Maurice Merleau-Ponty, 1908~1961

행동 그 자체가 '의미'인 것이다.

문제에 몰두했다.

　의식과 신체는 도대체 무엇인가? 분리되어 있는 것인가? 서로 관계가 없는 것인가? 서로 영향을 미치고 있는가? 이 책에서 메를로 퐁티는 행동 일반이 갖는 구조를 분석하여 인간의 행동이 어떤 원리로 뒷받침되어 있는가를 나타냄으로써 이들 문제에 몰두해 간다.

　이 책에서 메를로 퐁티의 결정적인 통찰은 인간의 행동을 단순한 신체 동작의 수준에 적용시키는 것은 불가능하다는 것이다. 메를로 퐁티에 따르면 인간 행동의 본질 구조는 '지금 존재한다'를 넘어 '존재할 수 있다'를 지향하는 데 있다. 그런 의미에서 인간의 행동에 대해 생각하는 것은 왜 우리는 이상을 목표로 노력하거나 포기하는가라는 문제로까지 통하게 된다.

이제부터 우리 자신의 경험을 되돌아보면서 메를로 퐁티가 제시하는 원인이 얼마나 타당한지 확인해보자.

반사 학설 비판

메를로 퐁티는 고전적인 행동론은 '반사 학설'로 전개했다고 지적한다. 반사 학설이란 자극과 지각 사이에 인과적인 관계가 인정된다고 보는 사고방식이다. 자극이 원인으로 작용하여 그 결과 반응이 발생하고 지각이 생긴다. 마찬가지로 행동도 여러 부분의 인과의 연쇄에 이해 구성된다. 행동에 어떤 의도가 있는 것처럼 보이더라도 그것은 미리 신경계의 활동에 따라 조정된 것에 지나지 않는다. 이렇게 모든 행동은 인과관계로써 파악할 수 있다. 이것이 반사 학설의 요점이다.

메를로 퐁티는 이런 관점에 반대 의견을 내세운다.

"반사의 경과를 요소로 분해하는 것은 불가능하다. 실제로 자극과 반응 가운데 어느 쪽이 먼저인가는 말할 수 없다. 왜냐하면 행동이 환경의 결과라는 말도, 환경이 행동의 결과라는 말도 성립하기 때문이다."

그러면 어떻게 생각해야 할까?

"행동은 신체 주변 공간에서 '운동 지향'을 갖고 발생한다. 그러므로 행동을 자극과 반응의 인과 연속에 적용시키는 것은 불가능하다. 반사를 행동의 기본 요소라고 여기는 반사 학설은 착각에 기초하고 있다."

위와 같은 고찰을 토대로 메를로 퐁티는 행동의 구조를 아래와 같이 세 가지로 구별하여 논해간다.

- 혼합적癒合的 형태
- 가환적可換的 형태
- 상징적 형태

이제 각각에 대해 확인해보자.

혼합적 형태 — 행동의 구조 ①

첫 번째 혼합적 형태는 행동은 자연의 생존 상황이나 생존 조건 가운데 한정되어 있어 거기에서 벗어날 수는 없다고 보는 사고이다.

메를로 퐁티는 개미를 사용한 실험에 착안하여 논해간다. 만약 인과관계로 행동이 좌우된다면 어떤 상황에서든 개미는 같은 행동을 할 것이다. 그러나 막대 위에 놓인 개미는 백지의 크기, 지면과의 거리, 막대기의 경사가 각각 일정한 값을 가졌을 때만 백지

위에 떨어졌다고 한다. 자신의 집으로 돌아가던 개미가 도중에 웅덩이에 돌격하는 모습을 본 기억은 없다. 웅덩이 주변을 따라가거나 집에 돌아갈 새로운 길을 찾는다.

개미처럼 저급한 동물이라도 행동은 인과와 연관된 것이 아니라 생존의 상황과 불가분의 관계를 맺고 있다. 그런 행동의 구조를 혼합적 형태라고 부른다.

가환적 형태 ─ 행동의 구조 ②

가환적 형태는 구조화된 지각에 기초한 행동의 모습을 가리킨다. 여기서 메를로 퐁티는 닭을 사용한 실험을 예로 든다.

닭에게 옅은 회색(그레이 1)의 표식이 있는 곡물을 고르고 조금 짙은 회색(그레이 2)의 표식은 내버려두도록 훈련한다. 이것을 수백 번 훈련한 뒤 그레이 2로 표식한 곡물을 그레이 1보다 더 밝은 새로운 회색(그레이 0)으로 표식한 곡물과 교환한다.

만약 닭이 색 그 자체에 반응하는 것이라면 훈련된 대로 그레이 1의 표식 쪽에 반응할 것이다. 그러나 실제로는 가장 밝은 그레이 0의 표식을 선택하는 경향을 보였다. 그것은 어째서일까? 닭의 색 지각은 농담을 이해하는 구조를 갖고 있어 훈련받은 닭은 '의미'로서 지각된 색에 기초하여 행동했기 때문이다. 닭이라고 해도 미리 정해진 인과관계로 행동하고 있는 것은 아니다. '종의 아프리오리'[173]에 한정되어 있기는 하지만 여기에는 항상 새로운 구조를 만들어내는 가능성이 있는 것이다.

상징적 형태 ― 행동의 구조 ③

상징적 형태는 우리 인간의 고유한 행동 구조이다. 메를로 퐁티가 든 예는 타이프라이터의 타이핑 그리고 피아노 연주이다. 일상적으로 컴퓨터를 사용하고 있다면 알 수 있듯, 키보드로 문자를 입력할 때 우리는 항상 자판의 배치를 떠올리면서 타이핑하고 있는 것은 아니다. 처음에는 손끝을 확인해야만 타이핑할 수 있지만, 몇 번이고 사용하는 사이에 점차 자판의 배치를 기억하고 손끝을 보지 않고 손끝의 감각에만 의지하여 블라인드 터치가 가능해진다. 그것은 타이핑이 일련의 동작으로 구조화되어 있기 때문이다.

동물은 자기를 대상화할 수 없고 미리 주어진 조건에서 벗어날 수 없다. 그러나 인간은 자신의 행동을 되돌아보고 그 태도를 바꿀 수 있다. 처음에는 피아노를 잘 치지 못하더라도 연습해서 능숙해질 수 있다. 타이핑도 마찬가지다. 업무로 컴퓨터를 사용해야 하는 상황에 처하면 다소 귀찮더라도 키보드로 문자를 치는 연습을 한다. 물론 금방 숙달하는 사람이 있는가 하면 좀처럼 숙달하지 못하

---

173 아프리오리는 '선험적'이라는 뜻이다. 동물은 선천적으로 구조가 규정되어 있기 때문에 그 구조를 재구성할 수 없다는 의미다.

는 사람도 있다. 그러나 중요한 것은 우리는 자신의 행동을 의식화하고 연습에 의해 숙달할 수 있다는 것이다.

행동을 하나의 '의미'로 파악하고 그것을 재구성하려고 하는 것, 여기에 인간의 행동 구조의 본질이 있다고 생각한 것이다.

인간에게 행동하는 것은 실존하는 것이다

인간의 행동은 '지금 존재하는' 세계의 질서 안에 한정되어 있는 것은 아니다. 만약 한정되어 있다고 한다면 콩쿠르를 위해 피아노 연습을 하거나 시합을 앞두고 특별 훈련을 하는 일은 없을 것이다. 무엇인가를 향해 연습하고 숙달하려고 하는 것은 인간뿐이다.

인간에게 행동하는 것은 존재하는 것, 다시 말해 '지금 존재한다'를 토대로 '존재할 수 있다'를 목표로 이루어지는 '기투'이다. 이것이 메를로 퐁티가 이 책에서 주장하는 핵심이다.

인간 행동의 본질을 생각하다

이 책의 논의를 그대로 받아들일 수는 없다. 반사의 메커니즘에 대해서도 현대의 심리학에서는 이 책에서 이야기하고 있는 것보다도 훨씬 많은 것이 밝혀져 있을 것이다. 그렇다고 해서 메를로 퐁티의 통찰이 빛바랬다는 말은 아니다.

인간의 행동을 생각하면 우리는 때때로 뇌신경계가 어떻게 팔의 근육을 움직일 것인가 같은 관점에서 생각하고 만다. 그러나 인간의 행동을 단순한 신체 동작에 국한시킬 수는 없다. 행동은 자극과 반사의 연관에 국한시킬 만큼 단순한 것은 아니다.

행동은 상황 안에서 구조화된다. 행동은 그 구조를 객관적으로 파악하여 변화시킬 수는 없지만 우리 인간은 '지금 존재하는' 행동의 구조를 '존재할 수 있는' 구조로 목표를 변화시킬 수 있다. 그것이 인간 행동의 본질이다.

'존재할 수 있다'는 희망이 되고 꿈이 된다. 만약 '존재할 수 있다'가 신체를 뒷받침하는 실존의 일반적 본질이라면 '삶을 그리고 사회를 바꾸는 원리는 오직 우리 안에만 존재한다'라는 말도 꼭 호들갑스럽게 들리지 않을 것이다. 부디 자신의 경험을 통해 관심과 욕망이 '지금 존재하는' 행동의 구조를 변화시킨 과정을 찾아보길 바란다.

지각의 현상학

Phénoménologie de la Perception[174]

: 신체의 의미를 명확히 하다

이 책의 중심 주제는 지각이란 무엇이고, 신체란 무엇인가에 대해 실존론적으로 밝히는 것이다. 지각과 신체를 자연과학적으로 분석하는 것이 아니라 그것이 갖는 의미와 구조를 나타내는 것이 이 책의 주된 목적이다.

자연과학적인 견해는 이른바 사후적인 설명이며, 우리가 지각을 어떻게 '활용하는가'에 대해서는 나타나 있지 않다. 그러나 우리가 지각에 대해 가장 먼저 알아야 할 것은 바로 후자 쪽이다. 메를로 퐁티는 후설에 의해 창시된 현상학의 방법을 이용하여 이 점에 대해 논해간다.

---

174 한글판 『지각의 현상학』, 2002, 문학과지성사

42

모리스 메를로 퐁티
Maurice Merleau-Ponty, 1908~1961

나란 나의 신체이다.

지각을 그림과 바탕의 구조로 파악하다

우선 메를로 퐁티는 고전적인 지각론이 빠진 문제점을 지적한다.
『행동의 구조』에서 행동을 자극과 반응의 인과관계에서 설명하려
고 하는 반사 학설을 비판했는데, 마찬가지로 이 책에서는 지각을
자극과 반응의 관계로 나타내려고 하는 생리학을 비판한다.

지각이 자극과 반응에서 발생한다고 보는 사고방식은 언뜻 이
해하기 쉽다. 그러나 이런 도식으로는 설명할 수 없는 지각 현상이
있다. 그것은 착시다. 고전적인 착시 가운데 하나가 뮐러 리어 착
시(그림 5)다. 이것은 양 끝에 화살표를 붙인 같은 길이의 선분 가
운데 바깥을 향한 화살표가 붙은 선분이 안쪽으로 붙은 선분보다

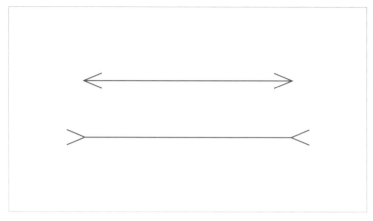

그림 5 뮐러 리어 착시

길어 보인다는 것이다.

이 착각이라는 지각 현상은 우리에게 무엇을 말하고 있는가? 그것은 우리의 지각이 고유한 문맥 안에 있어 객관적 질서와는 다른 고유한 구조를 갖고 있다는 것이다.

메를로 퐁티는 지각의 구조를 '그림(지각 대상)'과 '바탕(지각 영역)'의 구조로서 그려낸다. 이 그림과 바탕의 관계에 대해서는 '루빈의 항아리'(그림 6)라고 불리는 형상을 사용하면 이해하기 쉽다. 흰 부분에 주목하면 항아리가 보이지만 별색 부분에 주목하면 서로 마주 보고 있는 두 사람의 얼굴이 보인다. 시선의 변화에 따라 보이는 대상이 바뀌고 지각되는 의미가 변한다. 지각을 자극과 반응의 인과관계로 파악하는 것에 따르면 이 구조를 해명하는 것은 불가능하다.

그림 6 루빈의 항아리

왜 잃은 팔이 아플까

그렇다면 도대체 지각은 어떤 원리에 기초하여 발생하는 것일까? 메를로 퐁티는 지각의 원리를 신체로 보았다. 신체는 지각된 대상이 아니라 오히려 대상화를 하는 원리인 것이다. 신체를 대상으로 간주하면 제대로 설명할 수 없는 현상으로 메를로 퐁티는 '환영지 幻影肢'를 예로 들었다. 환영지란 사고 등으로 잃은 팔이나 다리가 아직도 존재하는 것처럼 느끼는 현상을 말한다. 지각이 자극과 반응의 인과관계로 성립한다고 생각하는 한, 환영지는 좀처럼 이해하기 어렵다. 왜냐하면 자극을 발생시키고 있어야 할 부분은 이미 잃었기 때문이다.

환영지는 왜 발생하는 것일까? 메를로 퐁티는 그 이유에 대해 우리 인간이 각각의 세계를 목표로 존재하는 실존이기 때문이라고 논하고 있다.

> 팔다리의 절단이나 결손을 인정하지 않으려고 하는 것은 물적 비교에 상호 인간적인 어떤 세계 안에 참가하고 있는 '나'이며, 이것이 팔다리의 결손이나 절단에도 굴하지 않고 지금까지와 마찬가지로 자신의 세계로 향하려는 것이고 그 한계에서 결손이나 절단을 결코 인정하지 않으려고 하는 것이다.

메를로 퐁티는 여기서 신체를 '습관적 신체'와 '현세적 신체' 두 가지 층으로 이루어진 것으로 규정하고, 환영지가 발생할 때는 현세적 신체로는 사라진 팔다리가 아직 습관적 신체에서 발생하는 것이라고 설명한다.

이해하기 쉽게 말하면, 현세적 신체란 지금 존재하는 신체를 말한다. 이에 비해 습관적 신체는 나의 세계 안에 '깃들어' 있고, 상황 안에서 어떤 대상을 목표로 하기 위한 조건으로 성립하는 신체이다. 그러므로 습관적 신체는 반드시 우리가 평소 상정하는 의미의 신체는 아니다. 눈이 나쁜 사람에게는 안경이 신체의 일부이며, 다리가 불편한 사람에게는 휠체어가 신체의 일부이다.

습관적 신체와 현세적 실체의 이런 이중성이 우리 인간이 갖는 신체의 특징이다. 메를로 퐁티는 환영지가 발생하는 까닭은 현세적 신체에서는 사라진 팔다리가 아직 습관적 신체에 살아 있기 때문이라고 말한다.

신체 도식

신체와 육체는 동일하지 않다. 신체는 실존의 모습 가운데 하나다. 메를로 퐁티는 이것을 '신체 도식'이라는 개념에 의해 더욱 파고들어 간다.

　'신체 도식'이라는 개념을 몇 줄로 설명하려고 하면 틀림없이 혼란스러울 테니 다음 사례로 이미지를 이해하길 바란다. 예를 들어, 우리는 걸을 때 팔다리의 동작을 결합해서 걷고 있는 것이 아니라 그것을 일련의 동작으로 행하고 있다. 아기는 아직 신체 도식이 완성되지 않았기 때문에 걸을 수가 없다. 그러나 몇 번이고 연습하다 보면 점점 걷는 방법을 배워 아장아장 걸을 수 있게 된다. 이것은 신체 도식이 점차 형성되었기 때문이다.

　우리는 동물과 달리 신체 도식을 익히고 태어나는 것이 아니라 그러기 위해 시간적인 생성을 필요로 한다. 언뜻 불편하게 생각될지도 모르지만 이 생성의 가능성이 우리의 실존을 살리는 하나의 중요한 조건이다. 가령 우리가 태어날 때부터 100미터를 5초 안에

달릴 수 있는 신체를 가졌다고 해보자. 그 경우 과연 우리는 단거리 경주라는 스포츠에 매력을 느낄 것인가? 누가 달려도 100미터에 5초라면 그것은 스포츠가 아니라 그저 동작에 지나지 않는다. 생성의 가능성이 있다는 것은 바꿔 말하면 '지금 존재하는' 신체 도식을 '존재할 수 있는' 것으로 재구성할 수 있다는 것이다. 그렇다. 앞서 『행동의 구조』에서 다룬 '상징적 형태'와 동일한 원리가 여기에 있다.

'존재할 수 있는' 것은 하나의 낭만적 목표가 된다. 세계 기록을 경신한다는 것은 그때까지의 인간의 한계를 넘어선다는 '꿈'을 달성하는 것과 다름없다. '존재할 수 있다'라는 이상을 실현해주기 때문에 우리는 스포츠에 열광하고 감동하는 것이다.

그러나 우리는 반드시 기술의 뛰어남에 감동하는 것은 아니다. 예를 들어, 자녀의 운동회를 생각해보자. 아이는 결코 어른만큼 다리가 빠르지도 기술이 뛰어나지도 않다. 그럼에도 불구하고 자녀가 노력하는 모습을 보면 깊은 감동을 느낀다. 그것은 자녀가 그때까지 '이러하다'를 넘어서려고 하는 최선을 다하는 모습에 낭만을 느끼기 때문이다.

신체화 = 습관화

메를로 퐁티의 글로 돌아가보자.

　우리는 신체 도식을 근거로 세계를 하나의 '상황'으로 파악하고 그 상황에 있어 연동하고 있다. 여기서 말하는 '상황'이란 '객관적 공간'이 아니다. 그것은 첫째로 대상에 대한 실존의 '넓음'의 척도로 나타난다. 중요한 것은 대상이 지팡이가 닿는 범위에 있다는 것을 안다는 것은 지팡이에서 대상까지의 객관적인 거리를 아는 것과는 다르다는 것이다.

> 　맹인의 지팡이도 그에게는 대상이 아니게 되어 이미 그것 자체로서 지각되지 않고 지팡이의 끝은 감성대로 변모한다. 지팡이는 '맹인의' 촉각의 넓이와 행동반경을 증가시킨 것이며 시각과 비슷한 종류의 물건이 된 것이다.

　선반 안쪽에 가방이 있다. 그 가방을 꺼내려고 하지만 선반까지 손이 닿지 않아 이쪽에서 잡아당길 수가 없다. 그때 선반은 내게 멀리 있다. 그러나 의자를 사용하여 선반에 손을 뻗을 수 있게 되면 가방은 내게 가까워진다. 이렇게 거리는 실존의 행동 범위에 따라 정해지는 것이다.

　지팡이든 의자든 우리는 그 사용 방법에 능숙해짐으로써 자신의 행동 범위를 넓힐 수 있다. 이때 그 도구는 우리의 신체를 넓혀 주는 역할을 하게 된다. 말 그대로 신체의 일부가 되는 것이다. 메를로 퐁티는 이것을 '신체화'라는 용어로 표현했다.

신체라고 할 때 우리는 때때로 생리적인 의미에 한정하여 생각하기 쉽지만 신체의 본질은 '할 수 있다'의 조건이 된다. '차를 갖고 있으면 다리로 쓸 수 있다'라는 말이 있지만 이것은 바로 차가 다리를 대체하는 이동 수단으로서 '신체화'되어 있다는 사실을 의미하는 것이다.

뛰어난 신체 본질론

이 책에서 메를로 퐁티는 자연과학의 식견을 전제로 하지 않고 우리의 지각 현상, 신체 현상을 파고들어 구조와 의미를 찾아내고 있다. 우리의 신체를 '존재할 수 있는' 것을 목표로 하는 실존의 조건으로 그려낸 것은 철학사상 메를로 퐁티가 처음이다.

실제로 자연과학에 의한 분석에서는 신체의 물리적인 구조는 해명할 수 있어도 우리에게 있어 신체의 의미는 밝힐 수 없다. 그것은 우리가 평소 신체를 어떻게 경험하고 있는가를 반성하는 것에 의해 비로소 이해할 수 있다. 메를로 퐁티는 이 책에서 일상의 신체 경험에 끈질기게 접근하여 그것을 철저히 반성함으로써 우리에게 있어서의 신체의 구조의 의미를 밝히고 있는 것이다.

앞서 스포츠를 예로 들었는데, 이 책의 논의를 응용하면 어린 시절 철봉에 거꾸로 오르기나 줄넘기 2단 뛰기에 처음 성공했을 때의 기쁨, 노화나 사고에 의해 신체를 예전보다 잘 움직이지 못하게 되었을 때 느끼는 슬픔이나 '조바심'의 이유에 대해서도 이해할수 있다. 즉, 그것은 신체 기능의 변화에 따른 생리적인 쾌락과 고통의 감정이 아니라 실존적인 '할 수 있다'의 영역의 확대 혹은 축소에 상관하여 발생하는 실존적인 감정이다.

존재와 무

L'être et le néant[175]

: 절대적 자유의 윤리학

인간에게 '존재한다'는 어떤 것일까? 이 문제의식을 토대로 사르트르는 이 책에서 후설적인 형상학을 비판하면서 하이데거적 실존론, 존재론을 단서로 독자적 존재론을 전개하고 있다. 사르트르는 이 책에서 존재에 대한 논의를 통해 우리 인간 존재의 '자유'의 문제에 눈을 돌린다. 인간은 자유로울 운명을 갖고 있다, 인간은 자유를 통해 이뤄야 할 목적을 스스로 알릴 수 있다, 의식의 절대적 자유가 인간 존재의 근본 조건이라는 자세가 이 책에 드러나 있다.

---

175 한글판 『존재와 무』, 2009, 동서문화사

43

장 폴 사르트르
Jean Paul Sartre, 1905~1980

나는 자유로울 운명을 갖고 있다.

존재는 개시된다

서두에서 사르트르는 후설의 현상학을 비판한다. 그 비판은 다음
과 같다.

> 현상학은 모든 의식의 내부에서 생각하려고 하지만 의식
> 으로 회수되지 않는 것도 있다. 그것이 '존재(있다)'다.
> 후설은 존재를 지각에 기초를 두어 확고히 했다. 그러나
> 그것은 '부재(없다)'를 생각하면 틀렸다는 사실을 알 수 있
> 다. 무엇인가가 거기에 없다는 것 자체는 확실히 존재하기
> 때문이다. 그러므로 존재를 지각에 기초하도록 할 수는 없

다. 존재는 그것 자체로 '있다'.

의식 체험이 대상을 존재하게 만드는 것은 아니다. 의식이 대상을 구성하고 있는 것은 아니다. 왜냐하면 무엇인가가 지각되기 위해서는 그것은 존재해야 하기 때문이다. 인식은 존재를 개시하는 것이다.

존재는 '개시'된다는 분석을 토대로, 사르트르는 뒤이어 '무無'에 대해서 논하고 있다. 핵심은 오직 인간만이 세계에 무를 가져올 수 있다는 것이다. 사르트르는 다음과 같이 말한다.

"우리는 대상 주변의 배경을 무화無化함으로써 대상을 인식하고 있다. 대상에 주의를 돌릴 때 그 외의 사물은 배경으로 사라져 간다. 무를 세계로 가져옴으로써 우리는 세계를 엮어가고 있다. 무는 인간에 의해 '존재된다'는 것이다."

예를 들어, 눈앞의 컴퓨터를 보고 있을 때 그 배경에 있는 것은 '없는' 것으로 여겨진다. 대상을 인식한다는 것은 그 대상 주변에 무를 부여하여 그것을 부각시키는 것이다.

그러면 세계에 무를 가져오는 인간이란 어떤 존재인가? 이어서 사르트르는 이 점에 대해 논한다.

대자 존재 ─ 자유롭게 선택을 행하는 존재

사르트르는 우리 인간은 자신의 존재에 대해 끊임없이 '선택'을 하면서 존재하고 있다고 이야기한다. 선택하는 존재로서 우리는 가장 먼저 자유롭고 미래를 끊임없이 지향하며 존재하고 있다고 말이다.

인간은 사물과 달리 그저 거기에 있는 존재는 아니다. 인간은 '지금 존재하기' 때문에 '존재해야 할' 방향으로 항상 자기 자신의 모습을 자유롭게 초월하는 존재이다. 이런 인간의 모습을 '대자 존재'[176]라고 부르고 있다.

대타 존재 — 타인의 시선으로 규정되는 존재

또 사르트르는 인간은 단순히 자기 자신에게 있어서의 존재일 뿐만 아니라 타인에게 있어서의 존재이기도 하다고 규정하고 있다. 인간의 그런 모습을 사르트르는 '대타 존재'[177]라고 부른다.

여기서 사르트르는 타인을 '시선'이라는 말로 논한다. 사르트르에 따르면 타자와 나의 관계는 '보여지는 것'으로 귀착한다. 예를 들어, 사람들 앞에서 실패하는 등 부끄러움을 느꼈을 때 우리는 시선에 의해 자신이 규정되고 있다고 이해한다. 자신이 하나의 대상으로서 보여지고 있는 것을 의식할 때, 그때까지 익숙하던 세계의

---

176 '대자'는 헤겔의 용어이다. 여기서 유래되어 자기 자신에게 태도를 취하는(선택을 하는) 인간의 모습을 말한다.
177 사르트르의 용어로, 대자 존재로서의 자신이 타인에게는 객체로서 나타나는 것을 말한다.

모습이 변해 자신의 가능성이 타인의 시선에 의해 언제든 흔들릴 수 있다는 것을 알게 된다.

> 타인의 시선은 나에게 있어 온갖 대상성의 파괴이다. 타인의 시선은 세계를 통해 나를 덮친다. 타인의 시선은 그저 단순히 나 자신의 변화를 가져올 뿐만 아니라 세계의 전면적 변모를 가져온다.

사르트르는 우리가 대상을 인식할 때는 그 대상의 주변을 무화함으로써 대상을 부각시키고 있다고 생각했다. 시선이 나의 가능성을 한계 짓는 것으로서 나타나는 것은 그것이 나의 존재를 부각시키는 대상화의 시선이기 때문이다.

대자 존재로서의 나는 무화를 통해 사물을 인식하거나 선택을 통해 자기를 대상화하는 존재이다. 그저 타인에 대해 그렇다고는 할 수 없다. 타인의 시선은 나의 세계 반대편에서 나에 대해 직접 나타난다. 타인의 시선은 부정할 수도, 무화할 수도 없다. 이는 곧 스스로 초월한 데서부터 자기 자신이 긍정되거나 부정되는 것으로 내게 있어서 세계 그 자체가 변한다는 것이다.

예를 들어, 길을 걷고 있을 때 무심코 기억이 떠올라 웃었다고 해보자. '아까 술자리 재미있었지' 하고 히죽거리며 걷고 있으면 길모퉁이에서 사람이 나타나 '뭐가 재미있어서 웃는 거야, 이 사람'이라고 말하고 싶은 듯한 시선을 보내온다. 그때 즐거웠던 기분은 단숨에 깨지고 부끄러움을 느낀다. 그때까지 친숙함을 느끼던 세계는 갑자기 분위기를 바꾸고 만다. 사르트르가 말하는 '시선'은 그런 효과를 가져오는 타인의 냉정한 시선이다.

우리는 자유로울 운명을 갖고 있다

이 책에서 이야기하고 있는 사르트르의 생각을 정리해보자.

우리는 물건처럼 '지금 존재하는' 가운데 존재하고 있는 것은 아니다. 주어진 상황에서 항상 가능성을 선택하면서 있어야 할 질서를 목표로 자신의 삶을 개척해가는 방식으로 존재하고 있다. 자유는 이것을 뒷받침하는 근본 조건이다.

자유에 합리적인 이유를 붙일 수는 없다. 오히려 우리는 자유로워야 할 운명을 갖고 있다. 그것이 우리가 '존재해야 할' 질서를 목표로 하는 실존으로서 존재하고 있기 때문이다.

우리 인간은 과거를 받아들이면서 미래의 '존재해야 할' 선택을 통해 현재의 지점에서 자기 자신을 새롭게 만들어내는 존재이다. 자유란 그야말로 이 선택을 가능하게 하는 근본 조건이다.

극한 상태의 윤리학

어떤 상황에서도 인간은 자유로울 수 있다. 자유를 선택하고 자신이 존재하는 목적을 결정할 수 있다. 사르트르가 이런 주장을 하는데 이른 배경에는 이 책이 제2차 세계대전의 한복판에서 쓰였다는 사정이 있다. 사르트르는 제2차 세계대전에서 독일군의 포로가 되어 탈주한 후 레지스탕스 활동에 참여했다. 이 책의 자유론은 그런 극한 상태에서 얼마나 자유를 확보할 수 있는가라는 동기에서 도출된 것이다.

그러나 철학에서는 극한 상태에서 윤리를 구상하는 것은 규칙위반이다. 왜냐하면 철학은 일반적인 시민 감각으로 뒷받침되는 행위이기 때문이다. 얼마나 시민 감각에 대응하는 윤리를 구상할 것인가? 이런 문제에 대해 극한 상태의 자유의 관점에서 대답하는 것은 불가능하다.

철학
베스트
50

슬픈 열대

Tristes Tropiques[178]

: 문화인류학[179]의 바이블

이 책은 프랑스 문화인류학자 클로드 레비스트로스의 저서이다. 1930년대 브라질에서 행한 현지 조사에 관한 기행문인 동시에 자서전이기도 하다.

이 책은 문화인류학, 구조주의 사상에 있어서 중요한 위치를 점한다. 문화적으로도 뛰어나며 프랑스 문학상의 하나인 공쿠르 상을 심사하는 아카데미 공쿠르가 이 책이 픽션이 아니기 때문에 수상 대상에서 제외된 것은 안타깝다는 성명을 냈을 정도이다.

---

178 한글판『슬픈 열대』, 2022, 한길사
179 자연인류학과 더불어 인류학의 한 분야. 문화나 언어, 생활양식에 착안함으로써 인류 문화의 공통 구조를 밝히는 것을 목적으로 한다. 참고로 자연인류학은 생물로서의 인간에 착안하여 인류의 진화 과정을 밝히는 것을 주된 과제로 삼는다.

44

클로드 레비스트로스
Claude Lévi-Strauss, 1908~2009

나는 여기서 이제 인간밖에 찾아내지 않았다.

확실히 이 책에는 독자를 끌어당기는 힘이 있다. 거의 20년 전의 기억에 의존해서 썼다고는 생각할 수 없을 정도로 치밀한 묘사, '미개사회'[180]를 침략하는 서양 사회의 폭력과 인간의 보편성에 대한 깊은 확신이 낳는 선명한 대비가 독자의 마음에 강렬한 인상을 남긴다.

---

180 문화가 발달하지 않았으며 기술 수준이 낮고 사회구조가 단순한 사회를 말한다. '미개'라는 말은 서양 중심주의적인 표현이라고 보는 관점에서 '무문자사회'라고 불리기도 한다.

"나는 여행이 싫다"

이 책은 다음의 강렬한 문장으로 시작된다.

> 나는 여행이 싫다. 또 탐험가도 싫다. 그런데도 지금 나는 이렇게 나의 여행기를 쓰려고 한다. 그러나 마음을 정하기까지 얼마나 많은 시간이 걸렸는지! 내가 마지막으로 브라질을 떠난 지 15년이 지났지만 그동안 나는 몇 번이고 이 책을 쓰려고 시도했다. 그때마다 일종의 수치와 혐오가 나를 말렸다. 도대체 무슨 일인가? 그 많은 따분한 사소한 일과 보잘것없는 사건을 자질구레하게 이야기할 필요가 있을까.

레비스트로스는 탐험가와 그 이야기를 들으러 온 관중 사이에서 환상을 통한 일종의 공범 관계를 보고 있다. 탐험가는 사람들에게 비경과 동경을 주고 사람들은 그 환상을 감수한다. 그것은 왜일까? 레비스트로스에 따르면 서양 사회가 다채로운 인간성을 한 가지 색으로 칠하고 있다는 사실에 견딜 수 없기 때문이다.

인류는 단일적인 문명화의 길을 향하고 있다. 이제 돌이킬 수는 없다. 레비스트로스가 포기와도 닮은 위기감을 품었던 것을 엿볼 수 있다.

민족학자가 되기까지

레비스트로스는 고등학교부터 대학교 시절을 걸쳐 마르크스주의에 경도되어 있었다. 소르본대학교 법학부에 적을 두고 철학을 공부하는 한편, 사회 활동에도 적극적으로 참여하고 있었던 듯하다. 마르크스주의에 경도되어 있었던 추억에 대해 레비스트로스는 다음과 같이 이야기한다.

> 내게는 마르크스가 역사의 이러이러한 발전을 올바르게 예견했는가를 아는 것이 문제가 아니다. 마르크스는 물리학이 감각에 부여한 것에서 출발하여 그 체제를 구축한 것이 아닌 것과 마찬가지로 사회과학은 사상이라는 차원에서 성립하는 것은 아니라는 것을 루소에 이어 나에게 결정적이라고 생각되는 형태로 가르쳐주었던 것이다.

루소는 『인간 불평등 기원론』에서 자연학자와 같은 수법으로 인간의 상태와 불평등이 발생한 과거에 대해 가설을 세우고 싶다고 논했다. 레비스트로스는 루소의 그런 자세를 적극적으로 평가한다.

레비스트로스에게 사회과학이란 사실을 수집하는 것을 목적으로 하는 학문은 아니다. 사실에서 되도록 일반적인 모델을 만들어 그 모델을 통해 사실을 해석하는 것을 목적으로 하는 것이다.

카두베오족의 예술과 사회구조

레비스트로스는 이 책에서 브라질의 원주민인 카두베오족, 보로로족, 남비콰라족, 투피 카와이브족의 민족사를 기술하고 있다. 그들은 브라질 중서부의 마투그로수 주, 마투그로수두술 주에 거주하는 소수 민족이다.

레비스트로스가 착안한 것은 그들의 예술과 사회구조의 상관성이다. 언뜻 관계가 없다고 여겨지는 촌락 예술이 같은 규칙에 의해 조직화되어 있다는 것을 보는 것이다.

우선 카두베오족의 예술은 남녀 이원성이라는 특징을 갖는다. 남성은 조각을 하고 여성은 그림을 그린다. 게다가 여성의 예술 가운데서도 이원성이 엿보인다. 하나는 각을 많이 사용한 것, 또 하나는 곡선을 많이 사용한 것이다. 이런 대립 구조는 장식의 모양 안에 규칙성을 갖고 투영되어 간다고 말한다.

그리고 이것과 동일한 구조가 보로로족의 사회에서도 나타난다. 보로로족의 촌락 분포도와 카두베오족의 그림을 비교해보니 그것들이 같은 규칙에 의해 조직되어 있다는 사실을 알게 된 것이다. 즉, 카두베오족의 그림의 모양이 등분과 재단을 응용하여 펼쳐지는 것과 마찬가지로 보로로족의 사회 조직도 연대와 분할에 의해 전개되어 간다.

이런 일치가 왜 발생하는 것일까? 레비스트로스는 이 물음에 대답을 부여하고 있는 것은 아니다. 그러나 그런 일치를 하나의 전체적 구조의 분석으로 발견할 수 있다는 통찰은 상당히 천재적인 것이라고 할 수 있다.

남비콰라족의 사회구조

이어서 레비스트로스는 남비콰라족의 권력 구조와 사회구조의 관계에 착안한다. 레비스트로스에 따르면 남비콰라족의 사회구조는 상당히 유동적이다. 무리는 형성되고 해체한다. 거기에는 어떤 구조가 작용하고 있는 것일까? 레비스트로스의 설명을 따라가보자.

우선 초기 단계에서는 몇 명의 수장을 중심으로 무리가 형성된다. 수장을 선출할 때는 선출하는 쪽의 바람뿐만 아니라 선출되는 쪽의 의향도 따라야 한다. 여기서는 개인의 위신과 동의가 권력의 기반이다. 동의의 범위를 넘어서는 사실에 대해서는 권한을 갖지 않는다.

수장은 권력을 유지하기 위해서는 호기로움을 보일 필요가 있다. 무리의 사람들은 수장이 여분의 식량, 도구나 무기를 갖고 있는 것을 알고 있어 그것을 나눠주기를 기대하고 있다. 그 기대를 저버리는 것은 자신의 권력을 위기에 빠뜨리는 것이나 다름없다.

또 남비콰라족의 수장에게는 일부다처의 특권이 인정되고 있다.

여기서 아마도 우리는 일부다처의 개념에 대해 내포된 여성에 대한 억압과 남성의 우위라는 사회의 '뒤처짐'을 볼 것이다. 그러나 레비스트로스는 그런 판단을 일면적이라고 말한다. 왜냐하면 앞서 확인한 것처럼 레비스트로스가 보기에는 다른 요소와 관련되지 않은 관습은 존재하지 않으며, 관습을 정당하게 평가하려면 그것을 하나의 구조의 위치에 두고 해석해야 하기 때문이다. 남비콰라족이 일부다처를 필요로 한 데에는 그에 상응하는 합리적인 이유가 있다. 하나의 측면에만 자의적으로 착안하여 비판을 돌리는 것은 문제라고 생각한 것이다.

계약 혹은 동의가 사회의 근거

앞서 레비스트로스가 루소를 적극적으로 평가했다는 점에 대해 확인했다. 사회과학은 조사 주제의 수준에서 성립하는 것이 아니다. 문제는 구조를 분석하는 것이며, 주제는 그것을 위한 재료에 지나지 않는다. 그 전제를 기초로 레비스트로스는 남비콰라족의 사례에서 사회가 존재하는 근거는 계약 혹은 동의에 있다는 사회계약설에 가까운 통찰에 다다른다.

루소나 그 동시대인이 '계약' 혹은 '동의'라는 태도, 또는 문화 요소가 그들의 논쟁 상대, 특히 흄이 주장한 것처럼 이 차적으로 형성되는 것은 아니라는 것을 이해한 것은 그들 이 예사롭지 않은 사회학적 직관을 갖추고 있었다는 증거 다. '계약'과 '동의'는 사회생활의 제1차 원료이자 그것들이 존재하지 않는 정치 조직의 형태는 생각할 수 없다.

강제적이든 자발적이든 '내가 수장이다', '그렇다, 당신이 수장 이다'라는 상호 이해의 관계가 없다면 애초에 사회가 성립하지 않 는다. 각 개인은 무리를 이루지 않고 각각 살아갈 것이다. 사회계 약은 이런 관점에서 비로소 정당한 평가가 가능한 개념이다. 즉, '사회계약의 존재는 실증할 수 없다'라는 평가는 무의미하며 사회 계약은 사회구조의 성립이라는 관점에서 착안해야 한다고 생각 한 것이다.

인류의 보편성에 대한 확신

레비스트로스의 문장에는 폭력적으로 침략해오는 서양 사회가 자신들의 기준으로 '미개사회'를 얕보는 것은 부당하다는 느낌이 명확히 드러나 있다. 그러나 여기서 주의해야 할 것은 레비스트로스는 그런 폭력성에 대항하기 위해 '미개사회'를 이상시하는 것은 아니라는 사실이다.

현재 세계의 위기는 서양 근대의 한계를 드러낸다. 지금이야말로 동양의 이상으로 돌아가야 한다. 서양 철학은 물질주의적이며 인간의 소중한 영혼에 착안하는 자세를 잃고 말았다. 그렇기에 이제라도 동양 고유의 사상으로 되돌아가야 한다. 이런 종류의 주장은 서점에 가지 않더라도 인터넷에서 얼마든지 찾아볼 수 있다.

레비스트로스의 저서를 '고전'으로 만드는 것은 그가 그런 반동 형성에 빠지지 않고 인류의 보편성에 대해 굳건한 신념을 품고 있었기 때문이다. 레비스트로스의 근본적 통찰은 '미개사회' 또한 사회로서의 구조를 가지며 그 점에서 서양 사회와 다르지 않다는 것이다. 인류의 보편성에 대한 이런 자세야말로 철학적으로 볼 때 흥미로운 것이다.

철학
베스트
50

에로티시즘

L'Erotisme[181]

: 에로티시즘의 본질론

이 책은 프랑스의 철학자 조르주 바타유의 대표작이다. 주제는 에로티시즘의 본질과 의미다. 우리에게 에로티시즘이란 무엇인가? 인간의 성과 동물의 성은 어떻게 다른가? 에로티시즘과 '미'는 어떤 관계에 있는가? 바타유는 이런 문제를 파고들어 간다.

철학사에서 에로티시즘을 적극적으로 논한 철학자는 바타유가 거의 처음이라고 할 수 있다. 이 책에서는 프로이트와 니체의 사상, 종교학과 인류학의 지식과 견문을 기초로 에로티시즘을 우리 인간에게 본질적인 것으로 그려내고 있다.

언뜻 보기에 에로티시즘과 철학은 의외의 조합이라고 여겨질지

---

181 한글판 『에로티즘』, 2009, 민음사

45

조르주 바타유
Georges Bataille, 1897~1962

에로티시즘의 본질은 생의 쾌락과 금지가 뒤섞인 결합 안에서 주어진다.

도 모른다. 그러나 이 책에는 우리 인간의 모습을 보편적으로 논의하기 위한 본질적인 통찰로 가득하다. 에로티시즘은 철학에서 거의 손대지 않은 채 남겨져 있던 영역이므로 진지하게 마주할 가치가 있는 주제라고 할 수 있다.

에로티시즘은 인간에게 고유하다

바타유는 에로티시즘은 인간에게 고유하며 동물에게서는 찾아볼 수 없다고 이야기한다. 그것은 동물적·본능적인 생식 활동과는 본질적으로 다르기 때문이다. 동물은 생식 활동으로서의 교미밖에 하지 않는다. 성행위를 하는 것은 인간뿐이다. 인간의 성행위와 동물의 교미는 설령 생물학적으로 볼 때 공통점이 있다고 하더라도 그 의미나 가치에서는 본질적으로 다르다.

간단히 말하면 인간은 동물이 발정하는 것처럼 욕정에 사로잡히는 것은 아니다. 에로티시즘은 결코 스위치를 누른다고 발현되지 않는다.

금지의 침범

그러면 인간의 에로티시즘은 도대체 무엇을 조건으로 삼고 있을까? 바타유는 인간 사회는 본질적으로 '노동' 사회이며 규칙에 따른 금지를 필요로 한다고 본다. 노동을 집약하여 조직화하기 위해서는 그 집단에 어떤 일정한 규칙을 만들 필요가 있다. 노동 시간, 명령 계통을 결정하고 각자에게 작업을 할당한다. 규칙을 따르는 한 보수를 받고, 그것에 반했을 경우에는 생선(sanction, 제재)이 내려진다. 에로티시즘은 이런 금지를 규정하는 규칙을 '침범'할 때 생기는 것이다.

침범은 금지 그 자체를 없애는 것은 아니다. 말하자면 일시적으로 해제한다. 그리고 금지의 침범을 달성하면 이번에는 그 침범을 즐기기 위해 굳이 금지를 유지한다. 그 의미에서 '금지는 침범되기 위해 존재하는 것'이다.

지금까지 바타유의 논의를 토대로 하면, 예를 들어 '불륜'에 에로티시즘을 느끼는 조건에 대해서도 알아차릴 수 있다.

- 결혼이라는 제도의 일시적 침범
- 자기 가치의 하락에 대한 불안

불륜은 법적 혼인을 전제로 성립한다. 혼인을 유지하면서 배우자 몰래 다른 상대와 성적인 관계를 가질 때, 우리는 이것을 불륜이라고 부른다. 동거 중인 경우라면 바람이기는 하지만 불륜은 아니다.

불륜이 확실해지면 사회적으로 큰 피해가 발생한다. 배우자에게 고액의 위자료를 청구당할지도 모르고, 직장에서는 소문에 시달릴지도 모른다. 그런 불안을 토대로 사회의 일반 규범을 일시적으로 침범하는 게임으로 행해지기에 불륜은 에로틱한 울림을 띠는 것이다.

여성의 아름다움을 침범하다

그러면 여성은 어떻게 남성에게 욕구의 대상으로 나타나는 것일까? 바타유는 이렇게 논한다.

여성은 매력의 정도에 따라 남성에 의한 침범의 대상, 욕망의 대상이 된다. 화장은 그때, 아름다움에 대한 여성 자신의 관심을 드러냄으로써 가치 있는 대상임을 예감하게 한다. 화장은 금지된 대상의 가치와 매력을 높이도록 작용하고 침범의 욕망을 불러일으킨다. 그러면 그때 도대체 무엇이 침범되는가 하면 그것은 여성의 '아름다움'이다.

"우리에게 아름다움이란 그것이 감춰져 있는 것을 예감할 수 있는 가치와 다름없다. 아름다운 얼굴이나 옷은 침범되어 더러워져야 할 것이기 때문에 의미를 갖는다. 우리는 아름다움 그 자체를 추구하는 것이 아니다. 아름다움을 침범함으로써 맛보는 에로스적 기쁨을 위해 추구하는 것이다."

상당히 과격한 주장이기는 하지만 납득할 수 있는 부분도 있다. 실제로 이 말이 남성에게 있어 여성의 아름다움의 에로스적 측면을 잘 드러내고 있다. 남성은 여성의 나체 그 자체에 에로티시즘을 느끼는 것은 아니다. 여성이 스스로 나체를 일상적으로는 침범하기 어려운 지고한 대상으로서 오직 한 남자 앞에서만 드러내기에 남성은 에로티시즘을 느낀다. 이 '애태움'이 남성의 에로티시즘에 있어 중요한 요소이다.

에로티시즘의 본질론

에로티시즘의 본질은 금지의 침범이다. 왜 이성에 대해 에로틱한 욕망을 품는가 하면 상대가 금지된 존재이기 때문이다. 왜 아름다움을 욕망하는가 하면 우리가 아름다움을 예감할 수 있는 가치를 침범하고 더럽히는 데서 기쁨을 느끼기 때문이다.

> 추함은 그 이상 더럽힐 수 없다는 의미에서, 그리고 에로티시즘의 본질은 더럽히는 것이라는 의미에서 아름다움은 가장 중요하다. 금지를 의미하는 인간성은 에로티시즘에 있어 침범되는 것이다. 인간성은 침범되고 모독당하고 더럽혀지는 것이다. 아름다움이 크면 클수록 더럽히는 행위도 심오한 것이 되어 간다.

이 바타유의 주장은 남성에게는 확실히 납득할 수 있는 부분이 있다. 여성의 나체가 매력을 갖는 것은 그것이 일상 세계에서는 금지되어 있고 지고의 것을 예감하게 하기 때문이다. 그 지고한 것에 한 순간 닿는 것이 에로티시즘의 핵심을 이루고 있다. 이런 주장에 납득하는 남성은 결코 적지 않을 것이다.

다만, 바타유의 말은 여성에게 있어서는 잘 와닿지 않을지도 모른다. 남성과 비교하면 상당한 개인차가 있을 것이다. 나름대로 바타유의 주장에 납득할 수 있는 사람도 있는가 하면, 거의 납득할 수 없는 사람도 있을 것이다.

여성은 어떤 조건에서 에로티시즘을 느낄까? 남성에게 침범되는 것에 의해서일까, 아니면 남성과 마찬가지로 침범하는 것에 의해서일까? 애초에 금지의 침범이 본질적인 조건일까?

바타유는 어디까지나 한 사람의 남성이다. 에로티시즘의 본질론을 위해서는 여성에 의한 통찰이 꼭 필요하다. 젠더론과 비교하면 여성에 의한 본격적인 에로티시즘론은 거의 찾아보기 어렵다. 앞으로 이런 논의가 나타나길 기대한다.

철학
베스트
50

인간의 조건

The Human Condition[182]

: 근대사회가 노동 사회로 전개되는 것을 비판하다

근대사회가 당초의 이념에 반하는 모순을 낳는 것을 지적한 사상의 조류로는 첫째로 마르크스주의가 있다. 근대사회의 골격인 자본주의 자체가 경제 격차를 낳는 구조가 되었다. 그래서 마르크스주의는 공산주의 사회의 실현을 통해 자유와 평등을 달성하는 것을 목표로 삼았다.

아렌트 또한 마르크스주의와는 다른 시점에서 근대사회를 비판했다. 그것이 이 책『인간의 조건』이다. 아렌트는 인간의 조건을 '노동', '작업', '행위'라는 세 가지 관점에서 규정하고 그것을 기초로 근대사회를 비판한다. 비판의 요점은 근대사회가 '노동 사회'

---

182 한글판『인간의 조건』, 2019, 한길사

46

한나 아렌트
Hannah Arendt, 1906~1975

인간은 다윈 이후로 자신들의 선조라고 상상하는 동물 종으로 자진하여 퇴화하려고 하며 실제로
그렇게 되어가고 있다.

로 전개되고 있으며 우리가 인간으로서 자유로운 존재이기 위한
조건인 '작업'과 '행위'를 억압하고 있다는 것이다.

아렌트가 뛰어난 정치철학자라는 사실에는 의심의 여지가 없
다. 이 책에 나타난 사상도 원리적이다. 그러나 독일어를 모국어로
하는 아렌트가 영어로 쓴 이 책[183]은 결코 읽기 쉽지 않다. 그러므
로 여기서는 중요한 부분에 착안하여 요점만 추려내어 확인해가
겠다.

---

[183] 유대인이었던 아렌트는 나치가 독일에서 정권을 획득했던 1933년 프랑스로 망명
했다. 프랑스가 독일에 패배한 뒤, 아렌트는 미국으로 건너가 본격적인 저작 활동을 시작
했다. 이 책이 영어로 쓰인 배경에는 그런 사정이 있다.

인간의 조건은 노동, 작업, 행위

앞서 살펴보았듯, 아렌트에 따르면 우리 인간은 노동labor, 작업 work, 행위action라는 세 가지 조건 아래 있다.

노동은 생존 유지를 위한 활동이다. 인간이 노동을 하는 목적은 생명의 유지에 필요한 것을 만들어내기 위해서다.

작업은 인간의 '비자연성'에 관련된다. 우리는 보통 작업이라고 하면 노동을 떠올리지만 여기서 말하는 작업은 제작 활동(공작, 공예)을 가리킨다. 예술 작품을 영어로 'work of art'라고 하는데 아렌트가 말하는 작업은 이 의미에서 사용되고 있다.

행위는 인간의 '다수성'과 관련된다. 이것은 공적 공간에서 이루어지는 언론, 정치의 조건이다. 아렌트는 여기에 인간적인 자유가 있다고 말한다.

노동 — 필요성에 의한 노예화

우선 '노동'에 대해 확인해보자. 아렌트는 노동의 본질은 필요성[184]에 의해 '노예화'되는 것이라고 말한다.

---

[184] 인간은 계속 삶을 영위하기 위해 최소한의 의식주를 만족시킬 필요가 있다. 여기서 '필요성'은 인간적 생명을 지속시키기 위해 필요한 조건을 말한다.

> 노동하는 것은 필연(필요)에 의해 노예화되는 것이며, 이
> 노예화는 인간 생활의 조건에 고유한 것이었다. 인간은 생
> 명의 필요물에 의해 지배되고 있다. 그렇기에 필연(필요)에
> 굴복하지 않을 수 없었던 노예를 지배하는 것에 의해서만
> 자유를 얻을 수 있었던 것이다.

우리 인간은 생명을 유지하기 위해서 다양한 조건을 만족시킬 필요가 있다. 물을 마시고 밥을 먹지 않으면 굶어 죽고 만다. 역사상 인류가 수렵 채집과 농경을 배운 것은 생명의 필요성에 대처해야 했기 때문이다.

그러나 근대에 들어 상황이 아주 달라졌다. 노동에 사용되는 도구가 극적으로 개량되어 '기계'가 나타난 것이다. 기계의 등장으로 인해 우리는 스스로 몸을 움직여 노동할 필요가 사라졌다. 이것은 언뜻 좋은 일처럼 보이지만 반드시 그렇지만은 않다. 왜냐하면 노동에서 고통이 사라졌기 때문에 우리는 '필요성'에 종속되는 것을 실감하기 어려워졌고, 자유로워지려는 동기를 유지하기 어려워졌기 때문이다.

그 결과, 아렌트는 근대사회에서는 '여가'가 하나의 사회문제로 나타나기 시작했다고 분석한다. 왜 여가가 문제인가 하면, 여가가 본질적으로 노동에 의해 얻어진 부를 소비하는 것으로만 사용되기 때문이다. 여가에서 소비되는 대상은 노동을 뒷받침하는 기본

적인 조건(의식주)에 한정되지 않는다. 여기에는 '작업'에 의해 생기는 제작물도 해당한디. 여가는 세상의 온갖 것을 탐욕스러운 소비의 대상으로 바꾸고 말았고, 자유를 실감하기 위한 '행위'를 향하는 것에서 우리를 멀어지게 했다는 것이다.

작업 ─ 제작 활동

다음으로 '작업'에 대해 살펴보자. 중요한 점은 작업(제작 활동)에 의해 탄생한 '작품'은 그 자리에서 소비되는 것이 아니라 시간의 경과에 따라 내구적으로 사용되는 것이라는 점이다.

그러나 아렌트는 공작 활동 또한 근대사회, 즉 노동 사회의 획일적인 기준(생산성)에 의해 균질화되었고, 그 배경에는 상업 사회에서 소비 사회로의 전환이 있었다고 분석한다. 근대에 이르러 노동 사회가 나타났다. 도구는 기계로 개량되었고, 그 결과 생산 과정에 맞추도록 요구당했다. 인간이 작업 과정을 이끄는 것이 아니라 인간이 기계의 생산 과정에 지배받게 된 것이다.

과거, 제작 작업은 오랜 기간 숙련을 필요로 했고 제작자와 작품은 긴밀한 관계를 맺고 있었다. 그러나 노동 수단이 개량되고 그것이 공장으로 집적되자 짧은 시간 안에 누구나 동일한 물건을 생산할 수 있게 되었다. 기계의 등장과 함께 노동자는 그저 기계를 조작하는 인형이 되고 만 것이다.

또 소비 사회에서는 생산물이 하나의 작품으로 공공의 장에 나와 생산자에 대한 평가로 이어지는 일은 없다. 과거에 생산 활동은 '좋은' 것을 제작하여 그것을 공적 공간에서 비평받고 평가를 받는 것과도 연관되어 있었다. 그러나 소비 사회에서 생산물은 시장에서 교환되고 소비되는 상품에 불과해졌다. 작품은 상품으로, 장인은 노동력으로, 획일적인 기준 아래 평가받게 되고 만 것이다.

행위 ─ 인간관계의 그물코

다음으로 '행위'에 대해 살펴보자. 아렌트에 따르면 행위에는 다음과 같은 본질이 있다.

- 다수성, 타자성, 차이성에 의해 규정된다.
- 행위를 통해 우리는 동등하며 각자 다른 존재가 된다.
- 세계의 현실성의 조건이 된다.

행위란 국적이나 인종, 성별 같은 차이성을 근거로 각자의 고유성과 독자성을 인정할 때 성립하는 언론의 영위다.

아렌트는 행위 공간의 모델로 고대 그리스의 폴리스(도시국가)를 제시한다. 폴리스라는 공적 공간에서 시민은 차이성을 전제로 고유성과 독자성을 서로 인정하고 '공론의 장'에 참가하고 있다. 폴리스의 시민에게는 그곳이 세계의 현실성이나 마찬가지였다.

폴리스란 결코 집이나 공공의 건물로 이루어진 물리적 공간이 아니라 행위에서 발생하는 인간관계의 '그물코'였다. 이런 그물코를 아렌트는 '현상 공간'이라고 부른다.

행위의 핵심은 그 행위의 참가자가 자신이 누구인가라는 정체성을 서로 인정하는 점에 있다. 현상 공간에서 우리는 자신이 누구인가를 나타내고 서로 이해한다. 요컨대 행위를 통해 우리는 서로가 어떤 인간인가를 알 수 있다는 것이다.

아렌트는 행위와 언론을 거의 동일시하고 있지만 반드시 그럴 필요는 없다. 문학, 예술, 스포츠 등 다양한 활동이 행위에 포함된다. 다만 중요한 것은 참가자는 서로 평등하다는 것이다. 대기업 사장도 비즈니스맨도 주부도 학생도 사회적인 권위를 배제하고 대등한 입장에서 현상의 공간에 참가하여 서로 비평하는 것이 행위의 조건이다.

그러나 아렌트는 근대의 노동 사회에서는 현상의 공간이 쓸데없는 행동으로 정리되는 경향이 있다고 한탄한다. 요컨대 그럴 틈이 있다면 일하라는 것이다.

모든 가치에 생명의 유지라는 관점에서 의미를 부여하는 노동 사회에서 행위는 시간 낭비에 불과한 것으로 일축되고 만다.

인간은 동물화되어 가고 있다

마지막으로 아렌트는 근대사회가 노동 사회가 되어버린 이유에 대해 논한다. 그 근본적인 이유는 기독교의 생명관에 있다. 아렌트는 말한다.

"고대 그리스에서는 작업과 행위가 노동 위에 있었다. 기독교는 이것을 전도시켰다. 기독교는 인간의 생명을 최고선이라고 여겼기 때문에 작업과 행위가 생명의 '필요성'에 종속되는 것이 되었고, 노동은 고대 그리스처럼 기피되기는커녕 신성한 의무로 여겨지게 된 것이다."

고대 그리스의 폴리스에서는 언론을 통해 '불사의 명성'을 수립하는 것을 목표로 했다. 그러나 근대에 들어 불사적인 것은 생명 과정의 연쇄뿐이다. 근대사회에서는 노동으로 생명을 유지하는 것만을 추구한다. 인간이 동물로 퇴화하고 있는 것이다. 이런 주장에 이르렀을 때 아렌트는 본론을 끝낸다.

업데이트로 살리는 원리론

이 책에서 아렌트가 제시한 '노동', '작업', '행위'라는 세 가지 개념은 우리의 인생에서 확실히 본질적인 위치를 점하고 있다. 아렌트는 공적 공간은 행위에 있어서의 테이블이라는 관점을 제시하고 있지만 이것은 사회 구상의 관점에서 보더라도 참고가 된다.

한편, 근대 비판으로서는 이미지 선행형의 비관이 두드러진다. 당시 압도적인 공업화의 흐름을 눈앞에서 본 위기감이 강하게 나타나 사회 비판으로서는 그리 원리적이라고는 하기 어렵다. 단, 이 점에서 아렌트를 비판하더라도 별 의의는 없다. 오히려 우리에게 필요한 것은 아렌트의 논의를 현대사회의 상황에 맞춰 업데이트하는 것이다.

아렌트가 살던 시대와 현대사회의 근본적인 차이는 현대사회가 정보화 사회라는 점에 있다. 컴퓨터와 인터넷의 폭발적인 보급에 의해 우리 삶의 조건은 근본적으로 변화했다. 노동, 작업, 행위 모든 것이 아렌트의 시대와는 전혀 다른 상황에 있다고 할 수 있다. 이 사실을 토대로 우리의 삶을 뒷받침하는 근본적인 조건을 보고 그것을 완전히 만족시킬 수 있는 사회를 구상하는 것이 이 책을 계승하여 몰두해야 할 문제이다.

철학
베스트
50

혁명론

On Revolution[185]

: 자유는 공적 공간을 필요로 한다

자유란 무엇인가? 근대 이후로 철학자들이 수없이 묻고 각자의 접근법으로 해답을 내려온 문제이다. 루소와 헤겔은 '일반의지'와 '인격의 상호 승인'의 개념으로 대답한다. 아렌트는 이 책에서 프랑스혁명[186]과 미국독립혁명[187]에 관한 고찰을 통해 이 문제를 다른 각도에서 대답하려고 시도한다.

이 책의 해답을 미리 살펴보면 다음과 같다.

---

185 한글판 『혁명론』, 2004, 한길사
186 1789~1799년에 걸쳐 프랑스에서 발생한 시민혁명. 부르봉 왕가의 실패, 계몽사상의 영향, 제3신분(평민)의 대두 등으로 일어났다. 바스티유 감옥 습격으로 시작되어 인권 선언의 공포를 거쳐, 왕정은 폐지되었고 루이 16세가 처형되었으며 공화제가 성립되었다. 로베스피에르에 의한 공포정치, 총재정치 시대를 거쳐 나폴레옹의 제1제정에 의해 종결되었다.

47

한나 아렌트
Hannah Arendt, 1906~1975

반란과 해방이 새롭게 획득한 자유를 동반하지 않는다면, 그런 반란과 해방만큼 무익한 것은 없다.

    자유는 공적 영역으로의 참여를 의미한다. 자유와 비슷한 개념으로 '해방'이 있다. 그러나 해방과 자유는 본질적으로 다르다. 왜냐하면 자유는 해방과 달리 창설되지 않으면 존재하지 않기 때문이다. '자유의 창설'을 완수할 수 있는가, 여기에 혁명의 성공이 달려 있다.

    마르크스주의에 대항하여 나타난 포스트모던 사상[188]은 반권력의 관점에서 자유와 해방을 동일시하여 논하는 경향이 있다. 이 책

---

187   18세기 후반, 영국의 식민지였던 미국이 독립하여 공화제 국가를 설립한 혁명. 영국이 식민지였던 미국의 13개 지역에 과세를 강화한 데 대해 식민지 측은 대륙 회의를 개최하는 등 저항했다. 1775년 영국군과 교전 상태에 돌입하여 이듬해 제퍼슨이 기초한 '독립 선언'을 발표했다. 식민지였던 미국은 영국의 숙적 프랑스의 원조를 받아 전쟁에서 승리했다. 1783년 파리 조약에서 독립이 달성되었다.

에서 아렌트가 논하는 권력론은 포스트모던 사상의 표상적인 비판과는 달리 견실한 것이다.

혁명은 자유 의식에서 도출된다

애초에 혁명이라는 개념은 무엇을 계기로 등장했을까? 아렌트는 그 계기를 근대에 와서 '자유' 의식이 싹텄기 때문이라고 본다. 그리고 이것이 중세에서 근대로의 이행을 초래한 근본적인 조건이라고 말한다.

기독교의 권위가 압도적인 힘을 갖고 있던 중세에는 역사의 과정은 신에 의해 결정되었고, 사람들에게 문제는 그 세계관을 올바르게 받아들일 수 있는가였다. 계층은 고정되어 있었고, 그에 대한 반항은 허용되지 않았다. 봉건 영주의 아이는 봉건 영주, 농노의 아이는 농노로 태어날 수밖에 없었다.

그러나 근대에 들어서면 사회적인 격차가 하나의 모순이자 해결해야 할 문제로 비춰진다. 빈곤은 결코 신에 의해 정해진 운명이

---

188 포스트모던이란 현대를 자유와 평등 같은 '커다란 이야기(리오타르)'에 의해 규정되는 근대 '이후' 시대로서 표현되는 개념. 포스트모던 사상은 그런 시대 상황에 호응하여 나타난 사상의 흐름을 가리킨다. '차이'와 '다양성'이 키워드이다. 푸코, 들뢰즈, 데리다가 대표적이다.

아니다. 인간은 사회를 재편하여 빈부격차를 해결할 수 있다. 이런 확신이 혁명의 조건이라고 아렌트는 설명한다.

서두에 기술했듯, 아렌트는 해방과 자유는 본질적으로 다르다고 주장한다. 사람들을 억압에서 해방하면 그때부터 자유가 저절로 생기는 것은 아니다. 자유는 실질적인 사회제도를 필요로 한다. 국가의 통치 형태를 조직하여 자유를 창설하는 혁명만이 혁명의 이름에 값하는 것이다.

자유의 창설은 권력 구조의 창설과 불가분의 관계이다. 해방이 공적 공간을 유지하는 권력을 낳지 않고 열정과 결합하여 대중 구제의 방향을 향할 때 혁명은 폭력에 의해 실패로 끝날 수밖에 없다. 아렌트에 따르면 프랑스혁명은 바로 그런 이유로 공포정치에 이르렀던 것이다.

프랑스혁명과 미국독립혁명의 차이

아렌트는 프랑스혁명과 미국독립혁명을 다음과 같이 구별한다.

- 프랑스혁명이 실패한 이유 : 해방에 머물러 자유의 창설로 이어지지 않았기 때문.
- 미국독립혁명이 일단 성공한 이유 : 해방을 근거로 권력의 구

성에 기초하는 자유의 창설을 지향했기 때문.

미국독립혁명에 대해 '일단'이라고 단서를 단 까닭은 아렌트는 미국독립혁명을 완전한 성공으로 평가하는 것은 아니기 때문이다. 미국독립혁명은 처음에 성공한 것처럼 보였지만 사람들이 참가할 수 있는 공적 공간을 만들지 못했기 때문에 자유의 창설에 실패했다고 생각한 것이다.

미국독립혁명에 대해서는 나중에 확인해보기로 하고 우선은 프랑스혁명이 실패한 이유에 관한 아렌트의 견해를 살펴보자.

프랑스혁명이 실패한 이유

아렌트는 프랑스혁명이 실패한 근본적 이유를 로베스피에르를 대표로 하는 지도자들이 혁명의 목적을 인민의 행복과 풍요로움에 두었던 데서 찾는다.

혁명의 목적을 자유의 창설에서 인민의 행복으로 돌릴 때 혁명은 실패로 끝난다. 이것은 언뜻 역설적으로 여겨질지도 모른다. 그러나 아렌트에 따르면 빈곤에 허덕이는 인민을 '필요성'에서 구해내려고 하면 혁명은 그 본질적인 목적, 즉 자유의 창설이라는 과제를 잃고 만다.

아렌트는 프랑스혁명에 의해 자유를 실감할 수 있었던 것은 사실 극소수이며 빈곤에 허덕이는 대다수의 인민은 자유는커녕 해방을 실감하는 것조차 불가능했다고 분석한다. 그런 인민에 대한 '동정'이 프랑스혁명을 실패하게 했다고 말한다.

왜 동정이 혁명을 실패로 이끌었을까? 그것은 동정 그 자체는 결국 열정이며 결코 제도를 만들지 않기 때문이다. 프랑스혁명의 지도자들은 빈민에 대한 동정에 마음이 움직였다. 그 결과, 혁명에 '필요성'이라는 요소가 들어가고 말았다. 이로써 공적 영역에서 자유를 창설하는 것은 불가능해졌고, 혁명은 공포정치에 다다르고 말았다는 것이다.

미국독립혁명이 일단 성공한 이유

다음으로 아렌트는 미국독립혁명에 착안하여 미국독립혁명과 프랑스혁명의 본질적 차이를 권력 시스템의 구조에 둔다. 프랑스혁명은 해방을 목표로 한 결과 공포정치에 이르렀다. 한편, 미국독립혁명에서는 독립 전쟁은 해방을 넘어 국가의 구성으로 향했다. 여기서는 권력 구성이 적극적으로 추구되었고, 그 결과 혁명의 목적인 자유의 구성이 이루어졌다. 그렇게 아렌트는 미국독립혁명을 평가한다.

미국독립혁명에서 수립된 권력의 기초는 '호혜주의'와 '상호성'에 있었다. 이렇게 말하면 어렵게 들릴지도 모르지만, 요컨대 미국독립혁명에서는 서로의 약속을 토대로 동맹을 맺음으로써 권력이 설립된다고 생각한 것이다.

권력과 자유는 결코 상반하는 것이 아니다. 오히려 자유는 확고한 권력 기반이 없으면 성립할 수 없다. 따라서 문제는 일반적 권력에 대한 것이 아니라 상호 합의에 기초하여 권력 구조를 수립하는 데 있다. 이것은 아렌트가 비판하는 루소에게서도 공통적으로 나타나는 통찰이다.

그러나 아렌트의 강조점은 합의 그 자체보다도 합의가 통치에 상호 참가를 낳는가 하는 점에 있다. 합의라 하더라도 그것이 정부에 통치를 모두 위임한다면 의미가 없다. 합의가 서로 결정을 내리는 통치로 이어지지 않는다면 합의는 자유 창설의 원리라고 간주할 수 없다고 생각하는 것이다.

공적 공간의 창설에 실패하다

미국독립혁명은 합중국 헌법의 제정으로 일단은 성공한 것처럼 보인다. 그러나 아렌트는 출발점에서 치명적인 실수를 저질렀다고 말한다. 그것은 자유의 창설이 자각적으로 이루어진 행위라는 것을 사람들이 의식할 수 있는 공적 공간, 서로 통치에 참가하는 시스템을 만드는 데 실패했기 때문이다.

자유는 구성되었다. 그러나 공적 공간이 창설되지 않았다. 그 결과 시민적 자유, 개인의 복지 그리고 여론의 문제가 남았다. 여기에 결정적인 문제가 있다.

아렌트는 여론에 대해 부정적이다. 왜냐하면 여론은 압도적인 힘으로 전원 일치를 추구하며 개인의 의견을 압살함으로써 공화제의 본질인 '자유로운 통치'의 근간을 위협하기 때문이다. 해밀턴Alexander Hamilton[189]이나 제퍼슨Thomas Jefferson[190] 같은 미합중국의 건국자들에게 있어 여론이 주도하는 정치는 새로운 전제 지배의 형태로 위협처럼 비쳤던 것이다.

당연히 제퍼슨도 여론의 지배를 앞에 두고 그저 수수방관하고 있었던 것은 아니다. 제퍼슨은 사람들이 통치에 참가하여 공적인 사항에 관심을 갖게 하기 위한 제도로서 타운십과 타운홀 미팅에 강한 기대를 걸고 있었다. 그런 제도에 의해 자유의 지속적인 구

---

189 1755~1804. 미국의 정치가. 독립 전쟁에서는 미합중국 초대 대통령 워싱턴과 함께 부통령으로 활약했다. 강력한 중앙 정치의 필요성을 설명하고 헌법 제정 운동에 참가했다. 미합중국 헌법의 기초를 세운 것으로 유명하다. 1804년 7월, 정적 애런 버와의 결투에서 총탄을 맞고 사망했다.

190 1743~1826. 미합중국 제3대 대통령(재임 1801~1809). 공화제를 추진했으며 초대 국무장관, 제2대 부대통령을 역임했다. 대통령으로 재임하던 중, 나폴레옹 정권하의 프랑스로부터 루이지애나 주를 사들였다.

성을 실현하고자 했던 것이다.

그러나 아렌트는 실제로는 그렇게 되지 않았다고 분석한다. 왜냐하면 자유의 구성을 위해 만들어진 미국 헌법이 공적 공간을 사람들의 대표자에게만 부여했기 때문에 사람들이 공적인 사항에 무관심해지는 것은 구조상 필연적이었기 때문이다.

자유를 함께 구성하다

아렌트의 자유론은 해방과 자유의 본질적인 차이에 대한 통찰에 의해 관철되어 있다. 확실히 안정된 권력 구조와 통치가 존재하지 않는 곳에서 사람들이 지속적인 자유를 누릴 수는 없다. 이것은 몇십 년에 걸쳐 내전이 계속되고 있는 지역을 보면 금세 이해할 수 있다. '권력은 자유의 적이다'라는 관점은 그런 현실의 무게를 생각하면 너무나도 소박하다.

자유를 실질화하려면 그에 알맞은 제도가 필요하다. 이 통찰은 확실히 납득할 수 있다. 그러나 그것과 함께 아렌트가 강조했던 것은 그런 제도는 사람들이 공적 공간에 참가하지 않게 되면 유명무실해질 수밖에 없다는 것이다.

20세기에 혁명의 참상 안에 덮어버린 것은 틀림없이 이런 국가의 변용에 대한 희망, 즉 근대적인 평등주의적 사회의 모든 구성원이 공적 문제의 '침가자'가 될 수 있는 새로운 통치 형태에 대한 희망이나 다름없었다.

이 책의 마지막에서 아렌트는 엘리트층에 의한 통치에 대해 비판한다. 엘리트층에 의한 통치 그 자체에 문제가 있는 것은 아니다. 문제는 통치가 하나의 전문적인 직업이 되어버린 데 있다.

자유는 공적 공간에 참가할 때 성립한다. 그러므로 각자가 한 명의 시민으로서 정치에 참가할 수 있는 시스템을 설립하지 못하면 자유의 창설이 성공했다고는 할 수 없다. 정치의 전문 직업화라는 흐름이 사람들에게 통치에 종사할 기회와 함께 시민 감각도 앗아가 버렸다고 아렌트는 지적한다.

전체성과 무한

Totalité et Infini: Essai sur l'extériorité[191]

: 윤리의 조건은 나의 내부에 있다

중세 유럽에서 선의 근거는 기독교의 신에게 있었다. 선은 신의 은총에 의해서만 도달할 수 있었다. 이런 생각은 르네상스를 거쳐 근대 철학에 와서 근본적으로 바뀌었다. 칸트는 『순수이성비판』에서 인간은 자신의 이성으로 무엇이 좋은 것인가를 알고 그것을 목표로 삼을 수 있다고 설명하고, 헤겔은 『정신현상학』에서 전지全知는 존재하지 않는다는 전제에서 성립하는 개인 간의 상호 승인만이 윤리의 근거라고 논했다.

여기서 살펴볼 프랑스의 철학자 레비나스는 이런 태도를 포함하여 그때까지의 철학에서 윤리를 파악하는 방법에 대해 근본적

---

191   한글판 『전체성과 무한』, 2018, 그린비

48

에마뉘엘 레비나스
Emmanuel Levinas, 1906~1995

타자의 저항에는 오히려 적극적인 구조가 있다. 즉 윤리라는 적극적인 구조가 있다.

인 비판을 시도한다.

"인간이 가진 이기주의는 애초에 윤리에 반하는 것이 아닌가. 이기주의의 폭주야말로 가혹한 전쟁을 초래하는 것은 아닐까? 그리고 만약 그렇다면 도대체 무엇이 윤리의 근거가 되는 것일까?"

레비나스는 이 책에서 후설의 '발생적 현상학'을 인용하여 이 질문에 답하려고 한다. 후설의 현상학은 주로 두 가지로 구별된다. 첫 번째는 정태적 현상학이다. 이것은 현재의 의식 체험을 반성함으로써 소박한 세계 확신이 어떤 조건에 의해 뒷받침되는가를 확인하려는 것이다.『현상학의 이념』이나『순수 현상학과 현상학적 철학의 이념들』은 정태적 현상학의 저서이다.

반면 발생적 현상학은 그런 세계 확인이 과연 어떻게 성립(발생)

해왔는가를 밝히려고 한다. 정태적 현상학이 현재의 의식을 토대로 삼고 있는 데 비해 발생적 현상학은 그것을 거슬러 올라가 자연적인 세계가 성립하는 본질적인 구조를 가설로써 제시한다. 예를 들어, 우리는 자신이 유아였던 시절의 기억을 갖고 있지 않지만 유아를 관찰하여 유아의 세계가 어떤 것인지 유추할 수 있다. 레비나스가 시도하려는 것도 사실 거기에서 그리 벗어난 것은 아니다.

미리 밀해두자면 레비나스의 저서는 모두 읽기 어렵지만 이 책은 그중에서도 특히 난해하다. 기술은 뒤섞여 있고 전체상은 파악하기 어렵다. 그 이유는 아마 레비나스가 자신의 경험을 몇 번이나 되짚어보고 잊었던 체험을 파헤치면서 고찰을 진행하기 때문일 것이다. 이 점에서 보면 레비나스의 서술 방식은 발생적 현상학을 따르고 있다고 할 수 있다.

양식의 향수

윤리의 근거는 무엇인가? 이 문제에 파고들 때 레비나스는 윤리의 근거는 주체로서의 실존이라는 전제를 둔다. 레비나스는 윤리의 근거를 종교의 가르침이나 관습의 규칙에서 안이하게 찾으려고 하지 않는다. 어디까지나 개별 주체 안에서 도출해야 한다고 생각했다. 그러면 그 주체는 도대체 어떻게 성장해가는 것일까? 자신은 도대체 어떤 계기로 윤리를 갖게 되었을까? 이 질문에 대한 대답을 구하기 위해 레비나스는 우리 자신의 성장에 착안하여 윤리를 갖춘 주체가 성장해가는 과정을 그려내려고 한다.

레비나스는 실존이 성립하는 첫 번째 조건을 양식의 '향수享受'[192]라고 보았다. 향수란 '~에 의해' 생을 꾸리는 것을 말한다. 향수 안에서 실존은 욕구를 만족시킨다. 실존은 '감수성' 안에서 주어진 양식을 직접 맛보고 행복 안에 있다. 레비나스는 말한다.

"이미 처음부터 삶은 사랑받고 있다."

양식으로 삶을 영위하는 것은 '행복의 연관'을 살아가는 것이다. 이해하기 어려울 듯하니 예를 들어 보겠다. 우리는 커피를 마실 때 살기 '위해' 마신다고는 생각하지 않는다. 그것이 아니라 커피를 맛보는 것에 '의해' 살아 있다는 느낌을 갖는다. 레비나스는 그런 행복은 '~에 의해'에 둘러싸여 윤리의 토대가 되는 실존이 자라기 시작한다고 생각하는 것이다.

---

192 우리의 생은 아렌트적인 '필요성'으로 충족될 뿐만 아니라 무엇인가를 즐기는(향수하는) 것으로도 뒷받침되고 있다. 식후의 커피, 목욕 후의 맥주 등처럼 무엇을 위해서가 아니라 그저 그 '행복한 한때'를 즐길 때 깊은 '행복'을 느낀 적이 있을 것이다. 어머니의 품에 안긴 아이의 만족스러운 표정은 완전한 행복 안에 있는 실존의 모습을 제시하고 있다.

횡령과 전체성

그러면 향수를 근거로 한 실존의 그 후를 레비나스는 어떻게 그려 내고 있을까? 계속해서 살펴보자.

실존은 주어진 행복에 만족하지 못하고 향수의 대상을 발견하고 그것을 자신의 소유로 만들려고 한다. 그 시도는 '노동'으로 나타난다. 노동은 향수를 연기한다. 실존은 더욱 큰 향수를 기대하고 노동에 힘쓰는 것이다.

레비나스는 노동을 가능하게 하는 조건을 '집'[193]이라고 생각했다. '우리 집'은 친밀한 공간이다. 실존은 집이라는 친밀한 공간에 살며 안정을 얻고 자기를 배려할 수 있게 되고 윤리를 담당하는 밑바탕을 만든다.

그러나 실존은 노동에 의해 거대한 폭력의 응수에 휘말린다. 그것은 어째서일까? 레비나스는 다음과 같이 생각한다. 우선 노동은 '작품'을 낳는다. 그 작품은 시장에서 일반적인 가치에 적용되고, 그 가치는 화폐에 의해 가늠된다. 작품은 제작자의 손을 떠나 작품의 체계 안으로 편입되어 타자에게 '횡령'[194]되는 것이 된다.

레비나스가 제시한 횡령의 궁극적인 모습은 전쟁이다. 전쟁에

---

193 실존은 '우리 집'에서 안심을 느낀다. 바깥 세계의 찬바람을 맞더라도 집에 돌아가면 따뜻한 애정의 온기를 느낄 수 있다. 그런 애정을 근거로 실존은 자기애를 기르고 자기 자신을 존경하며 소중한 존재로서 배려할 수 있다는 것이다.

있이 국가는 각각의 실존을 절대적인 질서에 의해 동원한다. 집에 사는 실존은 이런 거대한 폭력의 응수에 휘말려가는 것이다. 이런 상황에서 과연 윤리는 가능할까? 레비나스는 가능하다고 말한다. 그렇다면 어떻게 가능하다는 것일까? 횡령에서 '증여'[195]로 전환될 때 가능해진다.

횡령에서 증여로 ― 타인의 얼굴

'우리 집'에서 양식을 향수하는 실존은 자기애를 갖추고 자기 배려가 가능해졌으며 '노동'에 의해 양식을 만들어내는 능력을 손에 넣었다. 그러나 이 단계에서는 횡령에서 증여로 향할 수는 없다. 왜냐하면 실존은 아직 타인에게 열리기 위한 원리를 손에 넣지 못했기 때문이다.

레비나스가 말하는 타인이란 단순히 타인이라는 의미는 아니

194　애정으로 둘러싸인 '우리 집'에서 일단 밖으로 나가면 그곳은 황량한 생존 경쟁의 전쟁터이다. 누군가에게 뒤처지지 않도록 조심하는 것뿐만 아니라 자신 또한 누군가를 앞지르지 않으면 눈 깜짝할 새 짓눌리고 만다. 그야말로 '가는 곳마다 귀신뿐'이다. 레비나스에 따르면 그런 이기주의의 투쟁이 극대화한 상태가 '전쟁'이다.

195　횡령에서 증여로의 전환은 어떻게 하면 가능해질까? 레비나스는 이 문제에 몰두할 때 종교의 가르침에 의지하는 것을 금한다. 신의 명령 이외에 도대체 무엇이 증여를 가능하게 하는 것일까? 이후, 레비나스는 이 점에 대해 대답을 부여하기 위해 고찰을 진행해간다.

다. 예를 들어, 고아나 과부처럼 누군가 지금 바로 손을 뻗어주기를 바라는 타인을 말한다. 여기서 레비나스는 타인의 '얼굴'이라는 개념을 제시한다. 타인은 '얼굴'에 의해 '내' 안에 동일화되는 것을 거부하는 존재로서 '나'의 맞은편에서 직접 '계시'된다. 즉, 절대적 타인이 그때까지 '집'에 살고 있던 존재에 대해 선을 다해야 할 이유를 직접 알려준다는 것이다.

증여의 조건 — 여성과 스승

그러면 어떻게 타인을 받아들일 수 있는 것일까? 끈질기게 느껴질지도 모르지만 이 질문에 답할 때 종교나 교리를 근거로 삼을 수는 없다. 대신 우리 자신의 기억을 더듬어 무엇이 윤리의 근거로 작용하는가를 명확히 할 필요가 있다. 우리는 도대체 어떻게 윤리관을 형성해왔을까?

　레비나스 또한 자신의 기억을 더듬어 타인의 '얼굴'이 윤리의 조건으로 작용하기 위한 전제 조건을 추려낸다. 레비나스의 통찰에 따르면 그 전제 조건은 다음의 두 가지다.

- '여성'으로부터의 '다정함'
- '스승'으로부터의 '말'

우선 '여성'으로부터의 '다정함'에 대해 살펴보자.

실존은 처음에는 '집'에서 양육되어야 한다. 어렸을 때는 스스로 양식을 만드는 능력을 갖추지 못한 상태이기 때문이다. '우리 집'과 양식은 처음에는 양육자에 의해 부여되어야 한다. 애정을 갖고 그것들을 실존에 부여하는 양육자를 레비나스는 상징적으로 '여성'이라 부른다. 여기서 말하는 '여성'은 기본적으로는 어머니를 떠올리면 좋지만 반드시 그래야만 하는 것은 아니다. 실존을 받아들이는 다정함을 '여성'이라는 키워드로 상징적으로 표현하고 있는 것이다.

그러나 '여성'으로부터의 애정을 받은 실존은 아직 증여할 단계에 다다른 상태는 아니다. '집'에서의 친밀성은 타인에 대한 이기주의로 작용하는 경우가 있기 때문이다. '여성'에게 받은 애정을 그대로 타인에게 베풀 수 있는 경우도 있고, 제멋대로 자라는 경우도 있다. 실존의 자기애는 제삼자의 엄격한 비판에 의해 추궁될 필요가 있는 것이다.

거기서 등장하는 것이 '스승'이다. 여기서 말하는 '스승'은 이해하기 쉽게 예를 들면 고등학교 생활지도 선생님을 떠올리면 된다. 등교 시간에 지각을 해도 처음에는 어느 정도 너그러이 넘어가 주지만 그것을 믿고 지각하는 버릇을 들이면 머지않아 교무실로 불려간다. 처음에는 나쁜 일을 하고 있다는 자각이 없기 때문에 호출을 받으면 흠칫 놀란다. '아, 내가 너무 안일했나…' 하고 두려워하며 교무실에 가면 "넌 지각을 밥 먹듯이 하더라! 어떻게 된 거냐. 정신 똑바로 차려!" 하고 설교를 듣는다. 대부분의 경우 그때 솔직히 반성하고 "알겠습니다. 내일부터 조심하겠습니다"라고 대답할 것이다. 이런 종류의 '꾸중'을 레비나스는 '스승'에 의한 심문(추궁)이라고 생각하는 것이다.

'스승'은 '말'로 실존에게 규칙을 부여한다. 만약 '스승'이 없다면 실존은 제멋대로 자라고 만다. 무엇이 따라야 할 규범인지, 무엇이 선이고 악인가에 대해서는 '집'에 살기만 해서는 이해할 수 없기 때문이다.

실존은 '여성'으로부터는 다정함을, '스승'으로부터는 규칙을 부여받는다. '여성'에게 다정하게 받아들여진 경험을 떠올리면서 자신이 선을 다해야 하는 존재라는 자각을 토대로 도움을 구하는 타인을 받아들이고 타인에 대해 '증여'를 행할 수 있게 되는 것이다.

타인을 받아들이는 한정된 관계에 머물지 않고 공공적인 차원으로 개방되어 간다. 레비나스는 타인과의 그런 관계를 '형제 관계(동포애)'[196]라고 불렀다. 형제 관계에 있어 받아들이는 책임에는 한계가 없다. 타인은 한계 지점에서 '여기까지가 형제 관계다'라는 규정을 둘 수는 없기 때문이다.

---

[196] 기독교에는 "네 이웃을 네 몸같이 사랑하라"는 이웃에 대한 사랑에 관한 윤리가 있다. 레비나스는 종교의 뒷받침 없이 윤리의 기초를 다지기 위해 형제 관계를 하나의 과제로 제기하고 있다.

그러나 나의 생에는 죽음이라는 한계가 있다.

여기에는 형제 관계를 망가뜨릴 수도 있는 중대한 문제가 있다. 책임이 늘기만 할 뿐, 그것을 다하는 데 희망이 존재하지 않는다면 우리는 책임을 다하려는 동기를 가질 수 없기 때문이다. 갚아도 빚이 계속 불어난다면 갚고 싶은 마음이 들지 않을 것이다.

다산성이 현재와 미래를 연결한다

레비나스는 이 문제를 해결하기 위한 원리로써 '다산성'[197]이라는 개념을 도입한다. 다산성은 자신의 자녀나 자손, 혹은 뒤따르는 세대 전체를 가리킨다고 볼 수 있다. 레비나스는 다음과 같이 논한다.

"남성이 여성에게 품는 에로스적 관계에 대해서는 남성이 자신의 주관성에서 벗어나는 동시에 다시 되돌아오는 듯한 운동이 나타난다. 남성은 사랑해야 할 타인을 찾아내어 애무를 한다. 애무는 감각적인 것을 초월하여 '자신의 형태를 끊임없이 기피하며 미래를 향하는 것'을 일으킨다."

---

197 형제 관계는 윤리를 다해야 할 책임이 무한하다는 것을 밝혔다. 형제 관계에 비유하면 나의 실존 따위는 하나의 티끌에 지나지 않는다. 레비나스에 따르면 다산성은 이런 허무주의를 타파할 원리다.

상당히 진부한 말이지만 이 말은 요컨대, 생식 행위는 자손을 남기는 방법으로 미래와의 관계를 '현재에' 만들어낸다는 것이다. 레비나스는 이런 미래와의 관계 안에서 타인을 받아들이는 책임을 다하기 위한 원리를 본다.

> 다산성이 노화를 낳지 않는 역사를 계속시킨다. 무한한 시간에 의해 늙어가는 주체에 영원한 생명을 부여할 수는 없다. 무한한 시간이란 모든 세대의 비연속성을 꿰뚫고 더욱 좋은 것이자 아이의 무한히 길어 올릴 수 없는 젊음이 그 시간을 새기고 있는 것이다.

아이는 이른바 자신의 분신이자 더욱 좋은 세계를 실현하는 희망, 가능성으로 나에게 나타난다. 그 가능성을 믿을 수 있다면 나는 '여성'과 '스승'에게 이어받은 책임의 바통에서 의미를 찾아낼 수 있다고 생각하는 것이다.

윤리의 가능성을 둘러싸고

이 책에서 레비나스가 시도한 것은 '횡령'의 네트워크가 '증여'의 네트워크로 전환함으로써 윤리의 가능성에 기초를 만든 것이다.

여기서 레비나스가 직면한 문제는 우리가 자발적으로 증여를 하는 조건은 도대체 어디에서 찾을 수 있는가 하는 점이다. 영원히 갚을 수 없는 빚과 마찬가지로 계속 불어나는 책임을 다하려고 하는 동기를 우리는 유지할 수 없다. 증여를 의무로 부여한다면 이야기가 빠르겠지만 레비나스에게 이것은 너무나 소박한 선택지였다. 만약 그렇게 해서 윤리의 문제가 모두 해결된다면 애초에 '횡령'의 궁극적인 형태인 전쟁은 발생하지 않았을 것이다.

이 문제에 대해 레비나스가 제시한 해결책은 '증여'의 네트워크에 아이, 자손의 관념을 도입하는 것이다. 지금 모든 타인을 받아들이는 것은 불가능하다고 해도 이후 어떤 시점에, 다음 세대에 희망을 품을 수 있다면 우리는 지금 '젊음'을 되찾고 '책임의 바통 터치'로 복귀하여 다시 달리기 시작할 수 있을 것이라고 생각한 것이다.

물론 이것은 레비나스의 가설 가운데 하나에 지나지 않지만 다음 세대의 가능성을 믿는 것이 윤리를 구성할 때 중요한 조건이라는 것은 확실하다고 할 수 있지 않을까.

'미래의 타인이 바통을 이어줄 것이다'라고 믿고 자신이 할 수 있는 범위 안에서 책임을 다할 수 있다면 사회를 무한히 확대하는 '증여'의 네트워크로서 재정립할 수 있을 것이다. 레비나스는 이런 사고방식을 제시함으로써 이기주의를 대신하는 윤리의 근거를 제시하려고 시도했던 것이다.

말과 사물

Les mots et les choses[198]

: 포스트모던 사상의 대표작

20세기 후반, 프랑스에서는 포스트모던 사상이 나타났다. 이번에 살펴볼 미셸 푸코는 포스트모던의 대표적인 사상가이다. 포스트모던 사상의 중심은 근대사회의 제도가 모순의 구조라는 것을 나타내는 데 있다. 자유나 평등 같은 이념에서 가족과 국가 같은 제도에 이르기까지 근대사회 자체가 사실은 폭력과 억압에 의해 뒷받침되어 있다는 주장에 따라 반권력, 반제도, 반보편성 같은 자세를 강하게 내세우는 점에 포스트모던 사상 전체의 특징이 있다.

이 책에서 푸코는 역사상 방대한 데이터를 토대로 '근대'가 시대의 흐름 안에서 나타난 하나의 현상에 지나지 않는다는 것을 제

---

198   한글판 『말과 사물』, 2012, 민음사

49

미셸 푸코
Paul Michel Foucault, 1926~1984

우리 사고의 고고학이 보여주듯이 인간은 날마다 새롭게 나타나는 발명에 지나지 않는다. 그리고 아마도 그 종언은 아주 가까울 것이다.

시하고, 근대사회의 제도나 구조 등 보편적이라고 여겨지는 것에 절대적인 근거가 존재하지 않는다는 사실을 밝히려고 한다.

그때 푸코가 사용하는 것이 '에피스테메'[199]라는 개념이다. 에피스테메란 한마디로 말해 '지식의 틀'을 뜻한다. 모든 지식은 에피스테메를 기초로 이루어진다. 시대마다 각각의 에피스테메가 있고, 사람들은 그것에 따라 세계를 인식하고 있는 것뿐이다. 그러므로 보편적인 인식이라는 것은 성립하지 않는다. 푸코는 에피스테메라는 개념에 이런 메시지를 부여하는 것이다.

---

199 그리스어로 '지식'을 뜻한다. 푸코는 이 말을 어떤 시대에 있어 지식의 제도적 틀이라는 의미로 사용한다.

푸코는 서양 문화에는 두 가지 커다란 단절이 있다고 말한다. 그 중 하나는 16세기부터 17세기 후반의 고전주의 시대이며, 다른 하나는 근대다. 그것에 따르면 서양 문화는 고전주의 시대 이전, 고전주의 시대, 근대로 구분되고, 각각의 시대에는 각각의 에피스테메가 존재하게 된다.

근대의 지식 또한 하나의 상대적인 것에 지나지 않는다는 것을 상징하는 개념으로서 푸코는 '인간'에 착안한다. 언뜻 보기에 지식의 상대성과 '인간' 개념은 거의 관계가 없는 것처럼 여겨질지도 모른다. 그러나 푸코는 '인간'이란 근대 고유의 에피스테메에서 태어난 것에 지나지 않는다[200]고 말한다. 즉, 일단 근대의 에피스테메가 바뀌면 '인간'은 파도가 밀어닥치는 해안의 모래처럼 소멸하고 만다는 것이다.

고전주의 시대의 에피스테메

그러면 우선 고전주의 시대의 에피스테메가 어떤 것이었는지 푸

---

[200] 여기서 말하려는 것은 마치 우리가 자명하다고 생각하는 것은 모두 시대의 지식의 틀에 의해 규정된 것에 지나지 않는다는 것. '인간'도 그렇다. 근대에 나타난 '인문과학' 은 마치 우리가 인간에 대해 절대적으로 확실한 지식에 도달한 것처럼 생각했지만, 그것 은 큰 착각이라는 것이다.

코의 서술을 따라 확인해보자.

고전주의 시대 이전 지식의 패러다임으로는 '유사類似'[201]가 중요한 역할을 했다. '유사'란 말과 사물의 대응 관계를 가리킨다. 고전주의 시대 이전에는 '말은 어떻게 사물끼리의 관계를 반영할 수 있는가?'라는 것이 문제였다. 그러나 고전주의 시대에 들어서자 말과 사물의 '유사'는 배경으로 물러난다. 말은 사물의 질서에 대응하지 않게 되고 독자적 질서를 구성하게 된다.

그런 지식의 틀을 푸코는 '표表'[202]라는 용어로 부른다. 표에서는 '말'과 '사물'의 관계가 아니라 '말'의 상호 관계가 문제가 된다. 사물의 표상이 표의 질서 안에서 도표화되고 정리된다. 표의 패러다임에서 지식의 체계에는 말의 일반적인 질서를 논하는 '일반 문법'이나 자연 사물의 체계를 정리하는 '박물학', 사물이 갖는 가치의 척도를 논하는 '부의 분석'이 등장한다.

표의 패러다임에서 핵심은 표는 독자적 질서이기는 하지만 그

---

201 '말'이 얼마나 '사물(현실)'을 반영할 수 있는가라는 틀이 생긴 고전주의 이전에는 말이 사물의 '표식'이었다. 푸코에 따르면 상형문자는 '말'을 '사물'과 비슷한 형태로 만든 것이며, 점은 '사물'을 해석함으로써 현실을 예언하는 것을 목표로 한다. 고대 중국, 은나라에서는 사전에 점칠 것을 짐승의 뼈에 새겨 그 뼈를 가열했을 때 생기는 균열의 모양을 보고 점을 쳤다고 전해진다. 그때 사용되었던 갑골문자가 현재 확인된 가장 오래된 한자이다.

202 고전주의 시대에 들어서면 '말'과 '사물'의 직접적인 관계에서 벗어나 '말'끼리의 질서가 성립하고 지식의 틀도 질서 그 자체를 정리하는 방향을 향한다. 그런 지식의 틀을 푸코는 '표'라고 불렀다.

질서는 어디까지나 사물의 질서에 따라 뒷받침되어 있다는 데 있다. 예를 들어 '부의 분석'에서 가치의 척도는 금 그 자체가 갖는 가치에 따라 보증된다. 화폐의 가치는 화폐에 포함된 금속의 양에 의해 가늠된다. 더 많은 금을 포함하고 있는 화폐는 더 큰 가치를 나타낸다. 이런 전제에 기초하여 '부의 분석'은 화폐의 가치에 관해 논했다는 것이다.

근대의 에피스테메

고전주의 시대에 지식의 패러다임은 표상을 '표'로 질서를 이루는 것이 문제로 여겨졌다. 그러나 근대에 들어서자 다시 에피스테메의 전환이 일어난다. 그 결과 '일반 문법'은 언어학, '박물학'은 생물학, '부의 영역'은 경제학으로 변화한다. 그 배경에는 '질서'에서 '역사'로의 전환이 있다. 시간이라는 축이 나타남으로써 '역사'나 '구조'의 패러다임이 나타나 표의 질서를 바꿔놓았던 것이다.

고전주의 시대의 에피스테메와의 결정적인 차이는 탐구의 대상이 눈에 보이는 것(표상)에서 눈에 보이지 않는 것(역사, 구조)으로 바뀐 것에 있다. 예를 들어, '부의 분석'에서 가치의 기준은 그 자체로서 가치를 갖는 화폐에 있었다. 그에 비해 애덤 스미스Adam Smith에 의해 창시된 경제학에서는 사물의 질서와는 관계가 없는

'노동'이 가치의 기준이 된다. 이제 화폐에 금속이 얼마나 포함되어 있는가는 문제가 아니다. 화폐의 가치는 그것이 어느 정도의 '노동'을 반영하는가에 의해 결정된다.

푸코는 근대에 있어 일련의 에피스테메의 전환에 의해 '인간' 존재가 나타났다고 말한다. 바꿔 말하면 '인간'이란 언어학, 생물학, 경제학 같은 근대의 에피스테메에 의해 가까스로 뒷받침되고 있을 뿐인 덧없는 상이라고 생각한 것이다.

인간 과학은 보편적이지 않다

푸코는 '인간'을 대상으로 하는 근대의 에피스테메에서 인간 과학(인문과학)이 탄생했다고 논한다. 인간 과학이란 앞서 든 언어학과 생물학, 경제학으로 규정되는 '인간'을 주제로 삼는 학문 체계이다. 여기서 중요한 것은 인간 과학 또한 하나의 에피스테메로 나타났을 뿐이며, 결코 보편적인 지식의 체계는 아니라는 점이다.

푸코는 인문과학에 대해 '인간'이 근대의 지식의 패러다임에 규정된 존재라는 것을 깨닫지 못한 채 탐구를 계속하고 있다고 비판한다. 근대의 사고는 인간학의 '잠'에 빠져 있으며, 근대 또한 하나의 시대에 불과하다는 사실을 잊고 보편적인 지식에 도달했다고 믿고 있다는 것이다.

이 책의 결론에서 푸코는 다음과 같이 말한다.

"인간학의 잠에서 눈뜨기 위해서는 인간학적인 편견에 사로잡히지 않고 사고의 한계를 다시 질문함으로써 인간학을 공격하고 그것을 철저히 파괴하는 수밖에 없다. 인간 존재를 소박하게 탐구하려고 하는 사람들에게는 철학적 조소를 보내는 수밖에 없다."

대안을 제시하지 못하는 근대를 비판하다

지금까지 확인한 바로는 도대체 푸코가 무엇을 위해 이런 비판을 했는지 잘 이해되지 않을지도 모른다. 실제로『말과 사물』을 읽어봐도 중심 사상이 명확히 드러나 있지는 않다. 데카르트나 루소, 칸트 같은 근대 철학자들이 처음부터 고찰의 목적을 정하고 그에 따라 논의를 진행시켰던 것과는 대조적으로 푸코를 비롯한 포스트모던 사상가는 자신의 근본적 중심 사상을 드러내지 않으면서 문장 전체를 통해 말하고자 하는 내용을 넌지시 전하려고 한다. 푸코의 의도를 나름대로 추측해보면 이런 느낌이다.

"근대는 자유와 평등을 기초로 하여 출발했지만 그것은 새로운 모순과 억압의 구조를 낳았다. 그 구조를 지탱하고 있는 조건을 밝은 곳으로 이끌어내면 '자유'가 열릴 것이다."

그렇다고 해서 푸코는 근대 다음으로 나타나야 할 시대에 관해 적극적으로 논하고 있지는 않다. 확실히 푸코는 근대가 하나의 시대에 불과하다는 사실을 밝혔지만 그것만으로는 '그래서 도대체 근대의 모순은 어떻게 해결해야 하는가?' 같은 질문에 대답할 수 없다. 그러므로 아마도 '인간'이 소멸한다고 하더라도 무슨 의미인지 전혀 이해가 가지 않을 수도 있다. 그러나 그것은 현대를 사는 우리에게 지극히 자연스러운 감각이며 의심할 필요는 없다.

이 책은 인간의 주체성에 절대적인 신뢰를 보내는 사르트르의 실존주의와 대비되어 당시의 지식인이 인간의 절대성을 믿는 것을 조소하는 분위기에서 평가되어 왔다. 이것을 현대에 빗대어 표현하자면, 우리의 세계관은 대중매체 등의 각종 미디어로 규정되고 있으며, 무지한 일반 대중은 그 사실을 깨닫지 못한다는 말과 비슷하다. 포스트모던 사상은 암묵적으로 '그 진리를 아는 것은 나뿐이다'라는 태도에 빠지고 말았던 것이다.

다만 푸코 자신은 결코 그렇게 생각하지 않았다. 그에게는 '인간'이라는 규정을 두면 거기에 들어맞지 않는 다양한 삶의 태도가 억압될 것이라는 강한 위기감이 있었다. 실제로 푸코는 동성애자로 그 사실을 깊이 고뇌하고 젊은 시절에는 자살 미수 사건을 일으키기도 했다.

그러나 여기서 푸코에 대해 필자는 이렇게 말하고 싶다. 필요한 것은 '인간'의 개념을 상대화하여 소멸로 몰아넣는 것이 아니라 그것을 단련하는 것이다. 어떤 '인간'의 개념을 세워야 억압이 발생하지 않고 우리가 저마다 수긍할 수 있는 삶을 살 수 있느냐는 물음에 대답하는 것이다. 철학적인 냉소를 보내고 있을 때가 아닌 것이다.

철학이란 상식을 철저히 음미하고 문제점을 찾아내어 그것을 해결함으로써 그때까지의 상식을 더욱 보편적인 것으로 재구성하는 활동이다. 강력한 사고로 원리를 단련하고 그것을 일반의 시민 감각으로 시험하는 것이 현대사회의 문제를 다루는 데 있어 철학에 요구되는 첫 번째 과제이다.

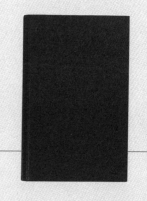

철학
베스트
50

목소리와 현상

La voix et le phenomene

: 동일성을 해체하는 탈구축의 사상

관념은 우리를 현혹시킨다. 관념에는 일반성이 있고, 따라서 무한성을 예감케 하기 때문이다. 그중에서도 논리적인 모순을 공격하는 역설(패러독스)은 우리를 끌어당기는 '마력'을 지니고 있다. 논리적인 역설의 하나로 그리스의 에피메니데스[203]가 제시했다고 여겨지는 '거짓말쟁이의 역설'이 있다.

"'크레타 섬 사람은 거짓말쟁이다'라고 크레타 섬 사람이 말했다."

만약 크레타 섬 사람이 거짓말쟁이라면 '크레타 섬 사람은 거짓

---

203 고대 그리스의 시인, 예언자. 생몰년 미상. 크레타 섬에서 태어났다. 버트런드 러셀 (Bertrand Russell)이 논문에서 다루어 유명해졌다.

자크 데리다
Jacques Derrida, 1930~2004

인식 및 인식론이라는 개념은 그것 자체로 형이상학적이지 않은가.

말쟁이다'라는 말은 거짓말이 된다. 그러나 크레타 섬 사람이 정직한 사람이라면 최초의 정의에 반한다. 크레타 섬 사람이 거짓말쟁이라고 말하는 자신은 어떠하냐는 것이다.

이런 종류의 역설은 '자기 언급의 패러독스'라고 불리며 포스트모던 사상에서 크게 유행했다. 말의 의미를 한 가지 측면으로만 결정할 수는 없다. 말이 '의도하는 것'을 올바로 표현할 수 있다는 생각은 틀렸다. 그런 주장에 따라 포스트모던 사상은 보편성과 객관성 같은 그때까지의 철학 활동으로 성숙되어 온 이념을 단숨에 상대화하려고 시도했다.

진리를 부정

포스트모던 사상이 보편성이라는 이념을 부정하는 데 이른 까닭에는 역사적인 경위도 몇 가지 있다. 하나는 마르크스주의의 경직화이다. 마르크스주의 인식론의 입장을 기억하는가. 엥겔스는 『공상에서 과학으로』에서 '변증법적 유물론'이라는 개념을 제시했다. 여기서 그 개념의 내용은 중요하지 않다. 문제는 그 세계관이 유일한 '진리'로 제시되었다는 것이다.

포스트모던 사상은 "우리의 세계관은 절대적으로 옳다. 계급투쟁의 역사가 세계의 진리다"라고 주장한 마르크스주의의 자세가 스탈린주의[204]로 이어졌다고 여겼다. 그리고 그때까지의 철학이 진리를 추구하는 형이상학으로서 영위되어 왔다는 것을 폭로하려고 했다.

앞서 확인한 푸코의 『말과 사물』에서 어떤 인식도 그 시대 고유의 에피스테메(지식 제도)에 응해 발생하는 것에 지나지 않는다고 논했다.

"절대적으로 옳은 보편적인 인식은 존재하지 않는다. 모든 인식은 상대적인 것이다. 그러나 마르크스주의를 포함하여 '인간'을

---

[204] 구 소련의 이오시프 스탈린(Iosif Vissarionovich Stalin, 1879~1953)에 의한 독재 체제를 말한다. 스탈린의 개인숭배, 대량 숙청 등이 특징이다.

대상으로 삼는 근대의 학문은 그 사실을 전혀 깨닫지 못했다. 근대의 지식은 실패했다."

근대의 지식 체계를 통째로 비판함으로써 푸코는 보편성의 이념에 반기를 들었던 것이다.

여기서 살펴볼 자크 데리다 역시 푸코와 마찬가지로 보편성의 이념을 비판한다. 푸코는 이른바 고전적으로 다양한 주제를 구사하여 근대의 상대성을 그려냈지만 데리다는 언어에 착안하여 철학이 진리를 향한 욕구에 사로잡혀 있다고 비판한다.

"평소 우리는 말이 '의도하는 것'을 올바르게 표현할 수 있다고 생각하고 있다. 그러나 '지금'이라는 표현은 어떠한가. '지금'이라고 말한 시점에서 그것은 과거의 것이 되어 있다. '지금'은 현재를 올바르게 반영하지 못한다. 그럼에도 불구하고 후설은 말은 '의도하는 것'과 올바르게 대응하고 있다고 말한다. 여기에는 '의도하는 것'이 말의 의미의 원인이라는 진리를 향한 '야망'이 작용하고 있는 것이다."

이 책에서 데리다는 후설이 창시한 현상학을 부정적으로 평가하고 있다. 후설은 언뜻 보기에는 세계의 궁극적 원리를 탐구하는 형이상학을 부정하는 태도를 취하면서 사실은 현전[205] 의식(생생한 현재라는 감각)을 의미의 절대적인 기원이라고 간주한다고 비판했다.

---

205 후설의 개념으로, 의식에서 대상의 '생생한 느낌'을 가리킨다.

차이의 놀이

그러면 후설에 대해 데리다는 어떤 대안을 제시했을까? 의미는 확고한 '지금'이 아니라 차이의 놀이(운동)로 발생한다는 것이다. 다만 '지금'이라는 지반에 의미의 근거를 두는 것은 그리 중요한 문제는 아니다. 오히려 데리다의 문제의식은 원리를 결정하는 것 자체에 있다.

원리를 결정하면 전체주의적인 억압이 발생한다. 따라서 올바른 세계관 따위는 애초에 존재하지 않는다는 것을 논리적으로 증명하고 진리를 추구하는 욕망을 철저히 부정하면 많은 사람들이 차이와 다양성을 존중하며 삶을 영위할 수 있을 것이다.

이처럼 포스트모던 사상은 진리나 공통 이해 같은 사고방식을 비판한다.

음성중심주의를 비판하다

"의미는 확고한 원리가 아니라 차이의 운동에 의해 발생한다"라고 주장함으로써 데리다는 후설의 '음성중심주의'를 비판한다. 음성중심주의라는 말로는 잘 상상이 되지 않겠지만 구도만 파악하면 무척 간단한 개념이다. 핵심은 다음과 같다.

의식과 언어 사이에는 어긋남이 있어 결코 완전히 포개지지 않는다. 그러나 후설은 의식과 말을 억지로 결합시키려 한다. 그 시도를 상징하는 개념이 '목소리'[206]다.

> 의식의 구성 원소와 말의 구성 원소는 점점 분간하기 어려워질 것이다. 그런데 그 분간하기 어려움은 자기를 향한 현전성의 핵심에 비현전성과 차이(매개성, 기호, 참조 지시 등)를 끌어들이고 마는 것은 아닐까. 이 난제가 하나의 대답을 불러들인다. 그 대답이 목소리라고 불리는 것이다.

데리다의 말을 알기 쉽게 설명해보겠다.

후설에 따르면 의미는 의식 내의 혼잣말에 의해 탄생한다고 여겨진다. '목소리'란 그 혼잣말을 표현하고 '울림'을 반복한다. 다시 말해 화자가 말하려는 '뜻'을 올바르게 반영한다. 후설은 의미가 발생하는 일반적 구조를 이런 반영 모델로 생각하고 있었다.

그러나 데리다는 이 반영 모델은 결코 성립하지 않는다고 논한다. 예를 하나 들어보자. 길을 걷다가 발치에 떨어진 메모지를 발

---

206 평소 우리는 '말하고자 하는 것'을 소리 내어 직접적으로 표현할 수 있다고 생각한다. "맛있다!"라는 말은 그 사람이 실제로 맛있다고 느낀 것을 표현한다고 말이다. 이런 의식과 말의 대응 관계를 데리다는 '목소리'라고 표현한다. 왜 '목소리'인가 하면, 문자 언어(에크리튀르)에서는 그런 대응 관계가 발견되지 않는다고 생각했기 때문이다.

견했다. 주워 보니 거기에는 이런 말이 적혀 있었다. '바보.' 이것을 어떻게 생각하면 좋을까? 이 두 글자를 아무리 들여다보아도 그것이 말하고자 하는 바는 이해할 수 없다. 왜냐하면 그 메모를 남긴 사람은 이미 그곳에 없기 때문이다.

데리다는 이런 구조는 문자 언어(에크리튀르)[207]뿐만 아니라 음성 언어(파롤)[208]에도 적용된다고 이야기한다. 확실히 '바보'라는 말을 듣더라도 그것이 무엇을 의미하는가에 대해서는 그저 해석할 수밖에 없다. 표현과 의미의 일치는 절대 확인할 수 없다. 데리다는 이것을 '저자의 죽음'[209]이라는 개념으로 표현한다.

저자의 죽음

저자의 죽음이란, 표현은 그 표현을 한 사람의 의식과 완전히 분리

---

207 문자 언어를 가리킨다. 에크리튀르는 의식과의 대응 관계에서 분리되어 독자의 자유롭고 다양한 선택에 맡겨진다. 절대적으로 옳은 표현(진리)은 존재하지 않으며 무수한 해석의 '놀이'밖에 존재하지 않는다는 의미로 사용된다. 해석의 다양성, 다의성이야말로 의미의 특질이라는 것이 데리다가 여기서 말하고자 하는 점이다.

208 음성 언어를 가리킨다. 언어가 의식을 올바르게 표현한다는 '목소리' 도식의 토대에 있다고 여겨진다.

209 파롤에는 의미의 근원은 화자의 의식에 있다고 여겨진다. 그러나 에크리튀르에서 언어는 작가(저자)의 손을 떠나고 의미는 그저 독자가 해석할 수밖에 없다. 데리다는 이것이 일반적인 의미 구도라고 생각했다.

되어 있는 것을 의미하는 비유이다. 그 사람이 실제로 사망했다는 뜻은 아니다. 그러면 왜 데리다는 그것을 설명하기 위해 굳이 '죽음'이라는 말을 사용했을까? 이 점에 대해서도 후설과 대비하여 생각해보자.

후설은 의미가 성립하는 의식 상태를 '생생한 현재'라는 말로 설명하고 있다. 알기 쉽게 말하자면 지각 대상이 갖는 '생생한 느낌'이다. 후설은 의미의 기원은 최종적으로 이 '생생한 느낌'에 있다고 생각했다. 그러나 데리다는 반론한다. 예를 들어, 다음과 같은 말을 생각해보자.

"나는 지금 여기에 있다."

후설의 '목소리' 도식에서 보면 이 표현의 기원은 내가 실제로 지금 여기 있다는 사실에 대한 '생생한 느낌'에 있다. 그러나 잘 생각해보면 나 이외의 누구나 '나'라고 말할 수 있고 지금 이 순간이 아니어도 '지금'이라는 말은 의미를 갖는다. '여기'도 마찬가지다.

데리다는 의미는 구체적인 '생생한 느낌'에서 분리되어 매번 상황에 맞춰 해석되는 것이라고 생각했다. 어떤 표현에 부여된 의미는 결코 그 표현을 한 사람의 의식이 낳는 것이 아니라 항상 상황에 따른 차이가 낳는 '효과'에 불과하다는 것이다.

반보편성의 철학

이런 데리다의 사상은 '탈구축'[210]이라는 이름 아래 포스트모던 사상을 대표하는 사고방식으로 많은 주목을 모았다. 모든 의미는 차이를 낳는 '효과'일 뿐이며, 거기에 결코 확고한 근거는 존재하지 않는다. 그런 반보편성의 입장을 내세울 때 탈구축 사상은 무척 유용한 도구가 된다. 방법만 알면 누구나 기성 제도를 간단히 비판할 수 있다. 실제로 그렇게 저작과 논문이 양산되어 왔다.

그러나 데리다의 후설 비판은 정말 타당할까? 후설은 의미의 근원을 의식의 '생생한 현재'에 두었고, '환원'은 그 '생생한 현재'를 밝힘으로써 의미의 근원을 결정하기 위한 방법이다. 데리다에 따르면 이것이 후설에 대한 기본적인 이해다.

솔직히 말해, 이것은 상당히 의심스럽다. 앞서『현상학의 이념』과『순수 현상학과 현상학적 철학의 이념들』을 살펴볼 때 확실히 밝혔듯 후설은 '환원'을 '태도 변경'으로 규정했다. 그러나 그 목적은 우리의 세계상이 어떤 근거로 뒷받침되는가를 밝히기 위해서다.

환원이란 세계가 객관적으로 존재한다는 전제를 일단 멈추고

---

210 남자와 여자, 외부와 내부 같은 이항 대립에서 '벗어난' 타인을 지적함으로써 서양 문화에 잠재된 형이상학을 폭로하려는 시도. 남녀라는 구별을 당연한 것으로 여기던 근대에는 그 범주에 속하지 않는 타인(성적 소수자)을 억압해온 것을 예로 들 수 있다.

모든 의식을 되돌려 놓음으로써 그 객관성의 확신을 성립시키는 조건을 밝히기 위한 방법이다. 후설은 환원을 통해 인식의 근원 요소를 밝히려는 것이 아니라 그 공통 구조를 밝히려고 했다.

물론 그 구조가 객관적인가에 대해서는 혼자서 확인할 수는 없다. 자신이 받아들인 구조가 자신에게 적합하다고 해서 반드시 다른 사람에게도 적합한 것은 아니기 때문이다. 따라서 인식의 객관적인 구조를 밝히기 위해서는 자신의 경험에서 받아들인 통찰을 공유하여 그것을 다른 사람들과 확인할 필요가 있는 것이다.

지금까지 살펴본 내용을 토대로 앞서 예로 든 '바보'라는 메모는 어떻게 생각하면 좋을까? 예를 들어, '바보'라는 말을 남기고 사라진 상대방이 모르는 사람이라면 모욕감을 느끼고 울컥할 것이다. 그러나 10년지기 소꿉친구라면 어떨까? 애정 표현으로 받아들이는 경우도 있을 것이다.

'바보'라는 말의 의미는 그 두 글자를 아무리 들여다본들 이해할 수 없다. 왜냐하면 우리는 그 의미를 들었을 때의 상황이나 그때까지의 관계성을 토대로 하여 받아들이기 때문이다.

확실히 말의 의미가 잘 이해되지 않는 경우도 있다. 그럴 경우, 그 의미를 몰라도 괜찮다면 그대로 넘길 것이고, 반대로 그것이 중요하다고 생각하면 "그게 무슨 뜻이야?" 하고 질문하여 말의 의도를 확인하려고 한다. 물론 상대방은 거짓말을 할지도 모른다.

그러나 그것이 정말 거짓말인지조차 우리는 알 수 없다. 상대방의 마음을 들여다볼 수는 없기 때문이다. 그렇다면 말의 의미는 해석에 지나지 않는 것일까? 그럴 리는 없다.

우리는 조건이 충족된다면 상대방이 사실을 말하고 있다는 흔들리지 않는 확신을 품는다. 깊이 신뢰하는 사람이 하는 말은 '거짓말일지도 모른다'라고 생각하지 않고 순수하게 받아들인다.

확실히 그것은 하나의 해석이다. 오해일지도 모른다. 그러나 그것이 해석이라는 사실과 그 말이 자신의 마음을 뒷받침하는 확고함을 갖는다는 것은 전혀 별개의 문제다.

말이 어떻게 우리의 마음을 움직이고 우리가 어떻게 말로 상처받거나 슬퍼하거나 위로받거나 기뻐하는가에 눈을 돌리지 않고 그저 형식만을 분석한다고 해도 말의 의미를 이해하는 것은 불가능하다. 왜냐하면 형식은 말의 한 측면에 불과하기 때문이다.

상대화는 아무것도 만들어내지 못한다

포스트모던 사상의 기본 목적은 원리에 대항하여 보편성을 부정하는 점에 있다. 그 배경에 대해서는 처음에 확인했으므로 반복하지 않겠다. 여기서는 오히려 포스트모던 사상을 어떻게 평가해야 할지 생각해보고자 한다.

포스트모던 사상은 진리나 보편성에 차이나 다양성을 대치시켜 철저하게 상대화했다. 보편성에 회수되지 않는 '절대적인 차이'라는 개념을 정립하면 억압 없는 사회가 탄생할 것이라는 희미한 희망을 근거로 말이다.

그렇다면 그들의 바람은 과연 이루어졌을까? 확실히 차이의 개념은 사람들 사이에 침투했다. 절대적으로 올바른 세계관은 존재하지 않는다, 다양성을 존중하자, 사고방식이 다양하면 좋다….

그러나 우리가 지금 무엇을 목격하고 있는가? 다양한 세계관이 서로 충돌하고 사람들의 인생을 괴롭히는 광경은 아닌가? 혹은 이상을 그려내지 못하고 폐색감에 몸부림치는 모습은 아닌가? 이런 상황에서 우리는 차이나 다양성 같은 말에 희망을 느끼지 않는다. 현혹되지도 않는다. 마음을 울리는 힘을 잃고 만 것이다.

그렇다면 어디서부터 시작해야 할까? 그리고 어떻게 생각해야 할까? 이 문제에 대해 철학은 하나의 해답을 갖고 있다. 어떤 전제도 두지 않고 처음부터 다시 생각해볼 것. '진리의' 세계관이 존재한다는 전제를 버리고 어떤 삶, 어떤 사회가 '좋다'고 할 수 있는가에 대해 생각할 것. 미리 준비된 대답이 존재하지 않는 언어 게임의 질문 안에서 누구나 공유할 수 있는 출발 지점에서 함께 말을 나누고 원리에 대한 공통 이해를 만들어갈 것.

이렇게 생각할 때, 근대 철학자들의 모습이 떠오른다. 그들 또한 중세 기독교적 세계관의 붕괴를 느꼈을 때, 과연 어디서부터 손을 써야 하는가라는 문제에 직면했을 것이기 때문이다.

당시에는 아직 중세의 세계관이 힘을 갖고 있었다. 근대 철학자들은 반여자로 취급되었다. 데카르트, 홉스, 스피노자, 흄, 루소, 헤겔…. 그들은 모두 각자가 처한 상황에서 비난과 박해를 받고 있었다. 그러나 그들은 전통으로 돌아가지도, 상대화로 도망치지도 않고 원리적으로 고찰했다.

상대화는 아무것도 만들어내지 못한다. 누구나 받아들일 수 있는 원리를 제시하지 못한다면 그 철학은 실패한 것이다. 그들의 저서에는 그런 메시지가 담겨 있는 듯하다.

이제 다시 한 번 나의 인생, 그리고 우리의 사회를 눈여겨보자. 내게 정말 '좋은' 인생이란 무엇인가? 어떤 사회가 함께 '잘' 살기 위한 조건일까? 이 물음에 답하는 것은 결코 간단하지 않다. 그러나 이런 물음을 진지하게 마주하면 마주할수록 우리는 마음속에 살아 있는 근대 철학자들의 숨결을 생생히 느낄 수 있을 것이다.

철학
베스트
50

나가며

필자가 철학을 공부하게 된 것은 대학 학부를 졸업하고 대학원 진학을 결정한 후였다. 철학을 제대로 공부해야겠다는 마음으로 와세다대학교 국제교양학부의 다케다 세이지竹田靑嗣 세미나의 문을 두드린 것이 철학을 시작하는 계기가 되었다. 그때까지는 철학은 조금 접해본 정도였을 뿐 철학자의 이름조차 거의 알지 못했다.

대학 학부생 시절, 아마 19세 무렵이었을 것이다. 통학길이 붐비는 것이 너무 싫어 아침 7시에 학교에 가던 때가 있었다. 할 일이 없어서 어쩌다 사두었던 칸트의『순수이성비판』을 읽기 시작했는데, 고작 몇 분 만에 졸음이 쏟아지고 말았다. 사전 지식이 없는 상태로 읽으면 대체로 그렇게 된다. 그로부터 몇 년 동안『순수이성비판』을 펼치는 일은 없었다.

불행은 대학 서점에서 쇼펜하우어의『독서에 대하여』를 발견했던 일이다. 철학자는 책을 닥치는 대로 읽지만 사고력이 부족하다고 쓰여 있었다(당시에는 그렇게 받아들였다). 딱히 쇼펜하우어의 주장이 틀렸다는 것은 아니지만 그것을 곡해하여 '철학서를 읽는 것은 좋지 않은 일이군' 하고 상대한 착각에 빠지고 만 것은 지금 생각해도 뼈아픈 실수다.

그렇다고 해서 만약 당시부터 철학서를 읽었다고 해도 그 내용을 제대로 받아들일 수 있었을지는 별개의 이야기다. 지적 유희에만 빠져 있었을 가능성도 있다. 그렇게 엇나가지 않고 고전을 착실히 읽고 철학의 의미를 이해할 수 있었던 것은, 철학서를 읽기 시작한 뒤로 몇 년 지나지 않아 일어난 여러 사건 덕분인지도 모른다.

그중 하나가 인터넷상에서의 활동이다. 철학서를 제대로 읽기 시작한 뒤로 2년 정도 지나 점차 요약한 것이 쌓이기 시작했을 무렵, 인터넷상에서 철학을 해설하는 웹사이트 '필로소피 가이드'를 개설했다. 개설 당시에는 접속자 수가 하루에 고작 몇 명밖에 되지 않아 좌절할 뻔한 적도 있지만 주위의 응원 덕분에 계속할 수 있었고, 지금은 많을 때는 하루에 수천 명이 접속하기에 이르렀다. 이 책에 실린 해설의 일부는 이 사이트에 올렸던 내용을 토대로 크게 내용을 추가하고 수정한 것이다.

철학을 공부하고 있는 학생 중에는 이렇게 말하는 이들이 있다.

"이 사람은 입문서밖에 쓰지 못해(그래서 읽을 가치가 없어)."

철학서를 해설하는 것은 간단하다. 간단한 해설을 쓰는 것은 더욱 간단하다. 언뜻 그럴싸해 보이지만 근거 없는 선입견이다.

철학을 이미 공부한 사람에게 철학을 설명하는 것은 간단하다. 어려운 것은 일반인도 이해할 수 있는 말로 철학의 핵심을 부족하지도 넘치지도 않게 전하는 것이다. 실제로 해보면 알겠지만 거기에는 상당한 기술이 필요하다. 이 책이 그런 요구에 제대로 답했는지는 독자 여러분에게 판단을 맡긴다.

마지막으로 이 책은 내게 첫 단독 저서이다. 다케다 교수님을 비롯한 다케다 세미나의 모두의 격려에 큰 도움을 받았다. 다케다 교수님께는 철학의 모든 것을 배웠고 감사한 마음은 말로 다 할 수 없다. 지금까지 나를 묵묵히 지켜봐주신 부모님에게도 깊이 감사드린다.

히라하라 스구루

이 책에 실린 철학 베스트 50권의
저자의 생몰년生沒年

읽지 않고 죽을 수 없는
철학 베스트 50

1판 1쇄 발행 2024년 2월 15일

지은이 히라하라 스구루 **옮긴이** 이아랑
발행인 조상현
마케팅 조정빈 **편집인** 정지현 **디자인** 페이퍼컷 장상호

발행처 더디퍼런스
등록번호 제2018-000177호
주소 경기도 고양시 덕양구 큰골길 33-170(오금동)
문의 02-712-7927 **팩스** 02-6974-1237
이메일 thedibooks@naver.com **홈페이지** www.thedifference.co.kr

ISBN 979-11-6125-453-1 03100